DAS WUNDER VON LORETO

Dr. Gerd Josef Weisensee (Herausgeber)
Loreto im Zeichen des Widerspruches

Maria Consilia Lakotta
Maria von Loreto – die wundermächtige Helferin

Joseph Sauren
Das heilige Haus von Loreto

Dr. Gerd Josef Weisensee • Maria Consilia Lakotta • Joseph Sauren

Das Wunder von Loreto

Umschlagbild: Übertragung des heiligen Hauses, an der die Tradition seit jeher festhielt.

Bildteil:

Hinweis zu den Fussnoten:
Dort, wo wir einen Reprint oder ein Exzerpt eines Reprints wiedergeben, haben wir zum Teil zusätzliche Fussnoten zur besseren Erläuterung des Inhalts angefügt. Diese von uns stammenden Fussnoten wurden mit einer Klammer gekennzeichnet : (1), während die auf den Autor zurückgehenden Fussnoten mit einem gewöhnlichen Asterix vermerkt sind: *.

1. Auflage 1993: 1. bis 2. Tausend
2. Auflage 1993: 3. bis 5. Tausend
Herausgeber: Theresia-Verlag, Schwyz
Satz: Atelier Don Francesco, Seewen
Herstellung: Theresia-Verlag, Schwyz
ISBN 3-908542-29-4

Theresia-Verlag
CH - 6423 Seewen

Inhaltsverzeichnis

Teil IV
Anhang

Unserer himmlischen Mutter,
Der heiligsten Jungfrau von Loreto,
in kindlicher Liebe zugedacht!

Der allmächtige und barmherzige Gott,
der ihr irdisches Haus
auf so wunderbare Weise
der Christenheit geschenkt
und durch all die Zeiten bewahrt hat,
möge uns auf ihre Fürbitte hin
Anteil am Geheimnis der Menschwerdung geben
und uns mit grosser Andacht und Frömmigkeit
zum Orte dieses Wunders erfüllen.

Virgo Lauretana,
ora pro nobis!

Vorwort zur 1. Auflage

Mit der Herausgabe des Buches «Das Wunder von Loreto» sind wir einem Wunsche nachgekommen, den das gläubige Volk seit vielen Jahren hegte: Viele Verlage religiöser Ausrichtung bieten eine reiche Palette an Marienbüchern an, doch meist sind es die bekannten Erscheinungsorte wie Lourdes, Fatima oder neuere Erscheinungsorte, die besprochen werden. Es fehlte indessen an Büchern über Loreto, die im traditionellen Sinn uns über die Ereignisse rund um das heilige Haus aufklären. Könnten wir das Rad der Geschichte nur um hundert Jahre zurückschrauben, sähen wir das gläubige Volk mit grosser Ehrfurcht die Ereignisse um das heilige Haus bestaunen. Staunen und Ehrfurcht sind meist gepaarte Gefühle unserer Seele. Als die Ehrfurcht schwand, entledigte man sich auch des Staunens. So ist es nicht verwunderlich, wenn heute die Loretofrage in den Hintergrund gedrängt wird.

Mehr als 60 Päpste dürften es gewesen sein, die dem gläubigen katholischen Volk ihre Verehrung für Loreto bekundet haben, sei es durch ihren Besuch dort selbst, oder sei es durch andere Zeichen ihrer Wertschätzung. Ja, dieses kleine, ärmliche Häuschen in der schönen Basilika ist tatsächlich das Haus der heiligen Familie, in dem Jesus, Maria und Joseph gelebt haben; wo der Sohn Gottes, die fleischgewordene, zweite göttliche Person, nach der Rückkehr aus Ägypten aufgewachsen ist. Die Päpste haben dem Volke auch gesagt: Dieses Haus ist durch Gottes Engel auf wunderbare Weise hierher gekommen.

Urkunden aus päpstlichen Archiven wissen um genaue Einzelheiten. Insgesamt viermal wechselte das gebenedeite Haus seinen Standort: Von Nazareth nach Tersato, von Tersato in die Gegend des heutigen Loreto: Am 10. Dezember 1294 war das heilige Haus im Wald der Laureta angekommen; nach ungefähr acht Monaten auf den Hügel der zwei Brüder und am 2. Dezember 1295 an den heutigen Platz.

Jahrhundertelang blieb die Echtheit des Hauses der Heiligen Familie in Loreto und seine Übertragung durch Engel unangefochten. Die Feinde der Kirche, die für den Brandanschlag vom Jahre 1921 verantwortlich gemacht werden, bezeugen nolens volens seine Echtheit. Noch 1920 erhob Papst Benedikt XV. die Muttergottes von Loreto zur Schutzpatronin aller Flugreisenden. Erst unseren Jahrzehnten, in denen das Schifflein Petri von den Wogen wahrhaftig durchgeschüttelt wird, blieb es vorbehalten, plötzlich «Kreuzfahrer» für die Übertragung des Hauses von Nazareth nach Loreto verantwortlich zu machen. Darüber gibt es nur zweifelhafte Quellen und die für diese Hypothese ins Feld gezogenen Indizien sind fragwürdig.

Auch an einem anderen Fall wird die wunderbare Übertragung eines Marienbildes, die kirchlich bestätigt ist, heute zumeist geleugnet. Es handelt sich um das Bildnis der Mutter vom guten Rat, das 1467 von Skutari in Albanien fortging und am 25. April im nämlichen Jahre auf wunderbare Weise in Genazzano unweit von Rom erschien. Päpste und Heilige, unter ihnen Pius IX. und Leo XIII., der heilige Alfons Maria von Liguori und der heilige Johannes Bosco, waren Verehrer dieses Bildes. Die Fresken, mit denen die Basilika dort geschmückt ist, bezeugen in Einzelheiten die wunderbare Übertragung durch Engelshand, die durch Jahrhunderte unwidersprochen geglaubt wurde. Im Lexikon für Theologie und Kirche (Bd. IV vom Jahre 1932!) ist jedoch zu lesen, dass man das Bild «1467 bei baulichen Arbeiten in einer Mauer der Kirche gefunden habe». Von einem Übertragungswunder ist da keine Rede mehr.

Wir danken für die Mitarbeit von H.H. Kaplan Gottfried Melzer, aus dessen Feder der Bericht über das Wunder von Genazzano und Sossau stammt, und der uns wichtige Hinweise und Ergänzungen vermittelte. Die Idee, seinen tiefschürfenden Bericht unserem Loreto-Buch einzufügen, wurde erst bei Drucklegung des Buches verwirklicht.

Möge diese neue Schrift vielen den Weg nach Genazzano und besonders nach Loreto zeigen, den Glauben an Gottes wunderbare Taten stärken und über Maria den Weg zu ihrem Sohn öffnen. Als Auftakt und Einführung im Hinblick auf die grosse 700-Jahrfeier, welche in Loreto bereits verkündet wurde, eignet sich das vorliegende Buch bestens.

Bern, am Feste der Übertragung des heiligen Hauses, 10. Dezember 1992

Dr. Gerd Josef Weisensee

Vorwort zur 2. Auflage

Schneller als erwartet, war das im Juli 1993 erschienene Werk über das heilige Haus in Loreto vergriffen. In der so rasch notwendig gewordenen Neuauflage haben der Verlag und der Herausgeber versucht, das Buch weiter zu vervollkommnen. Das Verzeichnis der Loreto-Kapellen wurde weiter vervollständigt.

Ein Grund für die grosse Nachfrage ist sicher der näher rückende Termin des 700-Jahr-Jubiläums der Übertragung des heiligen Hauses nach Loreto, genauer an den Ort, der heute «Banderuola» genannt wird, unten in der Ebene von Loreto.

Möge die zweite Auflage ebenso gut aufgenommen werden und vielen den Weg nach Loreto zu Maria weisen.

Bern, am Feste Allerheiligen 1993 Dr. Gerd Josef Weisensee

Die Basilika von Loreto, wie sie sich dem Pilger zeigt. Das heilige Haus befindet sich im Inneren der Basilika, unter der Kuppel.
Nicht nur friedliche Zeiten waren der Basilika und dem heiligen Hause vergönnt. Napoleon vornehmlich liess diese heilige Stätte plündern und das ehrwürdige Gnadenbild mit reichen Schätzen nach Paris verschleppen.

Mein Besuch in Loreto

In diesem ursprünglich lateinisch verfassten Gedicht schildert der Autor Dr. Rebbert seinen Besuch in Loreto:

Mein Herz, woher der tiefe Schauer,
die heil'ge Furcht, die mich durchbebt?
Die Stätte ist's, die heil'ge Mauer,
Die um mich her sich hier erhebt.

O Haus, so einzig lieb dem Himmel,
O Schwelle, lang ersehnet mir!
Dir nah' ich aus der Welt Getümmel,
Zu lösen mein Gelübde hier.

Hierher stieg Gabriel hernieder,
Hier hat er seinen Gruss gesagt:
Hier scholl Maria's Antwort wider:
«Es sei – Ich bin des Herren Magd.»

Der zu des Vaters Rechten thronet,
Der König aller Herrlichkeit,
Hat hier als Mensch bei uns gewohnet
In Demut und Verborgenheit.

Welch' Königs Schloss auf weiter Erden,
Welch' Tempel, welches Heiligtum
Kann dir, o Haus, verglichen werden?
Sie alle überstrahlt dein Ruhm.

Ich küsse diese heil'gen Wände
Als armer Sünder knie ich hin:
Und hebe flehend meine Hände
Zu Dir, o Himmelskönigin.

O wolle gnädig mich ansehen,
O Jungfrau, Mutter, mich, – dein Kind:
Vernimm mein Seufzen, hör mein Flehen,
Erbitt' Verzeihung meiner Sünd'!

Du bist die Zuflucht armer Sünder,
Des Heilands Mutter – und auch wir
Sind Deine schmerzgebornen Kinder,
Drum knie' vertrauend ich vor Dir.

Wie bist Du huldvoll stets gewesen
Hier in dem trauten Heiligtum!
An allen Wänden kann ich lesen
Der hier Erhörten Dank und Ruhm.

Dem schenktest Du gesunde Glieder,
Den führtest Du aus Sturm und Meer,
Dem gabst Du süsse Freiheit wieder, –
Ich schau den Dank rings um mich her.

O meine Krankheit ist viel strenger,
Mein Schiffbruch mehr verhängnisvoll:
Der Sünden Fessel schliesst viel enger, –
O rett' auch mich erbarmungsvoll!

Wie will ich froh Dein Lob dann singen,
So lange noch mein Leben währt:
Wie will ich täglich Dank Dir bringen,
Dass Du mein Bitten hier gewährt!

Das Innere des heiligen Hauses von Loreto. An diesem unaussprechlich heiligen Ort erhält jeder Pilger reiche Gnaden. Voraussetzung dazu ist allerdings der richtige Pilgergeist. Papst Clemens VIII. hat nicht umsonst eine Mahnung an den christlichen Pilger verfasst, die an der Rückseite des heiligen Hauses geschrieben steht.

Papst Clemens VIII. : An den christlichen Pilger!

Das heilige Haus zu Loreto wurde mit einer kunstvollen Einkleidung bedacht, an der berühmte Künstler mehrere Jahre arbeiteten. Die Pläne gehen zurück auf den grossen Künstler Bramante. Zur Ausführung wurden etliche bekannte Künstler herangezogen. Im dritten Teil (J. Sauren) bringen wir den vollständigen Auszug der Texte, der den einzelnen Sybillen zugedacht wird. Nachstehend der sinnreiche Eintrag des Papstes Clemens VIII.:

«Christlicher Pilger, der du, um ein heiliges Gelübde zu erfüllen, an diesen Ort gekommen bist, du hast vor deinen Augen das heilige Haus von Loreto, das auf der ganzen Erde durch göttliche Geheimnisse und glorreiche Wunder ehrwürdig ist. Hier hat die heilige Gottesgebärerin Maria das Licht der Welt erblickt. Hier ist sie vom Engel gegrüsst, hier ist das ewige Wort Fleisch geworden. Dieses Haus brachten die Engel zunächst von Palästina nach Illyrikum zur Stadt Tersato im Jahre des Heiles 1291 unter dem Papste Nikolaus IV. Drei Jahre später, zu Anfang des Pontifikates des Papstes Bonifazius VIII. wurde es durch denselben Engeldienst nach Picenum übertragen, in der Nähe der Stadt Recanati und in den Hain dieses Hügels hingestellt, wo es, nachdem es im Laufe eines Jahres dreimal seinen Platz geändert hat, zuletzt hier nach Gottes Weisung seinen festen Sitz nahm vor dreihundert Jahren*.

Seit der Zeit kam dieses heilige Haus, auf die Kunde eines so unerhörten staunenswerten Ereignisses, welches die benachbarten Völkerschaften zur Bewunderung hinriss, sowie dann auch durch die Menge der Wunder, die seinen Ruf weit und breit hin verbreiteten, bei allen Nationen in hohe Verehrung. Seine Mauern stehen, durchaus von keinem Fundamente gestützt, nach Verlauf so vieler Jahrhunderte ganz unversehrt und fest da. Papst Clemens VII. bekleidete es nach allen Seiten hin mit marmornem Schmuck im Jahre 1534. Im Jahre 1595 befahl Clemens VIII., dass die kurze Geschichte der wunderbaren Übertragung auf diesen Stein eingeschrieben werde. Antonius Maria Gallo, der heiligen römischen Kirche Kardinalpriester und Bischof von Osimo, Protektor des heiligen Hauses, trug Sorge, dass es geschah. Du, o Pilger, verehre hier andächtig der Engel Königin und der Gnaden Mutter, damit du durch ihre Verdienste und Gebete von ihrem süssesten Sohne, dem Urheber des Lebens, Verzeihung deiner Sünden, Gesundheit des Lebens und die ewigen Freuden erlangst.»

** Dies bezieht sich auf das Jahr 1295. In diesem Jahre vollzog sich die letzte Ortsveränderung des heiliges Hauses vom Hügel der beiden Brüder zu dem jetzigen Standplatz.*

Unter den Mystikern, welche die wunderbare Übertragung des heiligen Hauses von Loreto bezeugen, nimmt die stigmatisierte Dulderin und Sühneseele Anna Katharina Emmerich einen hervorragenden Platz ein. Wundern wir uns nicht, wenn vielen der Glaube an dieses Werk Gottes schwer fällt. Anna Katharina Emmerich selbst hatte anfänglich Mühe, ein solches Geschehen zu glauben. Gott liess sie die wunderbare Übertragung durch Engelshand mehrmals schauen.

Papst Pius IX. :
Loreto – von allen Marienheiligtümern das erste und berühmteste!

«Unter allen der Mutter Gottes und der Unbefleckten Jungfrau geweihten Gnadenstätten gibt es eine, welche die ***erste Stelle*** einnimmt und in einem unvergleichlichen Glanze leuchtet. Das ehrwürdige und erhabene Haus von Loreto, durch die göttlichen Geheimnisse geheiligt, durch unzählige Wunder verherrlicht, durch den Zustrom und die Andacht der Völker geehrt, erfüllt den ganzen katholischen Erdkreis mit dem Ruhme seines Namens und ist mit Recht der Gegenstand der Verehrung aller Völker und aller Geschlechter.

In Loreto verehrt man dieses Gott selbst in so mannigfacher Weise teure Haus, das zuerst in Galiläa gebaut, dann von seinen Fundamenten losgelöst und durch göttliche Kraft jenseits des Meeres zuerst nach Tersato und dann nach Italien gebracht wurde.

Glückliches Haus, in dem die von Ewigkeit her zur Mutter Gottes bestimmte und von aller Makel der Erbsünde frei bewahrte heilige Jungfrau empfangen, geboren und erzogen ward, wo der himmlische Bote sie "als voll der Gnaden und gesegnet unter den Frauen" bezeichnete, wo sie von Gott erfüllt und vom Heiligen Geiste überschattet, ohne eine Spur der Jungfräulichkeit zu verlieren, die Mutter des eingeborenen Sohnes Gottes wurde, dessen, der da ist der Abglanz der Herrlichkeit des Vaters und das Ebenbild seines Wesens, der sich herabliess, von dieser reinen Jungfrau geboren zu werden, um das Menschengeschlecht zu retten und zu erkaufen zu einer Zeit, als es durch die Sünde unserer ersten Eltern in die Knechtschaft Satans geraten war. Daher darf man auch nicht überrascht sein, dass seit den ersten Zeiten der christlichen Religion dieses selige, in eine Kirche umgewandelte Haus der Gegenstand der Ehrfurcht, der Andacht und der Huldigung aller Gläubigen war, dass alle Jahrhunderte seitdem nicht aufgehört haben, dasselbe zu verherrlichen, dass die Fürsten von den entferntesten Gegenden kamen, ihm ihre Huldigung darzubringen und es um die Wette mit den kostbarsten Geschenken schmückten, dass Unsere Vorgänger, die Päpste, besonders seit Bonifazius VIII. seligen Andenkens, sich eine Ehre daraus machten, die hehre Wiege der heiligen Jungfrau in eine durch den Titel Basilika ausgezeichneten, reichen und herrlichen Kirchenbau einzuschliessen und demselben alle Rechte einer Basilika zu verleihen. Um demnach von einem Ende der Erde bis zum anderen die Verehrung unserer Lieben Frau von Loreto zur Blüte zu bringen... billigen und bestätigen Wir alle Ablässe...»

Aus dem Breve des Papstes Pius IX. (26. August 1852)

Die Muttergottes von Loreto über dem Altar des heiligen Hauses in ihrem Prunk-Gewand.

Teil I

Dr. Gerd Josef Weisensee

Loreto im Zeichen des Widerspruches

Ein Griff in die Bücherkiste
«Ich konnte es lange nicht glauben»
Der Bruch der lauretanischen Überlieferung
Gott ist wunderbar in seinen Heiligen
Sechs Untersuchungen am heiligen Haus zu Loreto
Sieben Gründe sprechen für eine wunderbare Übertragung

Westliche Mauer des heiligen Hauses von Loreto: Links unter dem Engelsfenster erkennt man deutlich die Spuren einer alten Türe.
(Die Konturen wurden zur besseren Kenntlichmachung etwas verstärkt).
Hier befand sich mit grosser Wahrscheinlichkeit zu der Zeit, da die Hl. Familie hier wohnte, die Eingangstüre zum heiligen Haus. Den heute in Loreto befindlichen Spuren dieser Türe entsprechen im genauen Lageverhältnis Stufen einer alten Stiege in Nazareth, wie bereits durch archäologische Untersuchungen vor 1926 festgestellt worden war. Siehe dazu Plan IV auf Seite 261!

Ein Griff in die Bücherkiste

Wir kennen in der deutschen Sprache den Ausdruck «Bücher haben ihre Schicksale». Wenn wir erwägen, wie Ignatius von Loyola seine Bekehrung einem Buch zuschreibt, wie die grosse Bewegung der Petrus-Claver-Sodalität im Herzen der jungen Maria Theresia Ledóchowska nach dem Lesen eines Büchleins Gestalt annimmt, das ihr eine (protestantische) Freundin zuspielt, bleiben wir verwundert stehen. Ist es die Allmacht Gottes ... oder die Einfachheit Gottes, die sich so schlichter Mittel bedient, um Grosses zu bewirken?

Einen «Griff in die Bücherkiste» nenne ich meine Art, in verstaubten Regalen und nicht zuletzt in Bibliotheken Bücher «aus der guten alten Zeit» aufzuspüren, nach Büchern Ausschau zu halten, die heute verpönt sind. Unter ihnen sind Bücher, die über das Geschehen in Loreto berichten.

Was uns bei einem Vergleich deutlich in die Augen springt, sind die grossen Unterschiede in der Beurteilung. Während in der Vergangenheit das Loreto-Wunder aufgrund alter Dokumente, einer einhelligen Überlieferung, der Äusserungen der Päpste und der Bestätigungen von seiten der Mystik als gesichert galt, rücken heute andere Interessen in den Vordergrund. Das Wunder stösst auf Widerstand, folglich ist es besser, dass man das Wunder *umgeht.* Unter diesem Aspekt werden Loreto-Bücher heutigen Datums verfasst. Man will über die vergangenen Fragen (Übertragung etc.) nicht streiten, sondern vielmehr sehen, wie wichtig die Verkündigung selbst ist. Wer wissen will, wie diese Umgehung des Wunders der Übertragung des heiligen Hauses näherhin vor sich geht, vertiefe sich in den Satz eines modernen Loreto-Buches: «In den letzten Jahren verbreitete sich eine neue Theorie im Zusammenhang mit der Überführung des heiligen Hauses, die bei Forschern und Pilgern Zustimmung fand. Diese schliesst sowohl die überkritische Theorie von Chevalier und der "Gegner" aus, als auch die der "Verteidiger", die an das Wunder der Überführung durch die Engel glauben.»

Was hier versucht wird, ist die Durchsetzung einer neuen Idee, da die Übertragung durch Engelshände offenbar den Forscher wie den Gläubigen von heute verunsichert. Nachdem die Übertragung des heiligen Hauses durch Engel von den Päpsten als wunderbare Begebenheit geglaubt wurde und das Fest der Übertragung des heiligen Hauses eingesetzt

wurde, galt das Faktum der Übertragung als gesichert. Am 10. Dezember (Fest der Übertragung des heiligen Hauses) heisst es im Kirchengebet: *«Deus, qui beatae Mariae Virginis domum ... in sinu Ecclesiae tuae mirabiliter collocasti...»* (O Gott, der Du das Haus der Jungfrau Maria ... in den Schoss der Kirche **auf wunderbare Weise** gestellt hast...)
Der verantwortliche Papst Innozenz XII. hatte bei diesen Worten nicht an Kreuzfahrer gedacht, die auf mühselige Art und Weise das gebenedeite Haus mittels so und so vieler Tragtiere zum Meereshafen und von dort in Schiffsladungen herbeigebracht hätten. Vielmehr sind diese Worte Ausdruck des Glaubens an die wunderbare Übertragung durch Engel.

Dass anfangs des 20. Jahrhunderts ein anderer, säkularisierter Geist wehte, bezeugen uns die Bücher von Chevalier und Hüffer. Das kirchenlateinische Lexikon (Sleumer, Erscheinungsjahr: 1925) schreibt unter Loreto:

*Loreto, St. r. vom Musone, It. (Ancona), ... , Bischofssitz (seit 1586; mit Recanati seit 1592 vereinigt), exempt, einer der berühmtesten Muttergotteswallfahrtsorte; die Legende von einer Übertragung des Wohnhauses Marias nach Dalmatien und dann nach Loreto ist ungeschichtlich, wie dies Ulysse Chevalier (Notre Dame de Lorette, Paris, Picard, 1908) und Dr. Georg Hüffer («Loretto», Münster 1921) nachzuweisen unternahmen.**

Hier ist man versucht, den Worten des heiligen Bernhard Gewicht zu verleihen:

Es könnte vielleicht den Anschein erwecken, als urteilte ich masslos abfällig über das Wissen und die Gelehrten, als wollte ich vom Ringen um Erkenntnis abhalten. Das liegt mir fern! Weiss ich doch sehr wohl, wieviel die Gelehrten der Kirche nützlich waren und immer noch nützlich sind, wenn sie deren Gegner widerlegen und Unwissende unterweisen. (Bernhard von Clairveaux)

Unsere Darlegung soll nicht eine Herabwürdigung der Wissenschaft werden, sondern soll die Fakten von Loreto im Lichte des Glaubens **und** im Lichte der Wissenschaft sehen.

Der Marienverehrer ahnt Zusammenhänge und sieht sie aus der Sicht des Glaubens. Wenn in Fatima im Jahre 1917 die Muttergottes gegen die Irrlehren Russlands spricht, so hatten die damaligen Gläubigen die Sicht des Glaubens, wenn sie Gebete und Opfer brachten für Russland, dessen

* Berichtigung und Ergänzung: Das Buch von Chevalier erschien bereits 1906, das zweibändige von Hüffer in den Jahren 1913 (Bd. 1) und 1921 (Bd. 2).

Gottlosigkeit ihnen noch nicht enthüllt war.

Auch für Loreto sehen wir auffallende Zusammenhänge: Ein Jahr nach Erscheinen des 1. Teiles von Hüffers Werk (1913) brach der 1. Weltkrieg aus. In dem Jahr, in welchem der 2. Teil von Hüffers Werk erschien, verwüstete ein furchtbarer Brand das Innere des heiligen Hauses, der das ehrwürdige Gnadenbildnis und viele Kostbarkeiten für immer zerstörte. Zwei Jahre danach trat Hitler erstmals mit einem Umsturzversuch an die Öffentlichkeit; und das ausgerechnet in München, von wo aus der Hauptkampf gegen Loreto (1900 - 1921) geführt wurde. An das Wunder von Loreto wollte man nicht mehr glauben. So liess es Gott zu, dass sie an den «Führer» glaubten, der ihnen «Heil» versprach und Verderben brachte.

Das Buch von Chevalier, das 1906 erstmals veröffentlicht wurde, fällt in die Regierungszeit von Papst Pius X. Wir wissen, wie dieser Papst gegen den Modernismus gekämpft hat und die Machenschaften der Modernisten aufgedeckt hat. Im Jahre 1905 brach die französische Regierung die Beziehungen zum Heiligen Stuhl ab. Die französische Regierung verlangte damals von den Geistlichen des Landes die Zustimmung zu einem kirchenfeindlichen Abkommen, das der Kirche die religiöse Freiheit eingeschränkt hätte. Eine Weigerung des Statuts bedeutete Verzicht auf kirchliches Eigentum und damit Verarmung des Klerus. Pius X. erklärte: «Ich verlange nicht die Güter, sondern das Gute für die Kirche!». Chevalier, ein katholischer Priester und Wissenschaftler aus Frankreich, schreibt in diesen bewegten Jahren gegen Loreto: 1906 erscheint sein erstes Werk. Im Jahre 1908 veröffentlicht der heilige Papst Pius X. sein Rundschreiben «Ermahnungen an den katholischen Klerus», wo es unter anderem heisst:

«Nun seht ihr aber alle, wo immer ihr euch befindet, in welche Zeitlage nach Gottes geheimem Ratschluss die Kirche gekommen ist. Schaut und bedenket daher, eine wie heilige Pflicht euch bindet, der Kirche, die euch eine so ehrenvolle Würde gegeben hat, nach Kräften beizustehen und zu helfen in ihrer Bedrängnis.»

Wir wissen heute, dass König Ludwig IX. der letzte Pilger des heiligen Hauses zu Nazareth ist, von dem wir eine schriftliche Erwähnung haben.

P. Beat Rohner lässt uns in wenigen Worten dieses Ereignisses gedenken:

«Der letzte Pilger, von dem wir wissen, dass er das heilige Haus Mariens in Nazareth sah, ist der heilige Ludwig, König von Frankreich. Er kam am Vorabend von Mariä Verkündigung 1252* vom Berge Tabor her nach Nazareth. So wie er die Wohnstätte Mariens erblickte, sprang er vom Pferde und stürzte sich auf die Knie, die heilige Jungfrau und ihr Haus zu grüssen. Dann ging er zu Fuss den Weg bis zum Tempel. Den Tag brachte er mit Fasten zu, mit einem Busskleide angetan. Am Feste selbst wohnte er dem heiligen Messopfer bei und empfing unter Tränen der Rührung die heilige Kommunion.»

Nach diesem denkwürdigen Besuch des Königs verlieren sich die Zeugnisse, bis wir im Jahre 1291 von der Übertragung des Heiligen Hauses nach Dalmatien hören. Einige Jahre später, im Jahre 1294, wird das heilige Haus auf die andere Seite des adriatischen Meeres getragen, in die Gegend der damals noch nicht existierenden Stadt Loreto.

Eine Nachforschung in alten Büchern ergab, dass immer von einer Übertragung durch die heiligen Engel die Rede ist. Als Beispiel sei die Zusammenfassung aus dem Buch von Prof. *Anton Ender (Die Geschichte der Katholischen Kirche, Einsiedeln, 1900 ;* mit Imprimatur von Bischof Johannes Fidelis, Bischof von Chur) angeführt. Im Kapitel «Neue Wallfahrten» widmet der Autor das erste Kapitel dem Wallfahrtsort Loreto und nennt diesen Ort «die erste und grösste Marienwallfahrt»:

Ihre Geschichte:

• In der Nacht vom 9. auf den 10. Mai 1291 wurde das heilige Haus von Nazareth durch Engel nach **Tersato in Dalmatien** übertragen. In der Frühe stand ein fremdartig gebautes Haus an einem Platze, wo niemand bisher ein solches gesehen hatte. Im Hause befand sich ein Altar mit einem Bild Mariens. Ein kranker Priester erhielt in einem Gesichte Aufschluss über den Ursprung des fremden Hauses und wurde zum Beweis der Wahrheit sogleich gesund. Eine Gesandtschaft reiste zum Zweck der Prüfung von Fiume nach Nazareth fand dort das heilige Haus verschwunden, nur die Fundamente waren noch

---

* Berichtigung und Ergänzung:
Nach dem «Lexikon für Theologie und Kirche» Bd. VI, Sp. 693 f. (1934) geriet König Ludwig IX. bei seinem 1. Kreuzzug am 6.4. 1250 bei Mansurah in Gefangenschaft, aus der er sich loskaufen konnte. Er segelte mit dem Rest seines Heeres nach Akkon und besuchte die heiligen Orte in Palästina. Der Tod seiner Mutter (1252) zwang ihn zur Heimkehr im Jahr 1254. Sein Besuch in Nazareth ist mit grösster Wahrscheinlichkeit für den 25. März 1251 anzusetzen.

vorhanden. Sie stimmten genau mit dem Hause in Tersato überein.

• Am 10. Dezember 1294, drei Jahre und sieben Monate später, erhob sich das Haus, von unsichtbaren Händen getragen, schwebte über das adriatische Meer und liess sich in einem Lorbeerhain bei **Recanati** nieder. Hirten sahen, wie das Haus durch die Luft über das Meer daherkam und wie die Bäume des Haines sich neigten, als es sich zur Erde niederliess. Man nannte das Haus, weil es sich im Wäldchen der Frau Laureta niedergelassen hatte, das Lauretanische. Wunderbare Krankenheilungen kamen dabei sogleich vor. Pilger strömten von allen Seiten herbei, aber auch Räuber stellten sich ein.

• Deshalb erhob sich das heilige Haus **abermals** und liess sich auf einem Hügel, 3 000 Schritte entfernt, nieder. Als die zwei Brüder, denen der Hügel gehörte, sich um die Opfergelder der Pilger stritten, erhob sich das Haus wiederum und liess sich 200 Schritte tiefer auf offener Landstrasse nieder, woselbst es heute noch steht, also seit dem 7. September 1295. (1)

Beschreibung:

Das Haus von Loreto ist ein Teil des heiligen Hauses von Nazareth (2). Das Haus von Loreto ist der Ort, wo das Wort Fleisch geworden. Ausgeführt ist es aus kleinen Bruchsteinen. Auf dem Altare desselben soll der heilige Petrus das erste heilige Messopfer gefeiert haben. An der Rückwand befindet sich der Herd des heiligen Hauses und das Gnadenbild der seligsten Jungfrau mit dem Kinde. Immerfort brennen daselbst 52 Lampen. Das Bild, vom Rauch geschwärzt, soll vom heiligen Lukas stammen. Das Haus ist 9,25 m lang, 4,1 m breit und 5 m hoch und stimmt in den Mauerverhältnissen ganz mit den zurückgebliebenen Fundamenten in Nazareth überein. Aussen haben es Architekten mit Marmor bekleidet. Eine mehrkuppelige Basilika umschliesst das Heiligtum.

Echtheit:

Dafür spricht

• das Ergebnis der **Gesandtschaft** von Fiume nach Nazareth, das Zeugnis so vieler, welche es in Fiume plötzlich sahen, in Nazareth zur selben Zeit vermissten, eine Gesandtschaft, welche sich von Loreto nach Fiume und von hier nach Nazareth begab, im ganzen 16 Mann.

• das Zeugnis der Hirten, welche das Haus über das Meer daherschweben sahen.

---

(1) Berichtigung: Das von Angelita überlieferte Datum der letzten Übertragung auf die Landstrasse ist der 2. Dezember 1295.

(2) Die ebenfalls von der Heiligen Familie bewohnte Grotte verblieb in Nazareth.

• das Ergebnis einer **fachmännischen Untersuchung.** Mit Erlaubnis Pius IX. brach ein gewisser Bartolini ein Stück von dem Hause in Loreto, holte sich ein zweites vom Fundamente in Nazareth. Die Untersuchung des Dr. Ratti an der Universität Rom ergab, dass beide Stücke gleichartig seien und einer Gesteinsart angehören, welche Italien nicht besitzt.
• endlich sprechen dafür die zahlreichen, **unleugbaren Wunder** von Loreto. Nach dem Falle Akkons (1291) wollte Gottes Vorsehung das heilige Haus den Händen der Türken entziehen, daher die Übertragung.

Nach diesem Wort eines Professors richten wir unsere Blicke auf die Mystik. Eine besondere Stellung nimmt dabei die ehrwürdige Dienerin Anna Katharina Emmerich ein.

«Ich konnte es lange nicht glauben»

Wir stützen uns im folgenden auf den Schmöger-Text (Immakulata-Verlag. In wenigen Sätzen beschreibt Anna Katharina Emmerich auch die Übertragung des heiligen Hauses nach Loreto:

«Ich habe schon *oft* das Bild der Übertragung des heiligen Hauses nach Loreto gehabt. *Ich konnte es lange nicht glauben* und habe es doch immer wieder gesehen. Ich sah es von sieben Engeln über das Meer tragen. Es hatte keinen Boden, aber es war eine glänzende Fläche von Licht darunter. An beiden Seiten waren wie Handhaben. Drei Engel trugen auf der einen, drei auf der anderen Seite das Haus. Einer schwebte voraus, der eine lange Lichtbahn um sich hatte.»

Was uns hier Anna Katharina Emmerich schreibt, verdient beachtet zu werden. Folgende Punkte sind entscheidend:
– A.K. Emmerich glaubt anfangs nicht an die Übertragung, weil ihrem Geist ein solches Geschehen unmöglich erscheint.
– Der Himmel würdigte seine Dienerin Emmerich, dass er sie dasselbe Bild der Übertragung «oft» schauen liess. Die Annahme drängt sich hier auf, dass der Himmel ihr so oft die Übertragung gezeigt hatte (in welchen Abständen wissen wir nicht), dass A.K. Emmerich daran glaube.
– Wenngleich A.K. Emmerich das Bild von der Übertragung mehrmals

gesehen hatte, so sah sie die Einzelheiten immer in gleicher Weise: es waren die sieben Engel, drei und drei auf beiden Seiten mit dem vorausgehenden Engel.

Der Bruch der lauretanischen Überlieferung

Im Jahre 1961 erschien ein Dekret über die Neugestaltung von liturgischen Festen, unterzeichnet von S.Em. Kardinal Gaietan, mit der angeblichen Zustimmung von Papst Johannes XXIII. Das Schreiben trägt das Datum des 14. Februar 1961. Unter den Festen, welche aus dem liturgischen Kalender gestrichen wurden, war auch das Fest der Übertragung des heiligen Hauses nach Loreto. Dass der Heilige Vater im Jahr darauf die Muttergottes-Statue im heiligen Haus feierlich krönte, wirkte wie eine päpstliche Kritik an diesem Dekret der Ritenkongregation.

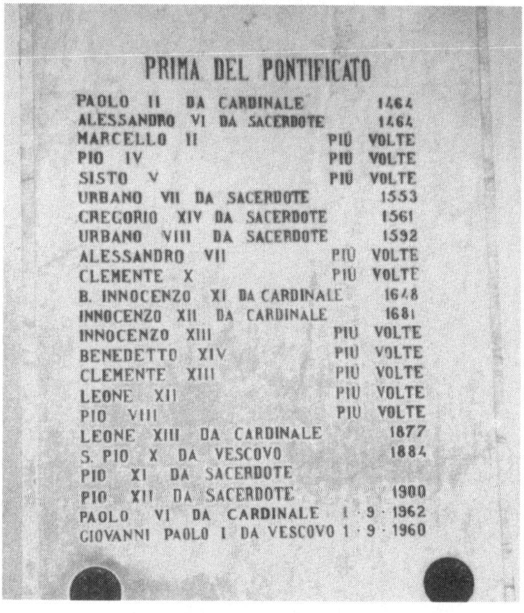

Liste der Päpste, die vor Beginn ihres Pontifikates Loreto besuchten (Tafel im Gang zwischen Basilika und Schatzkammer).

Wenn wir hier den gleichen Massstab wie bei der Beurteilung des ebenfalls gestrichenen Festes der heiligen Philomena anlegen, so würde eine Interpretation folgendes aussagen: «Gestrichen wurde nicht der Kult oder der Glaube an die Übertragung des heiligen Hauses durch Engel, sondern nur das Fest.» Die Realität zeigte sich anders:

Das grosse Wunder von Loreto (in unserem Falle die Übertragung) wurde seiner Historizität beraubt und zur frommen Legende gemacht. Dies war bereits in den Jahren von 1900 bis ca. 1922 von aufklärerischen katholischen Wissenschaftlern ins Werk gesetzt worden. In der Folge wurde alles, was mit Loreto zusammenhing, aus dem religiösen Gedankengut des gläubigen Volkes entfernt, so dass nach einigen Jahrzehnten die meisten Katholiken mit dem Begriff «Loreto» nichts mehr anzufangen wussten. Als Schlusspunkt dieser offensichtlich von der Gegenkirche geplanten Entwicklung erfolgte die offizielle Abschaffung des Loretofestes im Jahre 1961.

Um uns diesen Bruch einigermassen vor Augen zu führen, genügt ein Blick auf die Verlautbarungen der Päpste, welche die Überführung des

Die Übertragung des heiligen Hauses durch Engel. So etwa schaute die westfälische Seherin Anna Katharina Emmerich die Übertragung des gebenedeiten Hauses nach Loreto.

Der heilige Joseph von Copertino wurde «Kronzeuge für die Echtheit des heiligen Hauses» genannt. Er besass von Gott die ausserordentliche Gnadengabe exstatischer Erhebungen und Flüge. Von keinem Heiligen wurde Ähnliches berichtet. Es ist Fügung Gottes, dass er seine letzte Heimat in Osimo, in unmittelbarer Nähe des Heiligtums von Loreto gefunden hat: Die Stätte der Patronin der Flugreisenden (Virgo Lauretana) und das Grab des Patrons der Weltraumfahrer sind nur 15 km voneinander entfernt!

heiligen Hauses durch die Engel in den liturgischen Texten* verankert hatten:

Clemens IX. (1667-1669) schrieb zum 10. Dezember jene denkwürdigen Worte ins römische Martyrologium: «Laureti in Piceno Translatio sacrae Domus Dei Genitricis Mariae, in qua Verbum Caro factum est.» – «Zu Loreto in Picenum die Übertragung des heiligen Hauses der Gottesgebärerin Maria, in dem das Wort Fleisch geworden ist.»

Innozenz XII. (1691-1700) approbierte 1699 den noch heute geltenden Text der Messe und des Offiziums vom Fest der Übertragung des heiligen Hauses. Über die Oration (Kirchengebet) der Festmesse, in der das grosse Wunder klar zum Ausdruck kommt, haben wir bereits oben (S. 19) gesprochen. In noch ausführlicherer Weise heisst es in der 6. Lektion der kirchlichen Tagzeiten : «Das Geburtshaus der allerseligsten Jungfrau selbst, durch göttliche Geheimnisse geweiht, ist durch die Engel aus der

* Siehe auch bei Clemens M. Henze: Warum nach Loreto? S. 20 f. (Über das liturgische Fest der Übertragung des heiligen Hauses).

Gewalt der Ungläubigen zuerst nach Tersato, darauf unter der Regierung des heiligen Cölestin V. auf das lauretanische Gebiet in der Provinz Picenum übertragen worden. Dass dies eben jenes Haus sei, in welchem das Wort Fleisch geworden ist und unter uns gewohnt hat, wird sowohl durch päpstliche Urkunden und die grösste Verehrung des ganzen Erdkreises, als auch durch fortwährende Wunderwirkung und Verleihung himmlischer Gnaden bestätigt. Hierdurch bewogen, hat Innozenz XII., damit die Gläubigen desto eifriger der Verehrung der liebreichen Mutter gedächten, befohlen, dass die Übertragung des Heiligen Hauses, welches in der ganzen Provinz Picenum durch ein alljährliches Fest gefeiert wird, auch durch eine eigene Messe und ein eigenes Offizium verherrlicht werde.» (Römisches Brevier)

Von **Papst Benedikt XIV**.(1740-1758) haben wir glücklicherweise eine Schrift über das Heilige Haus. Zunächst erläutert der Papst, dass der Glaube an die Übertragung durch Engel keinen Glaubensartikel darstelle, doch fügt er bei: «Das Heilige Zimmer, in dem das Wort Fleisch geworden, ist in Wahrheit durch die Hilfe der Engel hiehergetragen worden. Alle Urkunden beweisen es, die sich gleichbleibende Überlieferung, die Zeugnisse der Päpste sowie die noch immer auftretenden Wunder bestätigen es». *(Benedikt XIV.; Abhandlung über die Heiligsprechung und die Feste der heiligen Jungfrau)*

Mit letzterem Papst haben wir die Bestätigung, dass die Überlieferung gleichbleibend ist, d.h., dass die Übertragung durch Engel immer von der Kirche geglaubt wurde.

Gott ist wunderbar in seinen Heiligen

Eine Lösung in der Kontroverse um die Frage von Loreto dürfen wir nicht zuletzt von der Mystik erwarten. Erwägen wir die vielen Zeugnisse der Mystik, so fragen wir uns verwundert, warum überhaupt jemals Zweifel an der Echtheit des Hauses und an der Übertragung aufkommen konnten.

Der heilige **Franziskus von Assisi** prophezeite im Jahre 1219 in Sirolo (bei Ancona) die einstige Ankunft des Hauses der Menschwerdung, als er vom Fenster seiner Zelle aus an seine Verehrer und Freunde eine kleine Predigt hielt. Es waren wohl die Abschiedsworte, die er vor seiner Wallfahrt ins Heilige Land an die Gläubigen richtete.* Der Verfasser des betreffenden Loreto-Buches, Gaston Gorel, sieht in der Prophezeiung des Hl. Franziskus den Grund dafür, dass Loreto dann im Orden des Hl. Franziskus so verehrt und beliebt war. Man kann auch auffallende Vergleiche ziehen zwischen der Portiunkulakirche in Assisi und der Loreto-Basilika.

Einen anderen Heiligen wollen wir bei der Betrachtung des heiligen Hauses nicht vergessen. Es ist der heilige **Nikolaus von Tolentino**. Die Stadt Tolentino liegt ca. 40 km landeinwärts von Loreto entfernt. Im gleichen Buch lesen wir: «Der heilige Nikolaus von Tolentino lebte in der Zeit, da das heilige Haus nach Loreto kam, in Tolentino. Er war Augustiner-Eremit, ein grosser Verehrer der Muttergottes und hatte die Gabe der Weissagung. In seinem Leben hielt er sich einige Zeit auch in der Stadt Fermo (ca. 35 km südlich von Loreto, am Meer gelegen) auf. Er blickte sehr oft gegen das Meer hin und sagte, dass von dort, dem gegenüberliegenden Ufer, eines Tages noch ein grosser Schatz herkommen würde.»** In der Basilika zu Loreto findet sich im Gang, der zur Schatzkammer führt, eine Tafel mit illustren Besuchern des heiligen Hauses aus der Schar der Heiligen und Seligen der Katholischen Kirche. Nikolaus von Tolentino wird darauf als erster aufgeführt. Ein Zeichen seiner Popularität.

Bekannt sein dürfte die Vision des heiligen **Joseph von Copertino** (1603-1663), der in der Stadt Osimo (ca. 15 km von Loreto) begraben liegt. Dieser Heilige hatte die Gabe der Herzensschau, der Prophezeiung und die Gabe oftmaliger ekstatischer Erhebungen und ekstatischer Flüge. Weil dies ungeheures Aufsehen erregte, wurde er auf Befehl der römischen Kurie in ordensfremden Klöstern interniert. Nach einem vierjährigen Aufenthalt in einsamen Kapuzinerklöstern wurde ihm 1637 endlich erlaubt, zu seinen Ordensbrüdern zurückzukehren, und diesmal nach Osimo. Als sie in der Nähe dieser Stadt rasteten (seine Begleiter warteten die Nacht ab, um ihn im Schutze der Dunkelheit ins Kloster zu bringen), sah er vom Balkon des Klosterlandgutes in der Ferne die Kuppel von

---

* Gaston Gorel, La Santa Casa di Loreto, Edizioni Paolini Catania, 1962, S. 83

** Gaston Gorel, La Santa Casa di Loreto, Edizioni Paolini Catania, 1962, S. 62 (Der Bericht über diese Vision befindet sich im Archiv des Augustinerklosters zu Fermo)

Loreto aufragen. Er wusste aber nicht, dass dies die Kuppel von Loreto war. Sofort stiess er einen lauten Ruf (der Überraschung) aus, stammelte: «O Gott, was sehe ich! So viele Engel gehen und kommen vom Himmel! Seht ihr sie nicht? Schaut doch, wie sie mit Gnaden beladen heruntersteigen und zurückkehren, um neue Gnaden entgegenzunehmen! Sagt mir, welcher Ort ist das?» Auf die Antwort der Mitbrüder, dass dies die Basilika sei, in der das heilige Haus von Nazareth verehrt werde, kniete er nieder und rief aus: «Dann brauchen wir uns nicht zu wundern, dass dort die Engel in grosser Zahl aus dem Paradies herniedersteigen, wenn daselbst der Herr des Paradieses herabstieg, um Fleisch anzunehmen. Schaut und seht, wie da die göttlichen Erbarmungen herabregnen! O glücklicher Ort! O seliger Ort!» Indem er so sprach, schaute er unverwandt zum heiligen Hause hin, und dann geriet er plötzlich in Exstase und schwebte vom Balkon herab zu einem Mandelbaum hin.* Leider war es dem Heiligen, der seine letzten Lebensjahre so nahe bei Loreto verbrachte, nie vergönnt, das Heiligtum von Loreto zu besuchen. Seine Obern sahen keine Möglichkeit, ihm diesen Wunsch zu erfüllen.

Einen weiteren Heiligen zitieren wir wegen seiner Gelehrsamkeit und seiner Verteidigung des heiligen Hauses: der **heilige Petrus Canisius**. Er schreibt bezüglich der Wunder und Bekehrungen im heiligen Haus zu Loreto: «Der Wunder, welche Gott in Loreto gewirkt hat, sind so viele, dass es nicht möglich ist, sie zu zählen. Sie sind so offenbar und berühmt, dass nur die Unverschämtesten sie zu leugnen wagen; sie sind so ausserordentlich gross und staunenerregend, dass selbst die gewandtesten Redner sie nicht in erschöpfender Weise beschreiben oder erklären könnten. (...) Nichts ist gewöhnlicher, als dass fremde Ankömmlinge, deren Seele in Sünden tot darniederlag und die vielleicht durch eine Reihe von Jahren mit den schwärzesten Verbrechen befleckt waren, in diesem Heiligtum zur Erkenntnis ihrer Schuld erwachen... Nichts ist gewöhnlicher, als hier Personen zu sehen, welche soeben noch von allem Guten weit entfernt, plötzlich zu Kindern Gottes werden, so dass Häretiker sich in Christen, Verbrecher in ehrliche Menschen und Wölfe in Schafe sich umwandeln.»

Kehren wir nochmals zurück zur westfälischen Seherin **Anna Katharina Emmerich**. Wir zitieren das Kapitel «das heilige Haus von Nazareth»:

---

* Clemens M. Henze, Andiamo a Loreto (1952)

«Das Häuschen in Nazareth, welches Anna für Maria und Joseph eingerichtet, gehörte Anna. Sie konnte aus ihrer Wohnung auf Nebenwegen, ohne bemerkt zu werden, in einer halben Stunde dahin gelangen. Das Häuschen lag nicht weit vom Tor; es hatte vorne einen kleinen Hofraum und in der Nähe war ein Brunnen, zu dem man auf ein paar Stufen niederstieg. Es lag an einem Hügel, war aber nicht in ihn hineingebaut, sondern war durch einen schmalen Weg, der von dem Hügel abgegraben war, auf der hinteren Seite von ihm getrennt und es ging oben eine kleine mit Holz eingefasste Fensteröffnung nach dem Hügel hinaus; es war aber düster dahinten. Der hintere Teil des Häuschens war dreieckig und lag auf höherem Boden, als das Vorhaus. Sein unterer Teil war in Felsen eingeschnitten und der obere war von leichterem Mauerwerk. In diesem hinteren Teil war das Schlafgemach Mariens und hier geschah die Verkündigung des Engels. Dies Gemach hatte durch die um die Mauern aufgestellten, von gröberem Flechtwerk, als die gewöhnlichen leichten Schirmwände, geflochtene Stellwände eine halbrunde Gestalt. Es waren Waffeln ähnliche Muster eingeflochten und es wurden Farben beim Flechten benützt, um die Muster herauszubringen. Die Schlafstelle Mariens war an der Seite rechts hinter einem geflochtenen Schirm. An der Seite links waren das Schränkchen und der kleine Tisch mit dem Schemel; es war hier der Betort der heiligen Jungfrau.

Dieser hintere Raum war von dem übrigen Teil des Häuschens durch eine Feuerstelle getrennt. Diese war eine gestufte Mauer, in deren Mitte über dem etwas erhöhten Herde ein Rauchkanal bis unter das Dach ging; das Dach war oben offen und der Rauchfang endete mit einer Röhre hinaus und es war ein kleines Dach über die Öffnung gebaut. Am Ende des Rauchfanges sah ich in späterer Zeit zwei Glocken hängen. Rechts und links neben dem Rauchfang waren über drei schräg aufsteigenden Stufen Türen in den Raum Mariens. In der Mauer des Rauchfangs waren allerlei Öffnungen, worin **kleine Geschirre standen, die ich noch in Loreto sehe**. Hinter dem Rauchfang war ein Balken von Zedernholz aufgerichtet, an welchem die Mauer des Rauchfanges befestigt war. Von diesem aufrecht stehenden Balken lief ein Querbalken zur Mitte der Hintermauer und in diesen Querbalken waren von den beiden Seitenwänden aus noch andere eingefügt. Diese Balken waren bläulich mit gelben Verzierungen. Man sah zwischen ihnen durch das Dach, das inwendig mit grossen Blättern und mit Matten-Teppichen belegt war, welche an drei Stellen in den Winkeln mit Sternen verziert waren. Später waren mehrere Sterne an der Decke. Über dem horizontalen Balken, der von dem Rauchfang nach der Hinterwand lief, war in der Mitte die Fensteröffnung und unter dieser war die Lampe befestigt. Unter dem Rauchfang lag auch ein Balken. Das Dach war nicht spitz und hoch, sondern ringsum so abgeflacht, dass man rings hinter einem Rand herumgehen konnte. Oben war es platt, hier war das Rauchloch und die Röhre heraus, worüber sich ein kleines Dach befand.

Als die heilige Jungfrau nach Josephs Tod in die Nähe von Kapharnaum zog, wurde das heilige Haus schön ausgeschmückt, wie ein heiliger Betort zurückgelassen und Maria ging oft von Kapharnaum aus dahin, den Ort der Menschwerdung zu besuchen und dort zu beten. Petrus und Johannes haben, wenn sie nach Palästina kamen, immer das Haus in Nazareth besucht und darin die heilige Messe gefeiert. Wo sich die Feuerstelle befand, war ein Altar aufgerichtet. Das Schränkchen, das Maria gebraucht, war Tabernakel und stand auf dem Altar.

Ich habe schon *oft* das Bild der **Übertragung des heiligen Hauses nach Loreto** gehabt. *Ich konnte es lange nicht glauben* und habe es doch immer wieder gesehen. Ich sah, wie es sieben Engel über das Meer trugen. Es hatte keinen Boden, aber es war eine glänzende Fläche von Licht darunter. An beiden Seiten waren wie Handhaben. Drei Engel trugen auf der einen, drei auf der anderen Seite das Haus. Einer schwebte voraus, der eine lange Lichtbahn um sich hatte.

Ich erinnere mich, dass der hintere Teil des Hauses mit dem Kamin und dem Altar der Apostel und mit dem kleinen Fenster nach Europa übertragen wurde, und es ist mir, wenn ich daran denke, als habe das andere ein wenig gefährlich daran gehangen, als wenn es zusammensinken wollte. Ich sehe **in Loreto auch das Kreuz**, das die heilige Jungfrau in Ephesus gehabt und das von verschiedenem Holz gemacht ist, und das auch die Apostel später gehabt hatten. Vor diesem Kruzifix geschehen viele Wunder.

Die Mauer des **heiligen Hauses in Loreto** ist noch ganz die alte. Selbst der Balken, der unter dem Rauchfang gelegen, ist vollständig mitgekommen. Das wundertätige Muttergottesbild steht auf dem Apostelaltar.»

Auch die katholische Mystik liefert uns genügend Zeugnisse für die Echtheit des heiligen Hauses. Der Satz des heiligen Augustinus bewahrheitet sich: «Diejenigen, die nicht glauben, müssen mehr glauben, als diejenigen, die glauben.»

Papst Johannes Paul II. bei seiner Wallfahrt zum heiligen Haus im Jahre 1979.

Sechs Untersuchungen am heiligen Haus zu Loreto

Wir widmen dieses Kapitel einer apologetischen Schau und berücksichtigen weitgehend die Abhandlungen im «Loreto-Boten», dessen Recht zur Veröffentlichung wir freundlicherweise erhalten haben. Ein besonderer Dank gilt Kaplan Gottfried Melzer.

Erste Untersuchung: 1295

Im Dezember des Jahres 1295 trugen die Engel Gottes das lauretanische Haus vom Hügel der beiden Brüder fort und stellten es über die öffentliche Strasse, die von Recanati zum Meer führt. Im Bericht der alten Tafel (Übersetzung aus dem Lateinischen) steht folgendes:

«Dorthin nun war jene gnadenreiche Kirche mit ihren grossen Wundern und unzähligen Gnadenerweisen hingestellt worden. Damals ging die gesamte Einwohnerschaft von Recanati hin, um die besagte Kirche zu sehen, die ohne irgendein Fundament auf dem Erdboden stand. Das erwähnte Volk sah dieses so grosse Wunder. Es hatte Sorge, dass die Kirche zum Einsturz käme. Deshalb machten sie sich daran, die besagte Kirche mit einer zusätzlichen starken, dicken und bestens fundierten Mauer zu umgeben, wie sie heute noch gesehen werden kann.»

Zweite Untersuchung: 1531

Als man im Jahre 1531 die recanatensische Mauer abtrug und rings um die heiligen Mauern die Fundamente für eine neue Mauer grub, an der die Marmorumkleidung angebracht werden sollte, stellte man fest, dass das heilige Haus keine Fundamente besass.

Dritte Untersuchung: 1672

Im Jahre 1672 wurde der Fussboden des heiligen Hauses erneuert. Der Boden war nämlich durch die vielen Millionen von Pilgern schadhaft geworden. Von neuem wurde ersichtlich, dass das Haus ohne Fundamente dasteht.

Vierte Untersuchung: 1751

Diese Untersuchung war die berühmteste von allen. Sie fand statt unter dem Pontifikat von Papst Benedikt XIV. Anlass dafür war die wieder fällig gewordene Erneuerung des Fussbodens im Innern des heiligen Hauses. Am 14. April 1751 begannen die Untersuchungsarbeiten in Anwesenheit hoher Vertreter von Kirche und Wissenschaft. Es sind darüber authentische Zeugnisse vorhanden, und zwar der Bericht der Architekten und der Bericht, den der Kustos des heiligen Hauses, Don Antonio Lucidi, an Don Saverio Brugnoli geschrieben hat.

Fünfte Untersuchung: 1921

Nach dem schweren Brand, der das Innere des heiligen Hauses in der Nacht vom 22. auf den 23. Februar 1921 verwüstet hatte, wurden im Zuge der Widerherstellungsarbeiten die Mauern und das sich unterhalb dieser befindliche Erdreich einer eingehenden und gründlichen Prüfung unterzogen. Der Architekt, Ingenieur Federico Manucci – Mitglied der mit den Wiederherstellungsarbeiten beauftragten päpstlichen Kommission –, schrieb als Ergebnis seiner Untersuchungen einen eingehenden Bericht. Unter anderem stellt Architekt Manucci fest: *«Der blosse Gedanke, die Beförderung könnte mit Hilfe mechanischer Mittel erfolgt sein, ist absurd. Es bleibt also nur die Möglichkeit der Übertragung auf wunderbare Weise,*

An den Wänden des heiligen Hauses entdeckt der Pilger Reste alter Fresken, die eine wunderbare Übertragung zwingend erforderlich machen. Ein Teil der Fresken wurde auf Veranlassung des heiligen Königs Ludwig IX., der von ca. 1250-1254 im Heiligen Land weilte, angebracht.

wie sie durch die geschichtlichen Quellen und die einhellige kirchliche Überlieferung bezeugt und bestätigt ist.»

Erinnern wir uns daran, dass das Jahr 1921 nicht nur einen verheerenden Brand für Loreto zeitigte: Ebenso schlimm wirkte sich das Werk Hüffers aus, dessen 2. Band in diesem Jahre veröffentlicht wurde.

Sechste Untersuchung: 1962-1965

Die letzte Untersuchung wurde nach der Streichung des Festes aus dem liturgischen Kalender durchgeführt. Die sechste Untersuchung brachte keine Widerlegung der ersten fünf Untersuchungen.

Neue «corpora delicti» sind Stoffkreuze von Kreuzfahrern und Münzen. Sie werden heute als «Beweis» ins Feld gebracht, dass die Kreuzfahrer diese Stücke beim hypothetisch angenommenen Neuaufbau des heiligen Hauses in Loreto beigefügt hätten. Man beachte, dass dieses Indiz völlig nichtssagend ist: Die Stoffkreuze und Münzen können sowohl in Nazareth, als auch in Tersato oder Loreto eingefügt worden sein. Man kann sich leicht vorstellen, dass die Kreuzritter und andere Pilger auf ihren Wallfahrtsbesuchen Stoffkreuze oder Münzen in den Mauerritzen (gleichsam als Opfer- und Erinnerungsgabe für die Gottesmuttter) zurückgelassen haben. Ähnliches geschieht ja heute vielerorts mit Geldmünzen.

Sieben Gründe sprechen für die wunderbare Übertragung :

1. **Das heilige Haus wurde nicht abgetragen. Kein Christ hätte gewagt, das hochverehrte Haus der Gottesgebärerin zu zerstören.**
   Für die Wissenschaft steht heute fest, dass die Steine des heiligen Hauses von Loreto echt sind. Sie stammen aus dem nazarethanischen Heiligtum. Wenn man annehmen sollte, dass die Steine des heiligen Hauses von Menschenhand aus Nazareth nach Loreto transportiert wurden, setzt dies notwendig die Annahme voraus, dass das heilige Haus der Gottesgebärerin in Nazareth abgebrochen worden sei. Eine solche Zerstörung dieses hochverehrten Heiligtums durch die Hände der Christen wäre ganz undenkbar für die tieffromme Zeit des christlichen Mittelalters gewesen. Nach mystischer Auffassung der Gotik war jede konsekrierte Kirche ein geheimnisvolles Abbild der unzerstörbaren Kirche Jesu Christi. Unseres Wissens gibt es kein Beispiel dafür, dass in der Zeit der Frühgotik (in Frankreich ab Mitte des 12. Jahrhunderts) und Hochgotik (ca. ab Mitte des 13. Jahrhunderts) eine Kirche aus praktischen Überlegungen heraus abgebrochen worden ist. Wenn sich eine Kirche damals als zu klein erwies, wurde eine grössere daneben gebaut, oder sie wurde in eine grössere Kirche eingebaut. Abtragungen von Kirchen sind uns erst aus der Zeit des Niederganges der Gotik im 15. Jahrhundert und aus der nachfolgenden Zeit bekannt.

2. **Das heilige Haus wurde nicht von Menschenhand abgetragen, um dessen Steine mit Schiffen ins Abendland zu bringen.**
   Ein Transport der heiligen Steine von Nazareth an das Meer wäre nach 1291 wegen der politischen Lage im Heiligen Land nahezu ein Ding der Unmöglichkeit gewesen.
   Wollte man annehmen, dass der Transport der heiligen Steine ohne Einwilligung der mohammedanischen Besatzungsmacht in einer möglichst kurzfristigen Aktion erfolgte, um Gegenmassnahmen zuvorzukommen, so wäre eine sehr grosse Anzahl von Eseln erforderlich gewesen. Nachrechnungen ergeben, dass die vier ursprünglichen Mauern des heiligen Hauses (bis zur Höhe der Balken) einen Rauminhalt von ca. 58 Kubikmeter ausmachen. Das entspricht einem Gewicht von ca. 174 Tonnen, dazu noch zahlreiche Balken und Holzteile. Ein nahezu unlösbares Problem musste der Transport des Altares des heilige Petrus darstellen,

der nachweislich aus Nazarethgestein besteht und heute noch in Loreto ist. Für den Transport dieser Menge an einem einzigen Tag hätte man ungefähr 1800 Esel bei einer Belastung von 100 kg je Lasttier gebraucht, dazu zahlreiche Treiber und ein kleines Heer zur Bewachung der fast 4 km langen Karawane. Das musste Aufsehen erregen und war deshalb nicht zu machen.

3. **Das heilige Haus von Loreto befand sich, wenigstens in den ersten Jahrzehnten, an einem frei zugänglichen Ort.**
Keinem vernünftigen Menschen wäre es eingefallen, das heilige Haus an einem derart ungeschützten Ort, wie ihn die Anhöhe von Loreto darstellte, neu aufzubauen. Um das Jahr 1294 gab es auf der Anhöhe von Loreto keine befestigte Stadt und keine wehrhafte Burg zum Schutz des Heiligtums. Durch die sumpfigen Tümpel am Unterlauf des Flusses Musone vor seiner Mündung ins Meer war die Gegend damals überdies von Malaria bedroht. Kein Mensch hätte von vornherein einen solchen Bauplatz ausgewählt.

4. **Das heilige Haus von Loreto steht auf einem denkbar ungünstigen Baugrund, der teilweise abschüssig ist.**
Kein vernünftiger Architekt hätte das Bauwerk auf einem derart schlechten Baugrund neu aufgebaut, wenn man wenige Meter daneben allen diesbezüglichen Schwierigkeiten entgehen konnte. Archäologische Untersuchungen haben ergeben, dass der Boden, an dem das heilige Haus steht, an der Nordseite abschüssig ist. Deshalb schienen den Recanatensern von allem Anfang an bauliche Massnahmen (Bau von stützenden Fundamenten, Bau einer starken Umfassungsmauer) von grosser Dringlichkeit zu sein, um einem befürchteten Einsturz der Mauern zuvorzukommen. Nicht wenige Untersuchungen im Lauf der Zeit haben immer das einhellige Ergebnis erbracht, dass das heilige Haus ohne eigene Fundamente dasteht, die Mauern berühren zum Teil nicht einmal darunter liegender Boden.

5. **Das heilige Haus steht, wie Untersuchungen eindeutig ergeben haben, quer über einer Strasse.**
Wenn man die wunderbare Übertragung dorthin nicht annehmen will, so lässt sich kein vernünftiger Grund für diesen Umstand finden, der dem Bauherrn nur Schwierigkeiten bringen musste.
Die archäologischen Untersuchungen von 1962-1965 ergaben das gleiche, was bereits frühere Untersuchungen ergeben hatten und was die

Überlieferung immer schon wusste: Das heilige Haus von Loreto steht auf einer mittelaterlichen Strasse. Jeder weiss, welche Schwierigkeiten sich ergeben, wenn jemand auf einem öffentlichen Grundstück, in unserem Fall gar auf einem öffentlichen Verkehrsweg, ein Bauwerk errichten will.

6. **Der Mörtel, der die Steine des heiligen Hauses verbindet, wurde im Orient hergestellt.**
   Prof. Francesco Ratti hat im Jahre 1857 auch den Mörtel des heiligen Hauses genau untersucht. Ein Vergleich dieses Mörtels mit Mörtelteilen aus anderen galiläischen Bauten ergab eine Übereinstimmung. Der Mörtel des heiligen Hauses besteht aus einer einfachen Mischung von Sand, Kalk oder Gips mit etwas pflanzlicher Kohle (Holzkohlenpulver), wie es für den Orient kennzeichnend ist.

7. **Die Wände des heiligen Hauses sind mit Fresken geschmückt, die in Nazareth gemalt worden sind.**
   Diese sind zum Teil auf Veranlassung des heiligen Königs Ludwig – er weilte von ca. 1250-1254 im Heiligen Land – angebracht worden. Das gilt besonders vom Bild des Hl. Franziskus, den König Ludwig sehr verehrte (er gehörte dem dritten Orden des Hl. Franziskus an) und von dem Bild, das den König selbst als Pilger mit geöffneten Kerkerfesseln darstellt. Unter den heute in Loreto sichtbaren Fresken befinden sich noch viel ältere, die vermutlich aus der Zeit von Kaiserin Helena stammen.
   Wie hätte man die Fresken an den heiligen Mauern unversehrt von Nazareth nach Loreto bringen können? Martorelli hat uns eine sorgfältige Beschreibung hinterlassen. Die Muttergottes mit dem Jesuskind, von Engeln umgeben, ist mehrfach dargestellt. Die Heiligen sind durchwegs Heilige der orientalischen Kirche (Hl. Georg, Hl. Bartholomäus, Hl. Antonius der Einsiedler, Hl. Katharina von Alexandrien).

Quelle: Kpl. Gottfried Melzer, Loreto-Bote, Ausgabe März 1989, Nr. 13

Teil II

Consilia Maria Lakotta

Maria von Loreto – die wundermächtige Helferin

Kennst Du Loreto?
Maria – die Zuflucht in allen Nöten
Die Hilfe der Christen
Die Retterin des christlichen Abendlandes
Maria – Heil der Kranken
Die Trösterin der Betrübten
Die Patronin der Flugreisenden
Das wundertätige Öl aus dem heiligen Haus von Loreto
Das Gebet von Loreto
Das tägliche Gebet zu Ehren der Menschwerdung Gottes
Der Gruss des heiligen Erzengels Gabriel

(ergänzt und überarbeitet von
Kaplan Gottfried Melzer)

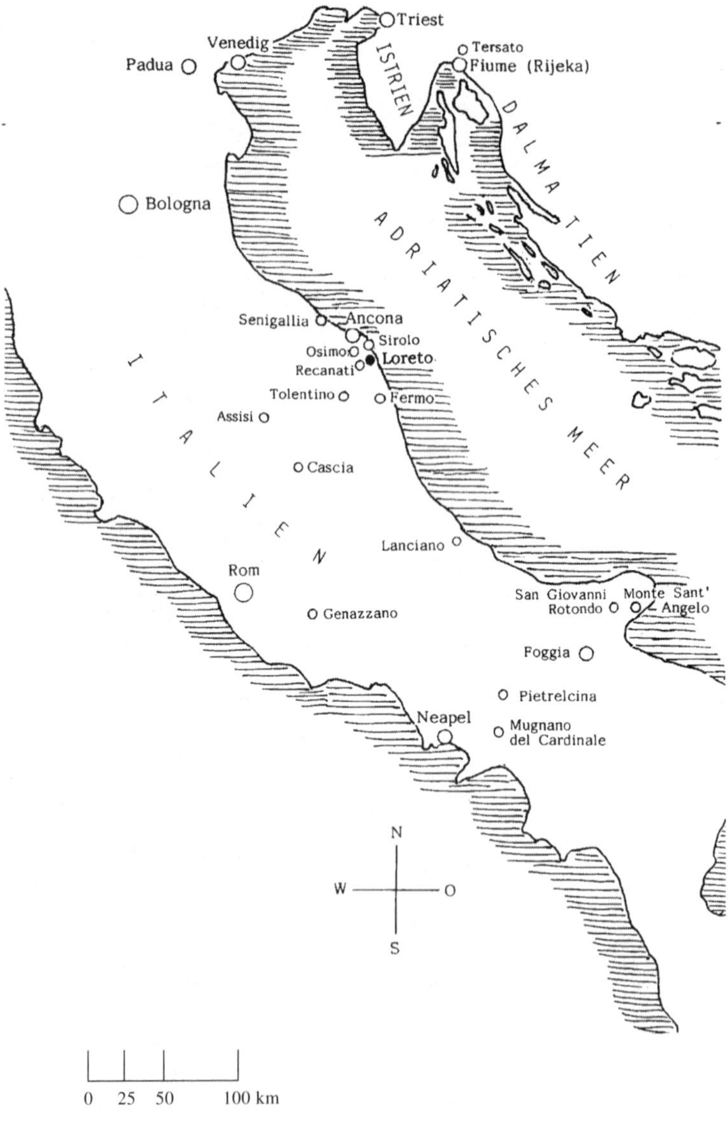

Loreto – heilige Stätten in der Nähe von Loreto

Kennst Du Loreto?

Die Stadt Loreto befindet sich in Italien, an der adriatischen Küste, und kann mit den öffentlichen Verkehrsmitteln leicht erreicht werden. Auf diesem geheiligten Flecken Italiens steht das heilige Haus von Nazareth, von Engeln wunderbar von Nazareth übertragen. Werfen wir einen Blick auf die geographische Lage von Loreto und einige wichtige Orte im Umkreis, die zum Teil in besonderer Beziehung zu Loreto stehen:

Tersato: Von dort kam das heilige Haus, das von Nazareth dorthin übertragen wurde, nach Verlauf von drei Jahren und sieben Monaten nach Loreto.
Recanati: Das Gebiet des heutigen Loreto gehörte zur Stadt Recanati. Die Bürger dieser Stadt widmeten der Gottesmutter aus Dankbarkeit ein grosses Bronze-Relief von der Übertragung des heiligen Hauses mit einer Inschrift. Beides ist heute noch am Stadtturm von Recanati zu sehen.
Tolentino und Fermo: In Tolentino wirkte der heilige Augustiner-Eremit Nikolaus von Tolentino die meiste Zeit seines Lebens. Nach einer Überlieferung durfte er das Wunder der Übertragung schauen und das heilige Haus, das für kurze Zeit dort blieb, betreten. In Fermo am Meer hatte er schon früher über die Ankunft eines «grossen Schatzes» prophezeit.
Sirolo: Der Hl. Franz von Assisi prophezeit in Sirolo, kurz vor seiner Abreise ins Heilige Land von der einstigen Ankunft des Hauses der Menschwerdung Gottes.
Osimo: In Osimo verbrachte der heilige Joseph von Copertino die letzten Jahre seines Lebens. Er schaute bei seiner Ankunft in Osimo die Kuppel von Loreto und sah die vielen Engel, die mit reichen Gnadengaben vom Himmel an diesen heiligen Ort herabstiegen.
Lanciano: Ort des grössten Eucharistiewunders der Kirche. Aus der Geschichte von Lanciano ist folgendes Wunder überliefert, das ähnlich wie Loreto an eine wunderbare Ortsveränderung denken lässt: Einst wollte der Guardian des Klosters wegen drohender Kriegsgefahr die Monstranz mit dem eucharistischen Wunder an einen sicheren Ort in den Abruzzen bringen. Nachdem er die ganze Nacht gewandert war, fand er sich in der Morgenfrühe vor dem Kloster in Lanciano wieder.

Senigallia: Geburtsort des heiligmässigen Papstes Pius IX., der als Jüngling in Loreto und auf die Fürbitte der heiligen Philomena von unheilbarer Krankheit geheilt wurde.
Cascia: An diesem Ort lebte die heilige Rita von Cascia. In ihrem Leben ereignete sich eine wunderbare Übertragung: Als Witwe fand sie keine Aufnahme im Kloster der Augustinerinnen. Es erschienen ihr (der Hl. Rita) eines Nachts der heilige Johannes der Täufer, der heilige Augustinus und der heilige Nikolaus von Tolentino und führten sie auf einer Lichtstrasse von ihrem Wohnhaus über einen Abgrund in das Kloster der Augustinerinnen zu Cascia.
Rom: Viele Päpste (mehr als 80) erwiesen der Muttergottes von Loreto besondere Ehrenbekundungen durch Ablassbullen, Votivgaben und Erlasse zugunsten dieses Gnadenortes. Zwölf Päpste ehrten die Muttergottes von Loreto durch ihren Besuch.
Genazzano *(in der Nähe von Rom)***:** Im Jahre 1467 übertrugen Engel das Bild der Muttergottes vom Guten Rat von Skutari (Albanien) nach Genazzano. Es soll 200 Jahre vorher auf wunderbare Weise von Jerusalem nach Skutari gekommen sein. Das Gnadenbild von Genazzano ist ein Fresko, das nur wenige Millimeter dick ist.
Ortona: Hier liegt unter dem Hauptaltar im Dom ein grosser Teil der Reliquien des heiligen Thomas, Apostel. Der heilige Thomas starb als Märtyrer in «Kalamina», wohl bei Mailapur (Indien). Im 3. Jahrhundert kam der grösste Teil der Reliquien des heiligen Thomas nach Edessa, Im Jahre 1258 brachte man die Reliquien nach Chios, von dort später nach Ortona an der Adria, nahe bei Lanciano. *(Ortona ist auf der Karte nicht eingetragen)*

Loreto ist mit PKW (Autobahn über Bologna, Richtung Ancona) oder mit der Eisenbahn (ebenfalls über Bologna, Ancona) günstig zur erreichen. Vom Bahnhof Loreto fährt in regelmässigen Abständen ein Bus zum Stadtzentrum.

Maria – die Zuflucht in allen Nöten

Das heilige Haus blieb, von Nazareth kommend, nur kurze Zeit in Dalmatien. Nach drei Jahren und sieben Monaten verschwand es von dort wieder. Man wusste nicht genau den Grund, warum es wieder fortging. Tursellinus, der Geschichtsschreiber des heiligen Hauses, führt drei mögliche Gründe dafür an. Er schreibt: «Sei es, dass es von den Bewohnern (Dalmatiens) nicht so, wie es sich gebührte, verehrt wurde; oder dass die seligste Jungfrau Maria von Anfang an nur für eine kurze Zeit zur Tröstung dieses Volkes Herberge nehmen, und nicht für immer ihren festen Wohnsitz dort aufschlagen wollte; oder sei es, dass sie Italien, das Bollwerk der christlichen Religion, das durch Kriegs- und Unglücksfälle heimgesucht war, durch ihre Gegenwart Hilfe bringen wollte.» (Turs. 1,5)

In der Tat herrschten damals in Italien traurige Zustände. Bruderkriege und Feindschaften hatten das Land entzweit: Venedig lag mit Genua, Pisa mit Florenz im Krieg. Im ganzen Land gab es zwei Parteien, die einander aufs heftigste bekämpften: Die Guelfen und die Ghibellinen.* Überdies wütete um die Mitte des 14. Jahrhunderts die Pest in Italien, und Rom war ohne Papst.**

Das vom Himmel geheiligte Haus

Bald nach Ankunft des heiligen Hauses in der waldigen Ebene von Loreto hatte sich dort in der Nähe im Jahr 1295 ein Einsiedler niedergelassen. Er nannte sich Paulus de Sylva (Paulus vom Walde). Dieser hatte von Ankömmlingen aus Dalmatien reden gehört, dass das heilige Haus vor kurzem noch dort gewesen, vorher aber in Nazareth gestanden, und dass es das Haus der Menschwerdung Gottes sei. Der Einsiedler bat nun inständig die Gottesmutter, sie möge ihm mitteilen, was es für eine Bewandtnis mit dieser wunderbar angekommenen Kapelle habe. In einer nächtlichen Erscheinung gab ihm die heiligste Jungfrau Maria die

---

* Die Guelfen (italienische Ableitung von Welfen) waren ursprünglich die Anhänger des Papstes, die Ghibellinen (Ableitung von Weiblingen) waren kaiserlich gesinnt. Nach dem Untergang der Staufer (Konradin, der letzte Staufer, wurde 1268 in Neapel hingerichtet), wurden diese Bezeichnungen auch auf andere Gegner übertragen: Die Guelfen galten als die Partei des Volkes, die Ghibellinen als die des Adels.

** Die Päpste residierten von 1309 bis 1377 in Avignon, ausgenommen die 3 Regierungsjahre Urban V. ab 1367 in Rom, der aber 1570 wieder nach Avignon zurückkehrte.

gewünschte Antwort; sie sagte ihm, dass dies das Haus sei, das sie einst auf Erden bewohnt, und für das sie Italien als festen Sitz erkoren habe. Es sei von Galiläa, weil seine Verehrung dort vernachlässigt wurde, nach Dalmatien getragen worden, und von dort nach Picenum. Sie selbst sei in diesem Haus geboren worden und habe dort den göttlichen Sohn empfangen. Sie fügte auch hinzu, was sie bereits früher dem Seelsorger Alexander an der St. Georgskirche in Tersato mitgeteilt, dass die Apostel dieses Haus später zur Kirche geweiht hätten, dass der Altar dieses ihres Hauses vom heilige Petrus konsekriert worden sei; das Kreuz im heiligen Haus sei von den Aposteln angebracht worden,und das Bildnis aus Zedernholz habe der Hl. Evangelist Luka in Ähnlichkeit zu ihr geschnitzt und in Farben gefasst*.

Das heilige Haus als sichere Zufluchtsstätte

Die Muttergottes fügt bei ihrer Erscheinung an Paulus de Sylva noch wichtige Worte hinzu, die wir wegen ihrer bedeutungsvollen Wichtigkeit in direkter Rede wiedergeben. Sie sagte: «Dieses Haus wurde durch die einzigartige Huld und Gnade des Himmels den Bewohnern von Picenum in Italien gegeben, als Trost und Unterpfand der Gnade und des Friedens in den heranstürmenden grossen Trübsalen und Nöten».

Und abschliessend sagte die Muttergottes bei ihrer Erscheinung ein Wort, das in die Endzeit, in der wir leben, weist: ***«Und fernerhin wird dieses Haus in den Gefahren und Heimsuchungen, die der Menschheit noch bevorstehen, eine überaus sichere Zufluchtsstätte für alle Völker sein.»***

Wir wissen alle, dass die Welt, in der wir leben, heute in mehrfacher Weise aufs schwerste bedroht ist. Wir wissen aber auch, wenn wir die oben angeführten Worte der Muttergottes erwägen, um den sicheren Schutz, den sie uns versprochen hat. Und diesen Schutz finden wir, was immer über uns hereinbrechen mag, in ihrem heiligen Haus zu Loreto. Wie in mahnender Erinnerung an diese Worte lässt uns die Kirche in der Oration der Festmesse von der Übertragung des heiligen Hauses beten, «dass wir, entfernt von den Zelten der Sünder, würdige Bewohner Deines heiligen Hauses werden.» Im Hinblick auf die gefahrvolle Lage, in der sich die ganze Welt von heute befindet, ist die Verehrung des heiligen Hauses von

* Dieses kostbare Bildnis wurde im Brand von 1921 zerstört. Anna Katharina Emmerich sah in ihren Visionen noch dieses Marienbild.

Loreto überaus wichtig und zeitgemäss.

Schützerin in Kriegsgefahr

Im Jahre 1529 rückten die Türken zum ersten Mal gegen Wien vor. Die Belagerung konnte aufgehoben und der Feind vertrieben werden. Aber in dieser Zeit drohte Italien schwere Gefahr von Seiten der grossen, äusserst schlagkräftigen türkischen Flotte, die die Mittelmeerküstengebiete unsicher machte. Eine christliche Flotte zur Abwendung dieser unaufhörlichen Bedrohung konnte wegen der Uneinigkeit der Verbündeten nicht eingesetzt werden.

1534 gelangte Papst Paul III. zur Regierung. Er war ein Verehrer der Muttergottes von Loreto und förderte ihre Ehre. Er gründete dortselbst ein Konvikt für Sängerknaben, die tagtäglich zu den festgesetzten Stunden zu Ehren der Lauretanischen Jungfrau ihre Stimmen erklingen lassen sollten. Das Konvikt selbst war im Kanonikatshaus untergebracht. 12 begabte und sittenreine Knaben aus der Provinz Picenum konnten dort Aufnahme finden. Dem Papst lag am Herzen, dass sie von sehr guten Lehrern und Erziehern unterrichtet und betreut würden. So wurde denn das Konvikt nach der Anweisung des Papstes eröffnet.

Der fromme Eifer der jugendlichen Sänger, deren Gebete und Lieder zum Himmel drangen, erfreute das Herz der Muttergottes. Und sie gab dem ganzen Land, das durch die türkischen Kriegsschiffe schwer bedroht war, den Frieden und liess eine ganz unerwartete Änderung der Lage eintreten. Denn kurze Zeit später, im August, erlitt der grösste Teil der türkischen Flotte Schiffbruch, bei Sirolo nämlich, wo die Felswände des Monte Conero steil zum Meer abfallen, im Anblick des Heiligtums von Loreto. 20 000 feindliche Soldaten fanden dabei den Tod. Die ganze Meeresbucht war überdeckt mit Leichen der Ertrunkenen, mit Waffen, Holzplanken und anderen Wrackteilen. Die Überbleibsel der vorher so stolzen und mächtigen Flotte wurden bis in die Gegend von Loreto getrieben. Die Bewohner von dort erfuhren dadurch von der grossen Niederlage der türkischen Flotte früher, als dies durch Boten hätte geschehen können. Die Muttergottes von Loreto hatte ob der frommen Gebete und Gesänge der Knaben, die sie ihr in ihrem Heiligtum darbrachten, das Land von der ständigen Angst vor Krieg und feindlichen Überfällen befreit. Voll Freude anerkannten das die Bewohner von Loreto und die anwesenden Wallfahrer, und einer sagte es dem anderen und beteuerte, welch mächtige Schutzfrau die heilige Jungfrau von Loreto sei und dass man sie verehren solle. (Quelle: Tursellinus III,3)

Maria – Hilfe der Christen

Es ist zwar allgemein bekannt, dass die Macht des Rosenkranzgebetes der Christenheit den herrlichen Sieg über die türkische Flotte bei Lepanto am 7. Oktober 1571 erringen half, aber nur wenige wissen, dass es in besonderer Weise die Muttergottes von Loreto war, die bei diesem Kampf ihre grosse Macht und Hilfe zeigte. Dies können wir bei Tursellinus, dem Geschichtsschreiber von Loreto, ausführlich lesen. Im folgenden geben wir zwei Kapitel seines Buches, die darüber handeln, in wörtlicher Übersetzung aus dem Lateinischen wieder. Um der besseren Übersichtlichkeit willen wurden vom Übersetzer einige Zwischentitel eingefügt:

Papst Pius V. erkennt die grosse Gefahr

«In eben diesen Zeiten, als die Gefahr aufs äusserste gestiegen war, leuchtete die Macht der Lauretanischen Jungfrau ebenso aufs höchste hervor. Der türkische Sultan Selimanus (Selim II.), der sich der Insel Cypern mit Gewalt bemächtigt hatte, bedrohte die übrigen Gebiete der Venetianer und das ganze christliche Abendland, Pius V. vertrat die Meinung, dass der allgemeinen Gefahr mit vereinten Kräften begegnet werden müsse. Er verbündete sich deshalb mit den Venetianern und dem König von Spanien zu einer Waffengemeinschaft und eröffnete mit einer grossen Flotte den Krieg. Marcus Antonius Colonna, hochberühmt durch Herkunft und Ansehen, war in jener stürmischen Zeit der Anführer der Römer. Er wurde an die Spitze der päpstlichen Flotte gestellt und erhielt den Auftrag, unverzüglich die türkische Flotte zu entmachten.

Die Bittwallfahrt der Gattin des päpstlichen Admirals

Damals beschloss seine Gemahlin Felix Ursina, von ebenso vornehmer Herkunft wie ihr Gemahl, angetrieben von der Furcht, dass sie und ihre Kinder bei den Wechselfällen eines derartigen Seekrieges als Waisen zurückgelassen werden könnten, ihre Zuflucht bei der Lauretanischen Jungfrau zu nehmen. Eilends reiste sie mit einer sehr ehrenvollen Begleitung nach Loreto, ohne Zweifel deshalb, dass sie sich und ihrem Gatten die göttliche Hilfe leichter geneigt machen könne. Sie empfing dort die heiligen Sakramente und wachte demütig flehend eine ganze

Der heilige Franziskus bricht von Ancona zu seiner Reise ins Heilige Land auf. Im nahen Sirolo hat er die einstige Ankunft des Heiligen Hauses prophezeit.

Nacht hindurch in der hochheiligen Zelle, um bei Gott und der Muttergottes umso wirkungsvoller Hilfe und gnadenvolle Erhörung zu finden.

Nachdem sie die heiligste Jungfrau mit glühendem Eifer und reichen Weihegaben verehrt hatte, liess sie einen hebräischen Jüngling taufen und ihn in ihre Familie aufnehmen.

Und ihr Flehen war nicht vergeblich, ihr Gebet nicht umsonst. Kurze Zeit nur war verstrichen, da durfte sie die Erhörung ihres unaufhörlichen Gebetes erleben: Sie erhielt nicht nur ihren Mann aus diesem so blutigen Krieg gesund zurück, sondern darüber hinaus noch als Sieger. Voll Freude konnte sie mitansehen, wie er in Rom – in Erneuerung eines altrömischen Brauches – in einem Triumphzug geehrt wurde.

Der wunderbare Sieg war ein Werk der Lauretanischen Jungfrau

Bei diesem Krieg erfuhr auch Pius V. in dem allgemeinen Anliegen, das auch sein persönliches Anliegen war, die Macht der Lauretanischen Jungfrau. Er hatte der christlichen Flotte die Weisung gegeben, dass sie sich auf einen Kampf bis zum Äussersten bereitmachen und rüsten solle. Er wusste sehr gut, dass es in diesem Krieg um alles ging. Deshalb war er unaufhörlich bemüht, Gott im Gebete anzuflehen und liess auch öffentliche Gebete verrichten, um Gott gnädig zu stimmen. Er befahl vor allem, dass in der hocherhabenen Lauretanischen Zelle ohne Unterlass die Muttergottes angefleht werde, sie möge den Christen in dieser höchsten Not als gütige Mutter beistehen.

Und die Hoffnung des Papstes und all der Frommen wurde nicht getäuscht. Als die Seeschlacht begann, zeigte sich die göttliche Hilfe in einer Weise, die über alles menschliche Vermögen hinausging: Der Wind, der zuerst der christlichen Flotte entgegenwehte und ihnen den Rauch der Geschütze und die feindlichen Geschosse ins Gesicht trieb, drehte sich, und so ward ein herrlicher Sieg über die Barbaren errungen. Der grösste Teil der Feinde wurde getötet. Ihre Schiffe gingen teils unter, teils wurden sie erobert. Es gab ungeheure Beute: eine überaus grosse Zahl von Gefangenen. Über 10 000 Christensklaven wurden befreit. Sehr viele von ihnen kamen dann nach Loreto, um ihre Gelübde einzulösen. Es steht fest, dass die Christensklaven, die den Türken als Ruderer dienen mussten, am Tage der Seeschlacht, noch bevor die Signale zum Angriff ertönten, für ihre Befreiung der Muttergottes von Loreto Gelübde ablegten. Ebenso zum Teil auch die Anführer und die christlichen Soldaten, für ihr Heil und dass sie den Sieg errängen.

Die grosse Dankwallfahrt nach Loreto

Und es konnte keinen Zweifel darüber geben, dass der so grossartige Sieg Gott und der Muttergottes zu verdanken war. Deshalb begaben sich nicht nur die Ruderer, die eben noch Gefangene der Türken waren, sondern auch die christlichen Soldaten und deren Anführer nach Loreto, um Gott und der Muttergottes ihren Dank abzustatten und die Gelübde zu erfüllen. Und jeder von ihnen wollte dort die Erinnerungszeichen der erwiesenen göttlichen Huld darbringen: Die einen liessen die Ketten, mit denen sie an die Ruder gefesselt waren, bei ihrer Befreierin zurück, die anderen weihten der Gottesgebärerin, als der Urheberin des Sieges, feindliche Beutestücke.» Tursellinus fügt abschliessend hinzu: «Dieser Sieg war, so glaube ich, von allen menschlichen Werken, die Pius V. in seinem Leben vollbracht hat, das grösste.» (Turs. IV, 21).

Der Dank des Papstes und des päpstlichen Admirals

Der heilige Papst Pius V. liess zum Dank für diesen Sieg, den er am gleichen Tag, als er stattfand, zu Rom in einer Vision schauen durfte, in die Litanei der Muttergottes von Loreto die Anrufung einfügen: «Auxilium

Christianorum, ora pro nobis!» (Hilfe der Christen, bitte für uns!) und gab den Auftrag zur Einführung eines neuen Festes unter dem Titel «Maria de victoria» (Maria vom Sieg). Pius V. starb bald darauf, und zwar im Marienmonat Mai, der diesem denkwürdigen Oktobermonat 1571 folgte. Sein Nachfolger Gregor XIII. führte das Fest unter dem geänderten Titel «f. sacratissimi Rosarii B.M.V.» (Rosenkranzfest) ein und bestimmte dafür den 7. Oktober. Am gleichen Tag, und das ist eine eigenartige Fügung, ist der Gedenktag des heiligen Papstes Markus, der in Genazzano das Fest «Mariä vom Guten Rat» eingeführt und ihr zu Ehren dort eine Kirche erbaut hat. Er starb nach einer Regierungszeit von nur 9 Monaten im Jahre 336. Marcus Antonius Colonna, der siegreiche Admiral der päpstlichen Flotte, stammte aus Genazzano, der Stadt in den Sabinerbergen, wo bis heute das wunderbar erschienene Bild der Mutter vom guten Rat verehrt wird. Dort steht am Eingang zur Stadt das mächtige Schloss der Herren von Colonna. Bei der erwähnten grossen Dankwallfahrt nach Loreto schritt der Admiral barfüsssig und barhäuptig den langen Weg von Porto Recanati am Meer zum Lauretanischen Heiligtum empor. Ihn begleiteten der grösste Teil seiner Offiziere und eine grosse Zahl von Soldaten und befreiter Christensklaven. Die Ketten und Eisenteile,* die letztere der Muttergottes von Loreto in Dankbarkeit weihten, dienten zur Herstellung der eisernen Gittertüren an den Eingängen des heiligen Hauses von Loreto, die man dort noch heute sehen kann.

Über die Dankwallfahrt des Don Juan d' Austria nach Loreto berichtet Tursellinus in einem eigenen Kapitel seines Buches, das wir im folgenden, aus dem Lateinischen übersetzt, wörtlich wiedergeben.

Die Dankwallfahrt des Siegers von Lepanto

«Der Held Don Juan d' Austria war ein sehr würdiger Sohn Kaiser Karl V. berühmt nicht nur durch den Ruhm seines Vaters, sondern berühmter noch durch seine eigene Tüchtigkeit. Er kam in diesem Jahr (1576) nach Loreto aufgrund eines früher abgelegten Gelübdes. Er hatte nämlich fünf Jahre zuvor bei der Seeschlacht gegen die Türken, unmittelbar vor Beginn des Kampfes, der Lauretanischen Jungfrau gelobt, dass er, falls er einen Sieg über die Barbaren überlebe, zu ihr nach Loreto kommen

* Vermutlich trugen sie neben den Ketten (nur diese erwähnt Tursellinus) auch zum Teil die Eisenstangen mit, die von einer Ruderbank zur anderen liefen und an denen die Ketten der Ruderer befestigt waren.

Diese kleine Kapelle unterhalb von Loreto ist dem heiligen Haus nachgebildet. Hier wurde das heilige Haus zuerst bei seiner Ankunft in Italien abgesetzt.

würde. Die Erfüllung seines Gelübdes verzögerte sich immer wieder. Wegen der öffentlichen Aufgaben, denen er sich widmen musste, konnte er sein Gelöbnis lange nicht ausführen.

Als er nun mit seiner siegreichen Flotte Neapel erreicht hatte, brach er nach Loreto zur seligen Jungfrau Maria auf. Er liess sich davon nicht abhalten, weder von der Furcht vor der grimmigen Winterkälte, noch von den Sorgen um öffentliche und private Geschäfte, noch von den Bitten der Vornehmen und des Volkes, er solle doch nicht mitten im Winter bei eisigen und schneebedeckten Wegen und allenthalben angeschwollenen Flüssen diese Reise machen. Die Frömmigkeit des edlen Fürsten zeigte sich infolge des äusserst schlechten Wetters in noch hervorragenderer Weise: Als er mit seinem Pferd den Hafen von Porto Recanati verliess, entblösste er, sobald er der Kirche von Loreto ansichtig wurde, ehrerbietig sein Haupt und grüsste die Jungfrau und Gottesgebärerin. Und in der Folge liess er sein Haupt aus Verehrung zur himmlischen Königin weiterhin unbedeckt, – es lag ihm gewissermassen ferne, sich um sich selbst zu kümmern – und er liess sich weder durch den Regen, noch durch die Unfreundlichkeit des Wetters bewegen, es wieder zu bedecken. So sehr hatte er sich und seinen Kopf (vor der grossen Seeschlacht) der seligen Jungfrau anvertraut im festen Vertrauen, dass er unter ihrem Schutz ganz unversehrt bleibe. Nachdem er das heilige Haus erreicht hatte, legte er eine Beichte über die Sünden seines ganzen vergangenen Lebens ab und sagte der heiligsten Jungfrau seinen innigsten Dank. Dann opferte er, über das eingelöste Gelübde hinaus, eine grosse Summe Geldes. Er eiferte auch seine Begleiter durch Wort und Beispiel zu einer ähnlichen so lobenswerten Frömmigkeit an. Nachdem er seiner Verehrung und seiner Freigebigkeit Genüge geleistet hatte, kehrte er nach Neapel zurück, im Herzen eine grosse Sehnsucht nach der Lauretanischen Jungfrau tragend». *(Tursellinus IV, 24)*

Maria – Retterin des christlichen Abendlandes

Im Jahre 1683 rückte der türkische Oberwesir Kara Mustapha mit einem unermesslich grossen Heer gegen die Stadt Wien vor. Anfang Juli standen die Türken vor Wien, Mitte Juli begannen sie die Belagerung. Kara Mustapha rechnete mit der sicheren Einnahme der Stadt und war überzeugt, dass dann ganz Europa ihm gehören werde. Er hatte schon geprahlt: «Von Wien geht der Marsch nach Rom! Dort werde ich aus der Peterskirche einen Stall für meine Schlachtrosse machen!»

Papst Innozenz XI. ruft zum gemeinsamen Widerstand auf
Der selige Papst Innozenz XI. hatte sich seit seiner Thronbesteigung unablässig bemüht, die christlichen Fürsten zu versöhnen und zu einer gemeinsamen Abwehr der Türken, die das christliche Abendland aufs schwerste bedrohten, zusammenzuführen. Seinem Bemühen bereitete

vor allem der französische König Ludwig XIV. grösste Schwierigkeiten, indem er sich nicht scheute, die aufständischen Ungarn gegen Österreich zu unterstützen, deren Führer sich vor einem Bündnis mit den Türken nicht zurückschrecken liess. Der französische König ermunterte zudem geradezu die Türken zu einem Vorgehen gegen Österreich und liess durch seinen Gesandten in Warschau polnische Hilfstruppen für die Ungarn anwerben, womit König Sobieski zunächst einverstanden war. Dass sich angesichts dieser Umstände die Lage schliesslich doch noch verhältnismässig günstig für die Christenheit entwickelte, ist neben den unaufhörlichen Bemühungen des Papstes wohl seinem Gebet zuzuschreiben. Er konnte, nicht zuletzt durch strenge Sparmassnahmen in der Verwaltung des Kirchenstaates und durch die Bereitschaft mehrerer italienischer Länder grosse Summen an Hilfsgeldern bereitstellen. Ein vereintes christliches Heer von ungefähr 84 000 Mann mit Truppen aus Österreich, Deutschland und Polen kam zusammen. Den förmlichen Oberbefehl hatte König Johann Sobieski inne, der Befehlshaber im Hintergrund war Karl von Lothringen, der Schwager des Kaisers. Der heiligmässige Kapuzinerpater Marco aus der Stadt Aviano in Friaul, ein berühmter Bussprediger und Wundertäter der damaligen Zeit, war diesem Heer als geistlicher Beistand und Führer beigegeben.

Der grosse Sieg bei Wien

Am 11. September kam das Entsatzheer auf den Höhen des Kahlenberges nordwestlich von Wien an. In der Morgenfrühe des 12. September hielt P. Marco d' Aviano die heilige Messe, bei der König Sobieski ministrierte und kommunizierte. In der von den Türken halb zerstörten Kirche der Kamaldulenser auf dem Kahlenberg hatte Pater Marco eine Statue der Muttergottes von Loreto vorgefunden. Er zeigte sie dem Polenkönig und dieser machte vor diesem Bildnis das Gelübde einer Wallfahrt nach Loreto, falls ihm die Muttergottes helfe, den Sieg zu erringen. Sobieski trat an die Spitze des Heeres und führte die Soldaten mit den berühmt gewordenen Worten in den Kampf: «Non nobis, Domine, non nobis, sed nomini tuo da gloriam» (Nicht uns, o Herr, nicht uns, sondern Deinem Namen gib die Ehre). Es kam zur grossen Schlacht. Der Kampf währte lange. Pater Marco d'Aviano feuerte, das Kreuz gegen die Feinde hoch emporhaltend, unentwegt die christlichen Soldaten an. Nach stundenlangem Ringen konnte die Schlachtreihe der Türken, die im Landkrieg den Nimbus der Unbesiegbarkeit hatten, durchbrochen werden. Der Sieg war errungen, Wien befreit. Das türkische Heer flutete in wilder Flucht nach Ungarn zurück.

Der Dank an die Muttergottes von Loreto

Nachdem König Sobieski in die Stadt eingezogen war, wurde in der Augustinerkirche nahe der kaiserlichen Hofburg das feierliche Te Deum gehalten. Der Polenkönig dankte vor dem Bild der heiligsten Jungfrau in der Loretokapelle dortselbst für den wunderbaren Sieg. Dann liess er von einem Vertreter die gelobte Wallfahrt nach Loreto machen. Damals kamen das erbeutete Prunkzelt des türkischen Grosswesirs Kara Mustapha nebst anderen Weihegeschenken nach Loreto. Bis vor wenigen Jahren sah man in der Schatzkammer von Loreto eine österreichische Fahne, die von den Türken erobert worden war und dann bei der Schlacht vor Wien wieder zurückerobert wurde. In der polnischen Kapelle der Basilika zu Loreto ist der Sieg bei Wien in einem grossen Fresko dargestellt. Papst Innozenz XI. dankte der Muttergottes mit der Einführung des Festes «Mariä Namen», das er für die ganze Kirche vorschrieb und auf den Sonntag nach Mariä Geburt festsetzte und das Pius X. später auf den 12. September verlegte. Innozenz XI. liess auch eine Gedenkmünze mit dem Bild des heiligen Hauses von Loreto prägen.

Der Sieg bei Wien war ein abendländischer Sieg von weltgeschichtlicher Bedeutung. Gott und die Muttergottes von Loreto haben ihn geschenkt. Papst Innozenz XI. starb am 12. August 1689 und wurde am 7. Oktober 1956 seliggesprochen. Sein Leib ruht im St. Sebastiansaltar zu St. Peter in Rom. – Der heiligmässige Pater Marco d'Aviano starb am 13. August 1699 in Anwesenheit des Kaiserpaares in Wien im Rufe der Heiligkeit und wurde in der dortigen Kapuzinergruft begraben. Sein Seligsprechungsprozess wurde 1912 eröffnet.

Maria – Heil der Kranken

Von Anfang an sind in Loreto grosse Zeichen und unzählige Wunder geschehen. Das heilige Haus wurde deshalb auch «Haus der Wunder» genannt. Für die Tatsache der vielen Wunder gibt es gewichtige Zeugnisse:

Zeugnisse, in denen von «vielen Wundern» die Rede ist

Auf der alten Tafel*, die im heiligen Hause hing und die den Neuankömmlingen Aufschluss gab über die Bedeutung dieser heiligen Kapelle, standen am Ende des ersten Textteiles die Worte geschrieben: «Jeden Tag wirkt die Jungfrau Maria Wunder ohne Ende, wie die Erfahrung lehrt.»

Das erste päpstliche Dokument über Loreto, ein Breve Gregors XI. vom Jahre 1375, spricht von vielen Wundern. Der Papst schreibt: «Wir haben vernommen, dass die vielen Wunder, die der Allerhöchste in der Kirche der heiligen Maria von Loreto vollbringt, einen grossen Strom von Gläubigen anziehen.»

Clemens VII. (1523-1534) sagte über Loreto, dass in seiner Zeit täglich zahlreiche und grosse Wunder geschehen.

Eindrucksvoll ist das Zeugnis des heiligen Petrus Canisius, das er in einem Kapitel seines Marienbuches «De Deipara incomparabili» über die Wunder von Loreto niedergelegt hat. Der Heilige, der 1558 und später noch zweimal in Loreto war, schreibt: «Der Wunder, welche Gott in Loreto gewirkt hat, sind so viele, dass es nicht möglich ist, sie zu zählen. Sie sind so offenbar und berühmt, dass nur die Unverschämtesten sie zu leugnen wagen; sie sind so ausserordentlich gross und staunenerregend, dass selbst die gewandtesten Redner sie nicht in erschöpfender Weise beschreiben oder erklären könnten.» Über die grossen Bekehrungswunder, die in Loreto unaufhörlich geschahen, schreibt der heiligen Petrus Canisius folgendes: «Nichts ist gewöhnlicher, als dass fremde Ankömmlinge,

---

* Seit ungefähr 1300, als infolge des ersten in Rom gehaltenen Jubiläumsjahres der grosse Pilgerstrom nach Loreto einsetzte, befand sich im heiligen Haus eine Inschrifttafel, deren lateinischer Taxt eine Information für die vielen wissbegierigen Pilger darstellte. Diesem 1. Textteil wurde nach dem Tode des Eremiten Paulus de Sylva (gestorben um 1305) ein 2. kürzerer Textteil hinzugefügt. Teramanus, ein späterer Rektor des heiligen Hauses, gab diese 2 Textteile nach Hinzufügung eines von ihm verfassten 3. Teiles im Jahre 1460 als kleine Schrift in Form eines Wiegendruckes heraus.

deren Seele in Sünden tot darniederlag und die vielleicht durch eine Reihe von Jahren mit den schwärzesten Verbrechen befleckt waren, in diesem Heiligtum zur Erkenntnis ihrer Schuld erwachen... Nichts ist gewöhnlicher, als hier Personen zu sehen, welche soeben noch von allem Guten weit entfernt, plötzlich zu Kindern Gottes werden, sodass Häretiker sich in Christen, Verbrecher in ehrliche Menschen und Wölfe sich in Schafe umwandeln.»

Der gelehrte Jesuit Orazio Torsellini (Horatius Tursellinus), Rektor des Illyrischen Kollegs in Loreto, gestorben zu Rom im Jahre 1598, beschreibt in seiner «Lauretanischen Geschichte» in aller Ausführlichkeit ungefähr 60 Wunder.

Benedikt XIV. (1740 - 1758), einer der gelehrtesten von allen Päpsten, führt zur Verteidigung von Loreto auch die dort geschehenen Wunder an. Er schreibt: «Die heilige Kammer, in der das Wort Fleisch geworden, ist in Wahrheit durch die Hilfe der Engel hierher übertragen worden. Alle Urkunden beweisen es, die sich gleichbleibende Überlieferung, die Zeugnisse der Päpste, sowie die noch immer auftretenden Wunder bestätigen es.»

Clemens VIII. (1592 - 1605) schreibt über Loreto die Worte, es «sei verehrungswürdig in der ganzen Welt wegen der göttlichen Geheimnisse und der berühmten Wunder.»

Pius IX. (1846 - 1878) schliesslich bezeugt im Jahre 1852 über Loreto, dass das heilige Haus «von vielen Wundern erhellt sei».

Auch in unserem 20. Jahrhundert geschehen noch grosse Wunder in Loreto. Darüber ist im folgenden ausführlich zu lesen.

Die Krankenpilgerzüge nach Loreto

Im Jahre 1936 wurden von der UNITALSI-Direktion* (Rom) in Zusammenarbeit mit dem nationalen Komitee für Palästina und Lourdes (Mailand) und der Administration des heiligen Hauses in Loreto die ersten Krankenpilgerzüge von Mai bis Oktober durchgeführt. Nicht wenige Kranke durften bei diesen Pilgerzügen Erleichterung in ihren Leiden erfahren, 16 ärztlich beglaubigte Heilungen wurden verzeichnet.

Bei den Krankenpilgerzügen im folgenden Jahr 1937 geschahen 19 wunderbare, ärztlich beglaubigte Heilungen.

---

* UNITALSI ist die Abkürzung für «Unione Nazionale Trasporti Ammalati Lourdes e Santuari d'Italia»

Ein Bronze-Relief am Stadtturm von Recanati, der Gemeinde, auf deren Boden Loreto sich damals befand, zeigt die Übertragung des heiligen Hauses durch die Engel.

Zwei wunderbare Heilungen, die im Jahre 1936 geschehen sind, seien im folgenden ausführlich erzählt: *(Entnommen aus der Zeitschrift «Pace e Bene», Loreto 1936).*

Die Heilung der Julietta Corucci

Julietta Corucci aus Pisa lag seit langer Zeit im Spital. 3 Jahre lang fesselten sie tuberkulöse Bauchfellentzündungen und eine tuberkulöse Entzündung des rechten Kniegelenkes ans Bett. Ihre Krankheit verursachte ihr ständig heftige Schmerzen. Sie nahm an der ersten toskanischen Krankenwallfahrt vom 23. bis 26. Mai 1936 teil. In der Nacht zum 26. Mai – den ganzen Tag über hatte sie starke Schmerzen gelitten – erschien ihr im Traum die Muttergottes und sagte: «Arme Tochter, du hast so viel gelitten. Morgen werde ich dich gesund machen. Vorher wirst du Kälteschauer fühlen. Fürchte dich nicht!» Weinend erwacht sie und stöhnt die ganze Nacht vor Schmerzen. Am 26. Mai um 4.30 Uhr, während der Priester die Krankenkommunion emporhebt und spricht: «Seht das Lamm Gottes, das hinwegnimmt die Sünden der Welt...», spürt sie an der ganzen Taille plötzlich heftige Kälte. Sie sagt nichts, empfängt die heilige Kommunion, beginnt zu weinen, aber nicht aus Furcht, sondern aus Freude. Sie bittet um Decken, aber die Kälte lässt sich nicht vertreiben. Da fühlt sie sich geheilt, aber um nicht zu stören, sagt sie nichts. Die Rückfahrt macht ihr keine Beschwerden. Ihr Arzt bestätigte die Heilung, die auch weiterhin anhielt. Sie machte dann noch den zweiten toskanischen Pilgerzug mit, um der Muttergottes zu danken. Bei dieser Pilgerfahrt erzählte sie dann die genauere Geschichte ihrer Heilung.

Wunderbare Heilung eines siebenjährigen Mädchens

Das siebenjährige Mädchen Belfiglio Gisella aus Porto Civitanova war im Spital zu Loreto wegen tuberkulöser rechtsseitiger Hüftentzündung in Behandlung und konnte nur mit Krücken gehen. Es machte alle Übungen des «Weissen Krankenzuges» mit. Da fühlte es sich geheilt und am Vormittag gegen 11 Uhr warf die Kleine die Krücken weg und sagte, sie brauche sie nicht mehr. Nach drei Monaten wurde die Heilung ärztlich bestätigt.

Das grosse Heilungswunder vom September 1976

Als wir im Jahre 1976 in den ersten Septembertagen mit einem Pilgerbus nach Loreto kamen, war das grosse Wunder, das Gott auf die Fürbitte der Muttergottes von Loreto am 1. September dieses Jahres an einer armen Kranken gewirkt hatte, noch in aller Munde. Leider konnten wir damals nichts Genaueres erfahren, da wir wegen mangelnder Sprachkenntnisse diesbezüglich nicht nachfragen konnten. Viele Jahre später kam nun dem Schreiber dessen ein ausführlicher Bericht über dieses Wunder zufällig in die Hand. Paul O. Schenker hatte ihn aus der Zeitschrift «Gente» vom 14.09.1979 übersetzt und in seiner Zeitschrift «Das Zeichen Mariens» im Nov. 1979 veröffentlicht. Im folgenden nun erzählt die Geheilte selbst.

Daniela Zerbelloni erzählt von ihrer wunderbaren Heilung:

«Ich bin mit einer schrecklichen Krankheit geboren worden. Ich hatte eine Krankheit, die es den Knochen unmöglich machte, sich zu festigen und sich zu entwickeln. Ausser der Tatsache, dass sie nicht wuchsen, konnte ich auch weder gehen noch mich bewegen. Selbst das Zuschlagen einer Tür oder der Lärm eines Fahrstuhls (Liftes) vermochte meinen Knochen Brüche (Risse) zuzufügen, die zerbrechlicher waren als Glas.

Auf alten Stichen sehen wir immer wieder das gleiche Bild: Engel helfen bei der Übertragung mit. Dieser Stich ziert das Deckblatt der Zeitschrift «Der Loretobote» (Ausgaben 1 - 9), der in den vergangenen Jahren erschien. (Siehe Quellenangabe).

Während 16 Jahren habe ich fast ständig im Spital gelebt; ich wurde zahllosen chirurgischen Eingriffen unterzogen. Die Ärzte und die Spezialisten haben an mir alle möglichen Behandlungen ausprobiert, ohne je damit ein Resultat zu erzielen.

Ich war auch viermal in Lourdes, aber es schien, dass mir nicht einmal die Madonna (von Lourdes) helfen wollte. Ende August 1976 bot man mir eine Reise hierher nach Loreto an; aber ich hatte überhaupt keine Lust zu kommen. Ich nahm einzig und allein aus dem Grunde an, um die Güte derer nicht zu verletzen, die mir dieses Geschenk machen wollten.

Am 1. September kam ich hier an. Ich hatte die Reise im Bus gemacht, begleitet von meiner Mutter, einer Krankenschwester der UNITALSI-Gesellschaft und eines Krankenwärters. Diese drei Personen waren ständig um mich herum, um zu verhindern, dass sich jemand allzu nahe an mich heranwage. Es hätte in der Tat ein kleiner Stoss genügt, um einen Bruch hervorzurufen. In einem Wägelchen wurde ich in die Kirche gebracht und zum Altar des heiligen Hauses geschoben, wo ich zusammen mit anderen Kranken die Messe hören sollte. Ich erinnere mich, dass ich die Madonna nicht sehen konnte, einzig einen leuchtenden Punkt, ähnlich einem Edelstein, wie ihn die heiligste Jungfrau auf ihrem Kleide hat.

Meine geistige Verfassung war seltsam. Es gelang mir nicht, mich zu konzentrieren, und ich hatte keine Lust zu beten. Ich schwatzte die ganze Zeit mit einer Freundin, deren Bekanntschaft ich im Bus gemacht hatte. Meine Mutter wurde bald einmal wütend und drohte mir, sie werde mir eine Ohrfeige geben, obwohl sie wusste, dass sie mir dadurch die Knochen gebrochen hätte.»

Der dramatische Augenblick der Heilung:
«Plötzlich sah ich, dass jener leuchtende Punkt grösser wurde. Ich fragte meine Freundin, ob sie dasselbe sehe, aber sie antwortete, dass sie nur die Statue der Madonna ohne irgendwelches Licht sehe. In wenigen Augenblicken wurde das Licht zu einer Flamme, die mich einhüllte. Der Rollstuhl (das Wägelchen), in dem ich sass, wurde glühend. Ich fühlte meine Haut brennen. Ich leistete während einiger Sekunden Widerstand; dann wurde ich gezwungen, auf die Füsse zu springen und zu fliehen. Ich hatte in meinem ganzen Leben noch nie einen Schritt getan, und wie meine Mutter mich laufen sah, begann sie verzweifelt zu schreien, da sie fürchtete, ich könnte umfallen und mir schwere Knochenbrüche zuziehen. Die Krankenschwester versuchte mich aufzuhalten; aber ich gab ihr einen Schlag, womit ich sie fast auf den Boden warf, und setzte meinen Lauf durch die Kirche fort.

Seit jenem Tag konnte ich nun immer gehen, und ich habe auch gelernt, Fahrrad zu fahren. Ich bin zu den Ärzten zurückgekehrt, die mich durch Jahre behandelt hatten; sie haben mich untersucht und Röntgenaufnahmen gemacht und sind zu dem Schluss gekommen, dass meine Heilung keinerlei natürliche Erklärung habe.»

Maria – die Trösterin der Betrübten

In der Lauretanischen Litanei wird Maria auch angerufen als «Trösterin der Betrübten» (consolatrix afflictorum). Nach alter Auffassung sind darunter Personen zu verstehen, die entweder vom bösen Feind schwer bedrängt werden, was sich in Geistes- und Gemütskrankheiten äussern kann, oder solche, die vom bösen Feind geknechtet sind. Erstere bezeichnet man als «Umsessene», letztere als «Besessene».

Das heilige Haus von Loreto ist auch der Ort, wo sich in besonderer Weise die Macht Mariens über die Dämonen zeigt, und von dort hat auch das wundertätige Öl, das vor dem Bildnis der Gottesgebärerin gebrannt hat und das die Pilger als Andenken mitnehmen, in besonderer Weise seine exorzistische Kraft empfangen.

Die Macht Mariens über die bösen Geister, wie sie vor allem in Loreto offenkundig wird, darf uns nicht wundernehmen: Denn im heiligen Haus von Nazareth, das nun in Loreto steht, hat einst die heilige Mutter Anna die unbefleckt empfangene Jungfrau geboren. Über sie hatte der böse Feind niemals und auch nicht in geringster Weise Gewalt. Sie ist die unbesiegte und unbesiegbare Jungfrau, die ganz im Lichtglanz des Dreifaltigen Gottes steht. Und weiters: Innerhalb dieser heiligen Mauern von Loreto hat die auserwählte Jungfrau Maria in tiefster Demut und hingebungsvoller Bereitschaft die Einwilligung für ihr Mitwirken am göttlichen Plan zur Erlösung des Menschengeschlechtes gegeben. Sie sprach zum heiligen Engel: «Siehe, ich bin die Magd des Herrn, mir geschehe nach deinem Worte!» Eingedenk dieses Wortes hat sich Maria unter das Kreuz des Heilandes der Welt gestellt, wo ihre Seele vom Schwert der Schmerzen durchbohrt wurde. Durch dieses ihr Jawort hat die heiligste Jungfrau Maria den Grund gelegt für die grosse Niederlage Satans, des Fürsten dieser Welt, mitsamt seinem Anhang. Jede Teufelsaustreibung ist eine neue Niederlage Satans und seiner Dämonen.

Horatius Tursellinus, der Geschichtsschreiber von Loreto, beschreibt in seinem Buch mit grosser Ausführlichkeit verschiedene Teufelsaustreibungen, die im heiligen Haus von Loreto mit Erfolg durchgeführt worden sind.

Einen solchen Bericht, der besonders interessant zu lesen ist, geben

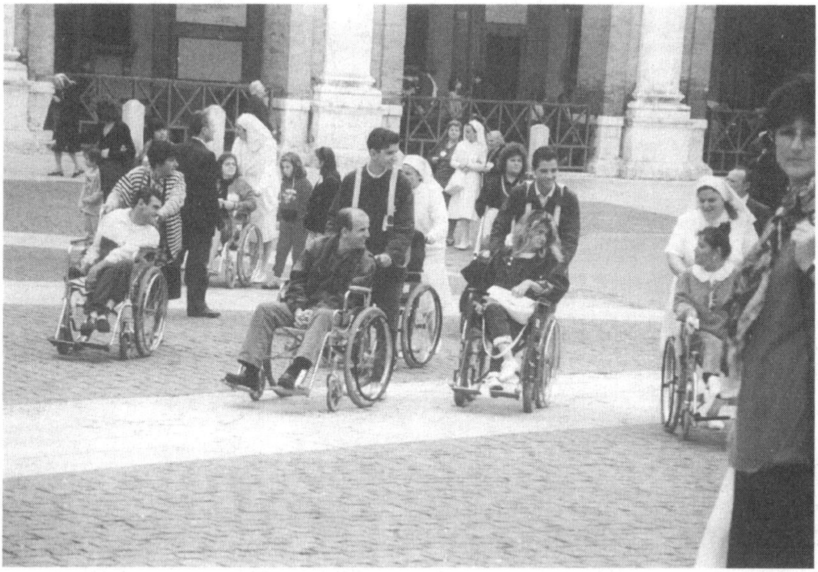

Loreto ist das «Lourdes von Italien». Regelmässig finden Kranken-Wallfahrten statt.

wir (aus dem Lateinischen übersetzt) mit den Worten des Tursellinus wieder:

Eine vornehme Frau, die von sieben Dämonen besessen war

«Dasselbe Jahr (1489) war weiterhin denkwürdig durch ein berühmtes Wunder: Petrus, mit dem Beinamen Orgentorix, war ein Bürger der Stadt Grationopel und angesehen durch seine Abstammung und seinen Reichtum. Seine Frau Antonia, ihm gleich an Ansehen, war von sieben schlimmen Teufeln besessen. Petrus bemühte sich sehr darum, dass seine Ehefrau befreit werde. Nachdem er in Frankreich nichts unversucht gelassen hatte, brachte er sie nach Italien. Es wurde an ihr (mehrmals) der feierliche Exorzismus durchgeführt, zuerst in Mailand (in der Kirche des Hl. Julius), dann in Modena beim heiligen Geminianus, schliesslich in Rom bei der heiligen Geisselsäule – aber es zeigte sich kein Erfolg, denn Gott hatte sich die Befreiung der Besessenen als Ruhmeszierde für die heiligste Jungfrau von Loreto vorbehalten.

Schon wollte Orgentorix, der ohne Rat und Hilfe geblieben war, aufgeben und unverrichteter Dinge wieder nach Hause reisen. Da traf er

Von der herrlichen Basilika von Loreto geht der Blick auf die nahe Adria

einen Ritter aus Rhodos, mit dem er bekannt war und der gut Bescheid wusste über die Lauretanische Jungfrau. Auf dessen Rat hin reiste er nun mit seiner Frau im Jahre 1489 voll Vertrauen nach Loreto. Als man dort ankam, wurde die Frau, die sich mit aller Macht wehrte, von zehn starken Männern aufgehoben und in die heilige Zelle getragen und vor dem Bildnis der seligsten Jungfrau Maria niedergelegt.

Der Exorzismus im heiligen Haus:

Damals war Stephan Francigena, ein Kanonikus aus Osimo, Kustos der hochheiligen Kapelle, ein Priester von erprobter Rechtschaffenheit und Tugend. Dieser fing nun an, die teuflischen Quälgeister gemäss der Vorschrift durch die Exorzismen zu bedrängen. Auf Befehl des Stephanus sagten sie wohl ihre Namen, weigerten sich aber hartnäckig auszufahren.

Aber die Ausdauer des Priesters und die Kraft Gottes besiegten die Hartnäckigkeit der Dämonen. Und so wurden vier von ihnen nacheinander durch die göttliche Macht und durch den Namen der Gottesgebärerin ausgetrieben, wobei sie die Kirche mit grossem Geschrei erfüllten. Drei waren noch übrig, und diese waren hartnäckiger als die vorhergehenden. Stephanus griff diese daher mit noch grösserer Kraft an und bedrängte sie unaufhörlich, indem er den Namen Mariens mit lauter Stimme ausrief. Und so fuhr bald darauf der fünfte mit Namen Heroth aus; wie er zu erkennen gab, war er durch die (unaufhörlichen) Angriffe ganz erschöpft. Und (dieser) rief Stephanus zu: «Maria treibt uns aus, nicht du!» Und dann fuhr der sechste mit Namen «Horribilis» (der Schreckliche) aus. Er schrie wehklagend: «Maria, Maria, allzusehr wütest du gegen uns!» Nachdem dieser ausgetrieben war, fing der letzte Dämon, er hiess Arctus (Bär), der sich von allen am meisten widersetzt hatte, unter lautem Geheul und Geschrei zu jammern an: «Allzu mächtig bist, Maria, besonders an diesem Orte, wo du uns, ganz gegen unseren Willen, aus unserem Besitztum vertreibst!»

Der Dämon muss über diesen heiligen Ort aussagen:
Die gemachte Erwähnung der Heiligkeit dieses Ortes weckte in Stephanus das Verlangen, darauf näher einzugehen. Um den Lügengeist zur Wahrheit zu zwingen, verlangte er mit beharrlicher Zudringlichkeit zu wissen, was denn das für ein Ort sei, wobei er nicht aufhörte, dem Dämon im Namen Gottes und der Muttergottes zu befehlen, dass er die Wahrheit sage. Und (er tat es) nicht vergeblich: Durch die Macht der Exorzismen bedrängt sagte Arctus endlich, dass dies die Kammer der Gottesgebärerin sei, wo sie Gott auf die Botschaft Gabriels hin empfangen habe. Und er fügte gleichzeitig hinzu, dass er jetzt von Gott gezwungen werde, die Wahrheit auszusagen.

Nun kam den Stephanus das Verlangen an, (genauer) zu erfahren, wo denn der Engel gestanden sei, als er die Jungfrau grüsste, und wo die Jungfrau gebetet habe, als sie gegrüsst wurde. Deswegen fuhr er fort, ihn, den Vater der Lüge, mit Beschwörungen zu bedrängen, um aus ihm die Wahrheit herauszupressen. Er befahl ihm, er solle ihm sogleich beide Orte zeigen. Jener sagte nun, durch göttliche Macht gezwungen, die Jungfrau sei in der Ecke der Zelle, an der Evangelienseite zur Rechten des hochheiligen Herdes (wo sich damals noch ein Knieschemel befand) vor

Im Inneren der Basilika befindet sich das heilige Haus. Es ist umgeben von einer kostbaren Marmor-Einfassung, auf der auch Szenen aus der wunderbaren Übertragung abgebildet sind.

Gott kniend von Gabriel gegrüsst worden. Der Engel aber sei in der Ecke gegenüber, zur Rechten des Fensters gestanden». (Tursellinus bemerkt hierzu): «Es scheint unstreitig so gewesen zu sein, dass der Engel aus Ehrfurcht vor der Jungfrau einen möglichst entfernten Ort innerhalb der Mauern der Zelle eingenommen habe».

Nachdem Arctus dies ausgesagt hatte, fuhr er aus dem Körper der besessenen Frau aus und liess sie leblos zurück. Aber bald danach kam sie wieder zu sich. Sie stand vom Boden, auf dem sie ausgestreckt gelegen hatte, auf und dankte zusammen mit ihrem Mann von ganzem Herzen der Jungfrau von Loreto und löste die (gemachten) Gelübde ein.

Die Zeugen der Teufelsaustreibung:

«Kaum eine Begebenheit ist bekannter und bezeugter als diese. Es waren einige Vorsteher von Recanati dabei, darunter Giovanni Francesco Angelita, der Vater desjenigen, der die Geschichte der Lauretanischen Jungfrau verfasst hat. Es war auch Antonio Bonfini anwesend, derselbe, der die Dekaden des ungarischen Königreiches geschrieben hat. Und

weiters Johannes Baptista Mantuanus*, wie er selbst in (seiner) Lauretanischen Geschichte bekennt. Dieser fügt zu dem, was wir berichtet haben, noch folgendes hinzu: Arctus habe, durch die Exorzismen gezwungen, auch ausgesagt, dass die heilige Zelle der Jungfrau, bevor sie von Nazareth fortging, der Obsorge der Karmeliten anvertraut gewesen sei. Wenngleich dies vom lügnerischen bösen Feind ausgesagt wurde, so ist es ihm dennoch durch die Macht Gottes, des Wahrhaftigen, herausgepresst worden. Und man solle dies alles nicht als Unsinn ansehen, vor allem deswegen, weil es der Wahrheit sehr entspreche und auch der Pflege der christlichen Frömmigkeit förderlich sei.»
(Tursellinus II, 7)

Die Wallfahrtskirche der Muttergottes von Tersato oberhalb der Stadt Rijeka. Blick vom Hof des Franziskanerklosters. Ganz rechts im Bild erkennt man ein Glockentürmchen auf dem Dach der Kirche; dort stand einst das heilige Haus.

* Johannes Baptista Mantuanus war am 17. April 1448 in Mantua geboren. Er trat dem Karmelitenorden bei. Als junger Priester kam er 1479 nach Loreto, wo er mehrere Jahre verbrachte. Er war als Humanist mit Erasmus von Rotterdam und Pico della Mirandola befreundet. Er ist der Begründer der geläuterten christlichen Literatur des romanischen Humanismus. Für kurze Zeit war er Generaloberer seines Ordens. Er starb am 20. März 1516 in Mantua und wurde 1885 von Leo XIII. seliggesprochen.

Die Patronin der Flugreisenden

Viele Menschen kennen die «Flugangst», die einem die schönste Luftreise verderben kann. Papst Benedikt XV. wusste ein sicheres Mittel dagegen: Er ernannte am 24. März 1920 die Gottesmutter von Loreto zur Schutzpatronin aller Flugreisenden und setzte das Patronatsfest auf den 12. September (Mariä Namen) fest.

Die Muttergottes von Loreto ist auch in Spanien, Argentinien, Frankreich, Belgien, Brasilien, in den USA, in Mexiko, Venezuela, Ungarn und anderen Ländern anerkannte Patronin der Aeronauten (Luftfahrer).

Die Madonna von Loreto ist mit zahlreichen geschichtlichen Flügen verbunden. Im Jahre 1926 pilgerte General Nobile bei seiner Rückkehr von der tragischen Expedition zum Nordpol, die er mit dem Luftschiff Norge unternommen, nach Loreto, um der heiligsten Jungfrau und Gottesmutter dafür zu danken, dass sie ihm das Leben gerettet hatte.

A. Charles Lindbergh wollte für den ersten Flug ohne Zwischenlandung von New York nach Paris im Mai 1927 an Bord seines einmotorigen Flugzeugs eine Medaille der Muttergottes von Loreto haben.

Bei der ersten Mondlandung trug der Astronaut McDivitt eine Medaille der Madonna von Loreto. In der amerikanischen Kapelle der Basilika zu Loreto befindet sich ein grosses Fresko, das der Lauretanischen Jungfrau als der Patronin der Luftschiffahrt gewidmet ist.

In Loreto erhält man ein Gebet für Flugreisende folgenden Inhalts:

Herr und Gott, der Du auf den Flügeln des Windes dahinfährst, höre auf das Gebet, das wir auf die Fürbitte Mariens, der Jungfrau von Loreto, an Dich richten: Die Flugzeuge, die am Himmel dahinfliegen, verkünden im weiten Luftraum das Lob Deines Namens und dienen auch den Menschen, damit sie schneller ihre Arbeiten und Geschäfte verrichten können. Mit Deinem Segen mögen die Piloten, Techniker und Hilfskräfte mit grosser Klugheit tätig sein, damit alle in der Luft Reisenden nach Überwindung aller Gefahren glücklich das Ziel erreichen. Amen.

Dadurch, dass Benedikt XV. die heiligste Jungfrau von Loreto zur Patronin der Luftfahrt eingesetzt hat, wurde von ihm indirekt bestätigt, dass die heiligen Engel das Haus der Gottesgebärerin durch die Luft getragen hätten. Leider halten nur mehr wenige an dieser Überlieferung fest, die nach Benedikt XIV. durch alte Urkunden nachgewiesen, und durch eine sich gleichbleibenden Überlieferung, durch die Zeugnisse der Päpste sowie die noch immer stattfindenden Wunder bestätigt ist.

Pius XI. hat an das Wunder der Engelsübertragung geglaubt und viel für die Erneuerung der heiligen Muttergotteszelle nach der Verwüstung durch den Brand vom Februar 1921 getan.

Pius XII. war im Jahre 1900 als Priester in Loreto. Als Papst hat er dem Heiligtum der Mutterrgottes sein Wohlwollen insofern bekundet, dass er wiederholt die Bewilligung erteilt hat, dass am 25. März, dem Fest Mariä Verkündigung, im heiligen Haus den ganzen Tag hindurch bis Mitternacht heilige Messen gelesen werden dürften. Zur damaligen Zeit waren Abendmessen nicht allgemein erlaubt. Durch diese Erlaubnis, die für gerade diesen Tag erteilt war, hat der Papst zu verstehen gegeben, dass es sich bei der hochheiligen Zelle von Loreto wirklich um den Ort handelt, wo Gottes Sohn Mensch geworden ist.

Johannes XXIII. unternahm am 4. Oktober 1962, eine Woche vor Eröffnung des II. Vatikanischen Konzils und eineinhalb Jahre *nach* der bis heute noch ungeklärten Abschaffung des Festes der Übertragung des heiligen Hauses von seiten der Ritenkongregation eine Wallfahrt nach Loreto und brachte dadurch den Jahrzehnte hindurch totgeschwiegenen Namen «Loreto» wieder ins Licht der Weltöffentlichkeit.

Paul VI. besuchte Loreto als Kardinal am 1. September 1962, zehn Monate vor seiner Erwählung zum Papst. Johannes Paul I. weilte als Bischof am 1. September 1960 dortselbst.

Unser jetzt regierender Hl. Vater Johannes Paul II. unternahm am 8. September 1979 eine Wallfahrt zum Heiligtum der Lauretanischen Jungfrau und kam einige Jahre später, am 11. April 1985, noch ein zweites Mal dorthin.

Papst Johannes XXIII. wallfahrtete 1962 nach Loreto

Das wundertätige Öl aus dem heiligen Haus von Loreto

Beim Betrachten der Photographien der alten Gnadenstatue von Loreto (gänzlich zerstört beim Brand von 1921) beeindruckt vor allem das gütige und liebevolle Lächeln der himmlischen Mutter mit ihrem Kind. Wenn man, im heiligen Hause weilend, zum Lauretanischen Gnadenbild emporblickt, kann man sehen, wie die Muttergottes auf dem linken Arm das Jesuskind trägt. Beide sind mit herrlichen Kronen geschmückt. Das Gewand Mariens, es hüllt auch das Kind ein, umgibt die Statue, dass sie fast wie eine goldene Säule wirkt, an die Anrufung erinnernd: «Du goldener Turm, du elfenbeinerner Turm, Du Turm Davids!» Das Gewand reicht bis zu den Füssen und ist mit Goldstickerei und Edelsteinen verziert.

Das Gesicht der Muttergottes, wie auch das des göttlichen Kindes ist dunkel gefärbt, in Erinnerung an das ursprüngliche Gnadenbild, das durch den Rauch der vielen Kerzen und Öllichter im Lauf der Zeit eine dunkle Farbe angenommen hat, was aber die Würdigkeit des Bildnisses nicht minderte, sondern noch vermehrte. Manche Schriftsteller haben auf ein Wort aus dem Hohenlied hingewiesen, die in der Liturgie auf die heiligste Jungfrau Maria ausgelegt wird. Dort heisst es: «Schwarz bin ich, doch schön, ihr Töchter Jerusalems». (Hohes Lied 1,4)

Die Kronen von Mutter und Kind sind mit kleinen goldenen Kreuzen geschmückt und Jesus trägt die Weltkugel mit dem Kreuz in seiner Hand. Die Muttergottes blickt gütig auf die Beter herab, und ihr göttliches Kind hält seine Rechte erhoben, um die Beter zu segnen.

Bereitung des heiligen Öles

Vor diesem Gnadenbild wird innerhalb der heiligen Mauern der Muttergotteszelle das heilige Öl bereitet. Die Pilger von heute nehmen fast alle doch wenigstens ein Fläschchen von dem heiligen Öl mit, das die Kapuzinerpatres in Loreto gegen eine Spende für die Bedürfnisse der Basilika abgeben.*

* Die Kapuzinerpatres sind mit der Aufgabe betraut, die Fläschchen gegen eine Spende abzugeben. Zur Zeit beträgt das Almosen für ein kleines Fläschchen wundertätigen Öles 1000 Lit., was ca. 1,50 DM entspricht. Bereits zu wiederholten Malen wurde man abgewiesen, als man das Öl auf schriftlichem

Dieses heilige Öl aus Loreto hat schon sehr vielen geholfen. Nach zahllosen schriftlichen Zeugnissen der Pilger bewirken nur wenige Tropfen diese Öles oft staunenswerte Wunder, Heilungen, Tröstungen und auffallende Zeichen.

Das heilige Öl entnahm man früher den vielen Ampeln, die zu Ehren der Muttergottes von Loreto brannten, auch an anderen Gnadenstätten ein alter Brauch. Weil man aber bei dem grossen Bedarf auf diese Weise nicht das Auslangen finden würde, wird es seit längerer Zeit auf folgende Weise bereitet:

Am Abend, wenn die Türen der Basilika geschlossen sind, werden grosse Behälter mit reinem Olivenöl in das heilige Haus gestellt, wo das Öl mittels eines Dochtes zwei bis drei Stunden vor dem Gnadenbildnis der Muttergottes brennt. Dann wird das Öl in kleine Fläschchen für den Gebrauch der Pilger abgefüllt.

Jeder Priester kann das Loreto-Öl als einfaches Krankenöl weihen für den privaten Gebrauch der Gläubigen, zum Unterschied vom sakramentalen Krankenöl, das am Gründonnerstag vom Bischof geweiht wird zur Spendung des Sakramentes der Krankenölung. Bei der Weihe des einfachen Krankenöles wird vom Priester nach Anweisung des altes Rituales ein Exorzismus gebetet, ähnlich wie bei der Weihe von Salz und Wasser zur Bereitung des Weihwassers.

Vielfache Hilfen und Heilungen durch das heilige Öl

Das Öl kann man im Krankheitsfall äusserlich oder innerlich anwenden. Man soll dabei die Muttergottes vertrauensvoll anrufen, und zu ihr beten, die ja in der Lauretanischen Litanei als «Heil der Kranken» und «Trösterin der Betrübten» genannt und verehrt wird. *

Wenn man das heilige Öl innerlich anwendet, soll man einige Tropfen davon einnehmen; wenn äusserlich, soll man die kranke und schmerzende Stelle des Körpers mit dem Öl zuerst in Kreuzesform bezeichnen und dann damit einreiben.

Weg bestellen wollte. Im Theresia-Verlag wird das Fläschchen mit einer kleinen Beschreibung, zusammen in einer Plastikhülle verpackt, gegen ein Almosen von sFr. 2.40 / DM 2.50 den Bestellern zugesandt. Das Öl mit der Beschreibung eignet sich in besonderer Weise für ein kleines Geschenk, enthält doch die Anleitung eine Zusammenfassung über das heilige Haus. Wichtig: Für den Versand in der Schweiz und nach Deutschland erwachsen den Bestellern keine zusätzlichen Zollkosten.

---

* Empfohlen wird das Beten von 3 «Gegrüsset seist Du, Maria» mit der abschliessenden Anrufung «Muttergottes von Loreto, bitte für mich!»

In vielen Dankesbriefen wird von auffallenden Hilfen durch das heilige Öl von Loreto berichtet: Eine Mutter erlebte eine glückliche Entbindung, wie ja auch die Muttergottes ihrer Base Elisabeth hilfreich beistand und bei ihr weilte bis zur Geburt Johannes des Täufers.

Eine andere Frau erhielt rasche Hilfe nach einem schwerem Sturz mit schmerzhaften Prellungen. Ein Priester berichtete aus Hannover, er habe bei einer Krankenvisite im Hospital einer schwer leidenden Frau ein Kreuzlein mit Loreto-Öl auf die Stirn gemacht und sie habe grosse Linderung erfahren. Wieder eine andere hatte schwerste Rückenleiden, die Ärzte waren ratlos. Sie benutzte das heilige Öl und betete den Rosenkranz und die Lauretanische Litanei und es wurde besser.

Ein Pfarrer wurde von Drüsenleiden geheilt, eine Frau, die auf beiden Augen zu erblinden drohte, kann nun wieder klar sehen. Wieder eine andere Frau hatte gefährliche Venenentzündung und als nichts helfen wollte, griff sie zum Loreto-Öl und wurde gesund.

Eine ebenfalls von Erblindung bedrohte Dame aus Klagenfurt verdankt dem Öl so gute Heilung, dass sie bei Andachten sogar wieder vorlesen darf, wie sie rührend fromm schreibt. Sie machte zum Dank eine Wallfahrt nach Loreto und das noch mitten im Winter! Sogar die lästige Schuppenflechte einer Frau, die ihr das Tragen der unentbehrlichen Brille nahezu unmöglich machte, besserte sich durch das Loreto-Öl sehr. Wenigstens im Gesicht wurde sie davon völlig befreit.

Viele an der Wirbelsäule erkrankte Patienten berichten von rascher Linderung und Heilung. So geht es fort mit allen möglichen inneren und äusseren Leiden, nichts ist ja Gott unmöglich, der selbst «unsere Heilung» ist. Ob Krampfadern oder Kopfweh, Halsleiden oder Fusskrankheiten, das Öl hilft in den verschiedensten Leiden und Nöten, wenn man dabei betet und Vertrauen hat.

Die evangelische Mutter eines jungen Konfirmanden wurde kurz vor der Konfirmation von unerträglichen Schmerzen durch einen eingeklemmten Nerv befreit. Und so geht das mit freudigen Berichten weiter. Natürlich kann man niemandem die Heilung von vornherein zusichern. Denn immer ist es Gott, der entscheidet, ob jemand geheilt wird oder nicht. Aber die vertrauensvolle Anwendung des heiligen Öles, verbunden mit Gebet und der Anrufung der Muttergottes von Loreto, bringt erfahrungsgemäss immer irgend eine Hilfe. Wenn Gott auch in bestimmten Fällen die Krankheit nicht wegnimmt, so gibt ER doch dem Kranken auf die Fürbitte

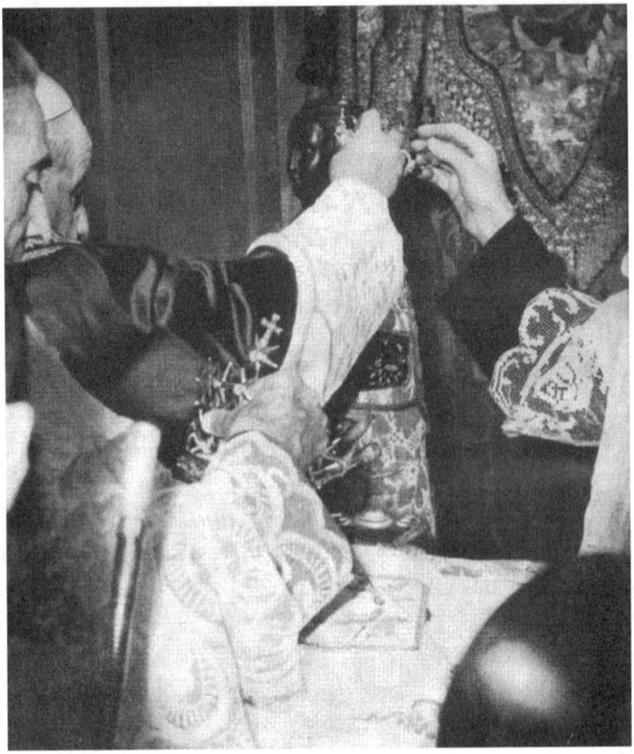

Papst Johannes XXIII. krönte 1962 in einer feierlichen Zeremonie die Muttergottes von Loreto im heiligen Haus. Es handelt sich um die Nachbildung, der 1921 durch einen Brand zerstörten Original-Statue.

der Lauretanischen Jungfrau hin Mut, Trost und Stärke, das Leiden im Geiste des Kreuzes unseres Herrn Jesus Christus geduldig und ergeben zu tragen.

Das Loreto-Öl vermag besonders auch Gemütskranken Tröstung oder sogar Heilung zu bringen, wird doch die Muttergottes in ihrer Lauretanischen Litanei angerufen als «Trösterin der Betrübten».

Im folgenden hören wir von zwei wunderbaren Heilungen durch das heilige Öl aus Loreto, die erste ereignete sich im Jahre 1936, die zweite im Jahr 1990. Angeschlossen sind noch drei Berichte von auffallenden Hilfen:

Die wunderbare Heilung an einer Musiklehrerin aus Recanati

Das nachfolgend geschilderte Heilungswunder geschah nicht plötzlich, sondern allmählich: Die Musiklehrerin Anna Capasso della Pastene aus Recanati war im Alter von sechs Jahren am linken Bein operiert worden.

Seitdem war dieses im Wachstum stehen geblieben, während das andere Bein normal weiterwuchs. Schliesslich betrug der Längenunterschied beider Beine 16 cm, er wurde durch eine Prothese notdürftig ausgeglichen. Im Juli 1939 erhielt die Kranke, die inzwischen mehr als 50 Jahre alt geworden war, Öl aus den Ampeln von Loreto. Voll Vertrauen begann sie nun, ihr krankes Bein damit einzusalben. Sie glaubte fest daran, dass die Muttergottes ihr helfen könne, aber sie bat sie um eine allmähliche Beseitigung des Übels, damit die Sache nicht so sehr auffalle. Und tatsächlich begann das verkürzte Bein wie bei einem Kind zu wachsen, sodass im November 1941, also nach beinahe zweieinhalb Jahren, der Unterschied zwischen den beiden Gliedmassen nur ungefähr fünf cm betrug. Das kürzere Bein wuchs danach noch weiter, bis schliesslich beide Beine die gleiche Länge hatten.

Auf Wunsch des behandelnden Arztes, Dr. Mergeri, bezeugte am 31. Mai 1941 eine anerkannte wissenschaftliche Autorität, Univ. Prof. Dr. Armando Businco von Bologna, den wunderbaren Charakter der Tatsache dieses Wachstums. Er bezeichnete den Vorgang als «ein Phänomen, das ausserhalb der bekannten Begriffe und Möglichkeiten, ausserhalb der ärztlichen und wissenschaftlichen Wahrnehmungen liegt» *(aus dem Buch des Arztes Dr. Ottaviano Paleani «Le guarigioni di Loreto», Roma 1943)*

Wunderbare Heilung eines protestantischen Sportprofessors

Eine Frau aus Salzburg-Land (Österreich), Pilgerin nach Loreto und Heilmasseurin, sandte im Februar 1992 folgenden Dankbericht:

«Im Sommer 1990 kam ein Nachbar zu mir. Ich erkannte ihn nicht, denn er war wegen seiner Krankheit derart entstellt. Die Iris seines linken Auges war nach hinten im Augenwinkel verschwunden und das Auge (der Augapfel) aus der Höhle herausgetreten. Er hatte zwei Krücken infolge Lähmungserscheinungen nach einer Operation eines Gehirntumors, der auf dem Kleinhirn sass und inoperabel war. So schälte man den Tumor nur oberflächlich weg, wobei das Kleinhirn verletzt wurde, welches für das Funktionieren des Bewegungsapparates zuständig ist. Über dem Auge trug er einen feuchten Lappen, weil er dasselbe nicht mehr mit dem Augenlid verschliessen konnte und es so wegen fehlender Befeuchtung eingetrocknet wäre.

Erst als ich seine Frau sah, erkannte ich ihn. Er sah erbarmungswürdig aus. Noch dazu waren ihm kurz vorher innerhalb von 3 Wochen Vater und

Mutter gestorben. Ich machte ihm Hoffnung auf Heilung durch die Fürbitte der Muttergottes von Loreto. Hier ist aber zu bemerken, dass dieser Herr, seine Frau und deren zwei Kinder Lutheraner sind, und zwar in führender Stellung. Alles, was in ihrer evangelischen Kirche zu tun ist, liegt in ihren Händen.

«Ja», sagte er, «ich bin durchaus bereit und ich verspreche mir von der grossen Virgo Lauretana grosse Gnaden». Ich war über diese Aussage sehr verwundert; später erfuhr ich allerdings, dass er – obwohl er Protestant ist – den Gnadenort Loreto schon seit Jahrzehnten mit seiner Familie immer wieder besuchte. Es zöge ihn förmlich dorthin. Er wusste auch Bescheid über den Verlauf der Restaurierungsarbeiten.

Ich besuchte ihn dann während der Sommerferien täglich, machte die Reflexzonen-Massage und machte ihm mit dem Loreto-Öl jedesmal drei Kreuze. Als die Ferien zu Ende gingen, war er vollkommen geheilt. Das Auge war wieder in seine Höhle zurückgetreten, der Augenstern wieder aus dem Augenwinkel hervorgekommen, die Lähmungserscheinungen waren verschwunden, und er konnte nach dem Ende der Ferien wieder seinem Beruf als Sportprofessor nachgehen. Alles in allem: Helle Freude! Nur eines war geblieben: Ein hoher Pfeifton im linken Ohr. Als ich dann durch eine Wallfahrt die Bekanntschaft mit meiner lieben hl. Philomena machte, liess ich sie mit Bitten und Flehen um Heilung dieses linken Ohres nicht mehr in Ruhe und so erbat und gewährte mir die hl. Philomena in ihrer unbeschreiblichen Güte auch dieses eine grosse Wunder: Der Pfeifton verschwand.» H. H.

Ein krankes Kind wird schnell gesund

Aus Deutschland wurde im Februar 1990 folgender Brief geschrieben: «Das heilige Öl hat unserem Urenkel vergangene Woche geholfen. Er hatte 39 Grad Fieber. Ich habe dieses Öl seiner Oma gegeben, welche es sofort angewandt hat, als sie mit dem Kleinen nach Hause kam. Es war kaum eine halbe Stunde vergangen, da war das Fieber weg und der liebe Raphael tollte wieder umher. Er ist 22 Monate alt.» M. S.

Wunderbare Hilfe für ein Kleinkind

Ein Brief aus Innsbruck (Tirol): «Bitte, schicken Sie mir Loreto-Öl. Habe eine wunderbare Hilfe erlangt. Mein kleiner Neffe, 7 Wochen alt, hatte furchtbare Bauchschmerzen. Das Kind schrie, die Schwägerin wollte schon in das Krankenhaus fahren. Da nahm sie noch Zuflucht zum Loreto-Öl, machte Kreuzzeichen auf den Bauch des Kindes, und nach einer Weile hörte der Kleine zu schreien auf. Der Bauch war auch nicht mehr hart. So blieb ihr der Weg zum Krankenhaus erspart. Der lieben Gottesmutter sei tausendmal Dank gesagt. Auch mein Bruder, der leider vom Glauben nicht mehr viel hat, war ganz erstaunt über das Öl. Deswegen war ich ganz gerührt, wie die liebe Gottesmutter ihre verlorenen Kinder wieder heimholen will.» A. K.

Über die exorzistische Wirkung des heiligen Öles

Ein Herr aus einer Stadt in Norddeutschland schrieb am 8. Juli 1990: «Ich habe eine superhysterische Frau, die mich wegen Kleinigkeiten mit Schimpftiraden seelisch foltert. Während meiner letzten Exerzitien beim Engelwerk schüttete ich einem Pater mein Herz aus. Nachdem er einige Minuten meinen Bericht überdacht hatte, sagte er: 'Ihre Frau ist besessen, ich will den Exorzismus sprechen. Dieser wirkt etwa vier Wochen'.» Als ich nach Hause kam, war meine Frau ungefähr vier Wochen verträglich. Nun habe ich die Folter 2 Jahre ertragen. Als meine Frau vorige Woche wieder einen hysterischen Anfall bekam, fiel mir das Loreto-Öl ein. Ich stand etwas früher auf, nahm ein Fläschchen, sprach an jeder Tür den kleinen Exorzismus und machte an den Türzargen drei Kreuze mit dem heilige Öl: rechts, links und oben; in der Küche ausserdem noch an den Unterkanten des Tisches, des Herdes und der Fensterbank; im Esszimmer ebenfalls an ihrem Platz an der Unterkante des Tisches, das Gleiche im Wohnzimmer. Und siehe! Seit diesem Morgen ist meine Frau friedlich! Sollte sie nach einer Zeit wieder in Tiraden verfallen, werde ich den Exorzismus wiederholen».

Viele andere Dankberichte über auffallende Hilfen durch das heilige Öl aus Loreto liegen vor. Diese werden fortlaufend im «Loreto-Boten» ab Herbst 1993 (Theresia-Verlag) veröffentlicht.

Das Gebet von Loreto

Öfter fragen Leute, die die Muttergottes von Loreto verehren wollen, ob es dazu nicht ein besonderes Gebet gebe. Die Antwort lautet: Ja, es gibt ein sehr altes und ehrwürdiges Gebet zu Ehren der Muttergottes von Loreto, die sogenannte **«Lauretanische Litanei»**. Sicher haben die meisten von den Fragestellern dieses Gebet schon gebetet und auch den Namen gehört, aber vielleicht haben sie nicht daran gedacht, dass das Wort 'lauretanisch' eine Ableitung von 'Loreto' ist.

Die Kirche hält dieses Gebet, das nach der alten Ablassordnung mit einem Ablass von 7 Jahren ausgestattet ist, in hohen Ehren. Mehrere Päpste haben in diese wunderbare Muttergottes-Litanei neue Anrufungen eingefügt, ähnlich kostbaren Edelsteinen; z.B. Leo XIII., der grosse Verehrer des Gnadenbildes von Genazzano und Förderer des Rosenkranzgebetes die Anrufungen «Mater boni consilii» (Du Mutter vom guten Rat), und «Regina sacratissimi rosarii» (Du Königin des hochheiligen Rosenkranzes); Benedikt XV., der Papst des 1. Weltkrieges die Anrufung «Regina pacis» (Du Königin des Friedens), und Pius XII. anlässlich der Dogmatisierung der leiblichen Aufnahme Mariens in den Himmel vom 1. November 1950 die Anrufung «Regina in coelum assumpta» (Du Königin, in den Himmel aufgenommen).

Die Marienlobpreisungen des heiligen Ephräm des Syrers

Die Geschichte der Lauretanischen Litanei ist in ein geheimnisvolles Dunkel getaucht, ähnlich dem Dämmerlicht im Innern des heiligen Hauses, wie es die Pilger durch Jahrhunderte erlebten. Damals war dasselbe noch nicht durch elektrische Lampen hell beleuchtet, sondern durch ein kleines Fensterchen, im übrigen aber nur durch Kerzen und Öllampern spärlich erhellt.

Die Lauretanische Litanei besteht aus vielen, zum grössten Teil uralten Anrufungen der Gottesmutter Maria. Das ehrwürdige Gegenstück zur Lauretanischen Litanei in der Ostkirche ist jener wunderbare «Hýmnos akáthistos», der zu Ehren der Gottesmutter immer nur stehend gesungen wird.

Die Anrufungen in diesen beiden Gebeten finden sich bereits beim heiligen Ephräm dem Syrer in seinem «Sermo de sanctissimae Dei Genitricis V. M. Laudibus», der dessen bekanntestes und berühmtestes Werk ist.

Der heilige Diakon und Kirchenlehrer Ephräm der Syrer lebte von ungefähr 306 bis 373. Er erhielt die Ehrennamen «Säule der Kirche», «Harfe des Heiligen Geistes», «Prophet der Syrer»; dargestellt wird er mit einem Buch oder einer Buchrolle, eine Feuersäule erscheint ihm am Himmel. (Wir denken hier unwillkürlich an die Feuersäule, die die Bundeslade der Israeliten bei ihrem Wüstenzug, und das Bild der Muttergottes bei dessen Übertragung nach Genazzano des Nachts, begleitete).

Die Anrufungen Mariens im Hymnus des heilige Ephräm sind aber, wenigstens zum Teil, viel älter. Da er eine Zeit seines Lebens bei den Einsiedlern des christlichen Ostens verbrachte, hat er bei diesen jene altüberlieferten Marienlobpreisungen kennengelernt und sie in seinen Marienhymnus eingefügt.

Wohl durch die Kreuzfahrer wurden diese Marienlobpreisungen, die im Orient zu Ehren der Muttergottes gesungen wurden, ins Abendland gebracht. Ein unbekannter, frühmittelalterlicher geistlicher Autor und Dichter hat aus diesen eine gereimte lateinische Litanei zusammengestellt. Das älteste uns bekannte handschriftliche Exemplar stammt aus Paris aus der Zeit um 1200. Heute noch kann man in der geläufigen lateinischen Fassung der Lauretanischen Litanei diese Reime erkennen, z. B. in den Anrufungen «virgo potens – virgo clemens», oder «speculum justitiae – causa nostrae laetitiae». Durch spätere Umstellungen und Neueinfügungen gingen die Reime zum Teil verloren.

Der heilige König Ludwig – ein grosser Verehrer des heiligen Hauses in Nazareth

Es ist möglich und wahrscheinlich, dass bereits der heilige König Ludwig IX. von Frankreich, der ein grosser Marienverehrer war, diese lateinische Reimlitanei gekannt und gebetet hat. Er lebte von 1204 bis 1270. Bekannt ist, dass dieser heilige König zum Dank für seine Befreiung aus der Gefangenschaft der Mohammedaner, in die er bei seinem ersten Kreuzzug geraten war, zum Fest Mariä Verkündigung eine Dankwallfahrt nach Nazareth unternahm und dort einen feierlichen Gottesdienst darbringen liess, bei welchem er die heilige Kommunion empfing. Dieses Ereignis ist in der französischen Kapelle zu Loreto anschaulich dargestellt. Er beliess es aber nicht bei dieser einmaligen Danksagung: Er liess das heilige Haus von Nazareth durch Fresken schmücken. Die bekanntesten Bilder, die in seinem Auftrag gemalt wurden, sind das Bild des hl. Franziskus von Assisi, den er sehr verehrte und dessen 3. Orden er angehörte; und vor allem das Bild seiner selbst, in welchem er als Pilger mit Pilgerstab, Königsmantel und geöffneten Kerkerfesseln dargestellt ist. Der heilige König Ludwig wollte aber die Muttergottes von Nazareth nicht nur durch Bilder, sondern auch durch Gebete und Lieder ehren. Deshalb ist die Annahme naheliegend, dass der heilige König, der mehrere Jahre im Heiligen Lande weilte, auch jene lateinische gereimte Marienlitanei aus Frankreich dort bekanntgemacht und deren regelmässiges Beten oder Singen gestiftet hat. Die Litanei, die dann später durch Loreto so bekannt und berühmt wurde, und die so innig mit dem Lauretanischen Heiligtum verbunden war, dass sie von ihm ihren Namen erhielt, wäre demnach gewissermassen zusammen mit dem heiligen Haus von Nazareth nach Loreto gekommen. Für diese Annahme gibt es eine besondere Stütze: Wir wissen aus der Überlieferung, dass die Obsorge für das Marienheiligtum in Nazareth den Einsiedlermönchen vom Berge Karmel anvertraut war. Von diesem Berge, der nicht weit von Nazareth entfernt liegt, leiten die Karmeliten ihren Namen her. Und weiters waren nach der Überlieferung die Karmeliten die ersten Seelsorger in Loreto, nachdem das heilige Haus dort angekommen war.

Der Ansicht, dass die Karmeliten die Litanei bereits in Nazareth in irgendeiner Form gebetet und später in Loreto eingeführt haben, billigt Joseph Sauren in seiner Schrift «Die Lauretanische Litanei nach Ursprung, Geschichte und Inhalt» (1895) die grösste Wahrscheinlichkeit zu.

Schriftliche Zeugnisse für die Litanei von Loreto

Für die Lauretanische Litanei gibt es schriftliche Zeugnisse erst im 16. Jahrhundert. Bei der Grundsteinlegung zu der prachtvollen Marmorumkleidung des heiligen Hauses unter Papst Clemens VII., die am 10. November 1531 erfolgte, wurde vom Kapitel der Kirche von Loreto die Lauretanische Litanei gesungen, wie dies der Notar Peter Paul Laurentii aus Recanati, der bei der Feier zugegen war, bezeugte.

Der Jesuit Auriemma berichtet in seinem Werk «Affetti scambievoli», dass in dem Ort Pietra Rossa nahe bei Bologna eine besessene Frau durch das Beten der Muttergottes-Litanei (er meinte die lauretanische) vom

Teufel befreit worden sei. Er beruft sich dabei auf die Annalen der Stadt Bologna aus dem Jahre 1533.

Am 31. Jan. 1547 vermachte Johannes von Albona, Kanonikus zu Loreto, den Augustinern der benachbarten Stadt Recanati 100 Goldgulden mit der Auflage, an allen Samstagen zu Ehren der Muttergottes eine heilige Messe zu lesen und dabei die Litanei zu singen oder zu beten.

Der Jesuitenpater Raphael Riera, der ab dem Jahr 1554 Beichtvater zu Loreto war, erwähnt in seiner Geschichte des heiligen Hauses eine Litanei, welche die Pilger, die nach Loreto kamen, zu singen pflegten.

Der heilige Petrus Canisius, der ein besonderer Verehrer der Muttergottes von Loreto war, hat die Lauretanische Litanei im gesamten deutschen Sprachgebiet verbreitet. Erstmals gedruckt wurde sie, höchstwahrscheinlich auf Veranlassung des Heiligen, in Dillingen im Jahre 1558.

Papst Sixtus V. schliesslich, auf dessen Betreiben hin die Kirche von Loreto vollendet ward, empfahl in seiner Bulle «Reddituri» vom 11. Juli 1587 die Lauretanische Litanei und verlieh ihr Ablässe.

Geheimnisvolle Schönheit der Lauretanischen Litanei

Die Lauretanische Litanei übt in ihrer geheimnisvollen Schönheit eine wunderbare Anziehungskraft aus, besonders dann, wenn sie andachtsvoll gesungen wird. Unvergesslich ist uns ein Abend in Loreto, es war gerade Vorabend des dortigen Hauptfestes Mariä Geburt, als in der Basilika zu den Klängen der herrlich gespielten Orgel die Lauretanische Litanei in der lateinischen Kirchensprache gesungen wurde.

Das Volk antwortete auf je drei Anrufungen mit «Ora pro nobis», und nach der jeweils dritten Anrufung sang die ganze Kirche voll Freude und Begeisterung «Virgo Lauretana, ora pro nobis!» Wir spürten es förmlich (die alten Schriftsteller haben darüber manchmal geschrieben), dass die Muttergottes mitten unter uns weilte, eine solche überirdische Freude erfüllte uns, obwohl das Wetter regnerisch war und die festliche Prozession deshalb in der Basilika abgehalten werden musste. Gerne erinnern wir uns nach Jahren noch an dieses Erlebnis.

Das tägliche Gebet zu Ehren der Menschwerdung Gottes

Neben der Lauretanischen Litanei ist noch ein anderes Gebet aufs innigste mit dem heiligen Haus der Menschwerdung verbunden, das einst in Nazareth stand und heute in Loreto steht: Der **«Engel des Herrn»**. Über dem Altar des heiligen Hauses in Loreto verkündet in grossen Buchstaben eine Schrift: HIC VERBUM CARO FACTUM EST (Hier ist das Wort Fleisch geworden). «Der Engel des Herrn» ist ein Gebet, welches das Wunder der Menschwerdung Gottes im Schosse der allerseligsten Jungfrau Maria zum Inhalt hat. Und nach alter Meinung hat Gott um des im Abendland so eifrig gebeteten «Engel des Herrn» willen den abendländischen Christen durch ein grosses Wunder die Stätte der Menschwerdung nähergerückt. In der Oration der Festmesse von der Übertragung des heiligen Hauses betet die Kirche im Hinblick auf dasselbe zu Gott: «Du hast es im Schoss Deiner Kirche hingestellt.» Das ist die offensichtliche Belohnung für die lateinische Kirche, die den «Engel des Herrn» eingeführt, und für den Orden des heiligen Franziskus, der den «Engel des Herrn» überall verbreitet hat. Denn Loreto gehörte bis 1860 zum Kirchenstaat, dem Land des Papstes, und ebenso Assisi, die Wiege der franziskanischen Ordensfamilie.

Hören wir nun im folgenden von der Geschichte und Vorgeschichte des «Engel des Herrn»:

Das tägliche Friedensgebet für die Kreuzfahrer

Von Papst Urban II. (er regierte von 1088 bis 1099) ging die Kreuzzugsidee aus. Die auf den Synoden von Piacenza und Clermont entfachte Begeisterung für das Heilige Land löste die Kreuzzugsbewegung aus. Auf der erwähnten Synode von Piacenza (März 1095) sagte der Papst den Gesandten des oströmischen Kaisers, der von den Seldschuken hart bedrängt wurde, bereits Hilfe zu. Und auf der nachfolgenden Synode zu Clermont (November 1095) rief der Papst die ganze Christenheit zur Befreiung des heiligen Grabes aus den Händen der Ungläubigen auf. Er bestimmte, dass von dem Tage an, da das christliche Heer aus Europa gegen Osten zog, täglich in allen Kirchen die Glocken geläutet und um den Schutz und Segen Gottes für die Kreuzfahrer gebetet werden solle. Seit damals wurde allabendlich eine halbe Stunde nach Sonnenuntergang mit der Glocke zum sogenannten «Friedensgebet» geläutet. Unter Frieden ist die Wiederherstellung von Sicherheit und Ordnung im christlichen Osten, vor allem im Hl. Lande zu verstehen. Die Bitte um den Frieden war auch später noch, als das Gebetläuten bereits dem Gedenken an die Menschwerdung Gottes gewidmet war, mit dabei. Das lässt sich aus den lateinischen Aufschriften von Glocken des 14./15. Jahrhunderts erkennen. Da heisst es z. B. : «O Rex gloriae, veni cum pace» (O König der Herrlichkeit, komm mit Deinem Frieden); oder «Ave Maria, gratia plena, impetra nobis pacem» (Gegrüsset seist du, Maria, Gnadenvolle, erbitte uns den Frieden).

Das abendliche Gedenken an die Menschwerdung Gottes

Die Idee, täglich der Menschwerdung des Wortes Gottes im Gebete zu gedenken, ging vom heiligen Franz von Assisi aus. Dieser unternahm in den Jahren 1219/20 mit Gefährten eine Wallfahrt ins Heilige Land, um die heiligen Stätten zu besuchen und den Türken das Evangelium zu verkünden. Thomas von Celano berichtet darüber: «Endlich kam er nach Nazareth, um das Haus zu verehren, in welchem das Wort Fleisch geworden. Hier fiel er auf die Knie und begann mit häufigen Tränen den kostbaren Boden zu benetzen, den Jesus und Maria so oft betreten hatten.»

Der heilige Franziskus war ein grosser Verehrer der Geheimnisse der heiligsten Menschheit Jesu Christi. Seine tiefe Verehrung des heiligen Hauses von Nazareth mag in ihm den Wunsch geweckt haben, es möchten doch alle Christen jeden Tag der Menschwerdung Gottes im Gebete gedenken. Durch Gottes Fügung ging sein Wunsch in Erfüllung, aber erst nach seinemTode: Der Heilige starb am 3. Oktober 1226 in Portiunkula. Ein Jahr nach seinem Tode wurde ein Kardinal zum Papst gewählt, Graf Ugolino de Segni, den aufrichtige Freundschaft mit dem heiligen Franziskus verbunden hatte. Als Papst nahm er den Namen Gregor IX. an. Er legte selbst am 14. Juli 1228 den Grundstein zur Grabeskirche des Heiligen in Assisi und beauftragte Thomas von Celano OFM mit der Abfassung seiner Lebensgeschichte.

Gregor IX., der um den Wunsch des hl. Franziskus wusste, erneuerte nun 1239 dic Anordnung des täglichen Gebetes für die Kreuzfahrer und bestimmte, dass jeder katholische Christ beim Läuten der Aveglocke auf den Knien den englischen Gruss beten solle. Es waren vor allem die Söhne des heilige Franziskus, die diese Übung im ganzen christlichen Volk verbreiteten. Der Hl. Bonaventura, Generaloberer des Franziskanerordens und Kirchenlehrer, schrieb auf dem Ordenskapitel zu Pisa im Jahre 1263 vor, dass «die Brüder in ihren Predigten das Volk anleiten sollten, beim Läuten der Glocken zur Stunde der Komplet mehrmals die seligste Jungfrau zu grüssen, da dies nach der Meinung einiger erlauchter Gottesgelehrter gerade die Stunde sei, da sie vom Engel gegrüsst wurde.» *(Univ. Prof. Dr. Ferdinand Holböck in «Bote von Fatima», März 1976).*

Der morgendliche «Engel des Herrn»

Wann der morgendliche «Engel des Herrn» allgemein Brauch wurde, ist nicht bekannt. Holböck führt als ältestes Zeugnis für das Angelus-Läuten am Morgen eine Vorschrift des Abtes Thomas I. von Monte Cassino (1285 - 1288) an, der bestimmte, dass der Sakristan die Glocken läuten solle zum Ave Maria am Morgen wie am Abend.

In der Chronik von Parma von 1317 begegnet uns ebenfalls der «Angelus» am Morgen in der Form eines dreimaligen Läutens zum Beten des Ave Maria zu Ehren der seligsten Jungfrau Maria und um Erhaltung und Bewahrung des Friedens. 1322 finden wir dieses morgendliche Gebetläuten auch in Spanien bezeugt, 1368 in Frankreich, 1399 in England. Im folgenden 15. Jahrhundert wurde es in vielen deutschen Diözesen vorgeschrieben.

Jedenfalls steht es ausser Zweifel, dass der Eifer, mit dem die Gläubigen den Ort der Menschwerdung im Abendland verehrt haben, den Eifer für den «Engel des Herrn» in der Morgenstunde belebt hat. Es ist auch zu beachten, dass es die *Morgenstunde* war, in der die wunderbare Ankunft des heiligen Hauses der Menschwerdung in Tersato und später dann in Loreto allen offenkundig wurde.

Der Fall Konstantinopels und die heilige Johanna von Orléans

Die Hl. Johanna von Orléans, die durch die Stimmen der Heiligen (es erschienen und sprachen häufig zu ihr der Hl. Michael, die Hl. Katharina und die Hl. Margaretha) angeleitet, wunderbare Siege über die englischen Eroberer Frankreichs errang und den französischen Dauphin zur Krönung geleitete, wollte – gemäss ihrer Aussage – nach Vollendung ihrer Aufgabe in Frankreich mit einem christlichen Heer der schwer bedrängten Stadt Konstantinopel zu Hilfe eilen. Sie hätte dies mit Gottes Hilfe auch durchgeführt, wenn man sie nicht durch ihre Gefangennahme und Tötung daran gehindert hätte. Sie wurde von einem kirchlichen Gericht, das den feindlich gesinnten Engländern hörig war, als Hexe zum Tode verurteilt. Sie starb am 30. Mai 1431 zu Rouen auf dem Scheiterhaufen und ihre Asche wurde in die Seine gestreut, ihr Herz aber war durch ein Wunder vollkommen unversehrt geblieben. Erst 1449 ergriff der bis dahin tatenlose französische König Karl VII. die Initiative und ordnete die Revision des Strafprozesses an. Diese dauerte bis 1452, das ungerechte Urteil aber wurde nicht aufgehoben. Ein Jahr später eroberten die Türken Konstantinopel und mit ihr ging das oströmische Reich unter. Die Katastrophe von Kon-stantinopel ereignete sich am Pfingstmontag, 29. Mai 1453, am Vortag des Jahrestages der grausamen Verbrennung Johannas und am Festtag des Heiligen Geistes, in dessen Kraft die heilige Johanna ihre wunderbaren Siege errungen hatte. Es scheint, dass man dieses grosse Unglück als Strafe für die ungerechte Verurteilung einer Heiligen und die Weigerung, ihr Gerechtigkeit widerfahren zu lassen, angesehen hat. Denn Papst Calixtus III., der im April 1455 gewählt worden war und dessen ganzes Bestreben auf die Abwehr der drohenden Türkengefahr ging, ordnete schon bald nach Beginn seines Pontifikats auf den Einspruch der Mutter Johannas hin die Wiederaufnahme des Prozesses an und beauftragte mit der Durchführung den Erzbischof von Reims und zwei andere französische Bischöfe. Am 7. Juli 1456 bereits wurde, nachdem fast 1 500 (!) Zeugen ausgesagt hatten, das frühere Urteil aufgehoben und Johanna aller angeklagten Verbrechen für unschuldig erklärt; und darüber hinaus wurde der heroische Grad ihrer Tugenden festgestellt.

Die Einführung des mittäglichen «Engel des Herrn»

Der gleiche Papst Calixtus war es nun, der im selben Jahr 1456 den «Engel des Herrn» zur Mittagsstunde als Sturmgebet der Christenheit in der grossen Not und Gefährdung des Abendlandes eingeführt hat. Durch die Kraft dieses Gebetes und – wie es scheint – durch die besondere Fürbitte der heiligen Johanna, konnten die Türken in den folgenden Jahrzehnten und Jahrhunderten immer wieder vom bedrohten Abendland zurückgeschlagen werden. Besonders auffallend ist die Abwehr der Türken von Belgrad und die Zerstreuung ihres Heeres von 150 000 Mann. Diesen herrlichen Sieg errangen die Christen am 22. Juli 1456, nur 15 Tage nach der Rechtfertigung Johannas in Rouen. Und ein armer Franziskaner war es, der das zusammen-gewürfelte christliche Heer zu diesem Sieg führte: Der heilige Johannes Capistran, der noch im gleichen Jahre starb.

Der «Engel des Herrn» ist ein machtvolles Exorzismusgebet. Bei dem Satz nach dem dritten Ave Maria «Und das Wort ist Fleisch geworden» erzittert die Hölle und fliehen die Dämonen. Der «Engel des Herrn» sollte von allen Christen mit Andacht und Eifer gebetet werden. Die exorzistische Wirkung wird verstärkt durch die demutsvolle Anbetung des menschgewordenen Gottes bei der angeführten Stelle mit einer Kniebeuge und durch den Klang der geweihten Glocken.

Der Gruss des heiligen Erzengels Gabriel

Die Mauern des heiligen Hauses Mariens zu Nazareth waren die stummen Zeugen des Engelsgrusses an die auserwählte Jungfrau. Der Hl. Evangelist Lukas, Jünger des Herrn, Arzt, Künstler und Schriftsteller, stand der Muttergottes persönlich nahe. Wie mehrere Schriftausleger uns sagen, soll er es gewesen sein, der am Auferstehungstage Jesu mit Kleophas, der nach A. K. Emmerich mit der Schwester der Muttergottes verheiratet war (Maria, die Frau des Kleophas), nach Emmaus ging. Der Hl. Lukas hat die Worte des Engelsgrusses in seinem Evangelium aufgezeichnet.

Der Hl. Gabriel fügte seinem Grusswort drei Ehrenbezeugungen bei, die wir mit anderen Worten so wiedergeben können: Er begrüsst in Maria den herrlichsten Tempel des Heiligen Geistes (Gnadenvolle), die Unbesiegbare (der Herr ist mit dir) und die Mutter des Erlösers (Du bist die Gebenedeite, was nach der Redeweise des jüdischen Volkes nur von der Mutter des kommenden Messias gesagt wurde).

Die Geschichte des «Ave Maria»

Dieser dreifache Engelsgruss bildet den ersten Teil des «Ave Maria», des beliebtesten Gebetes des Abendlandes. Früh schon wurde das Wort «Maria» eingefügt und das Bekenntnis der vom Heiligen Geist erfüllten Elisabeth angefügt, deren erstes Wort mit dem letzten Wort des Engels genau übereinstimmt (Du bist die Gebenedeite). Bereits unter Papst Gregor d. Gr. († 604) begegnen uns diese zwei Teile des Ave-Maria-Gebetes im Offertorium der Messe vom 4. Adventsonntag.

Die besondere Bedeutung dieser beiden Gebetsteile ist folgende: In Nazareth wurde der heiligsten Jungfrau vom Boten des Himmels mitgeteilt, dass sie auserwählt sei, die Mutter des Sohnes Gottes zu werden, bei Elisabeth erfüllte sich das vom heiligen Gabriel gegebene Zeichen in dreifacher Weise: Die greise Elisabeth war in wunderbarer Weise gesegneten Leibes; beim Gruss Mariens hüpft das Kind voll Freude in ihrem Schosse auf; Elisabeth erkennt in ihr durch Erleuchtung des Heiligen Geistes die Mutter des Erlösers.

Gegen Ende des 12. Jahrhunderts begegnet man Mahnungen an die Geistlichkeit, das Volk neben dem Credo und Pater noster auch das Ave Maria zu lehren. Das Ave Maria schloss damals mit den Worten «Jesus. Amen», oder «Jesus Christus. Amen.» Diese Form wurde im Mittelalter durchwegs Papst Urban IV. zugeschrieben. Er ist der gleiche Papst, der auf Grund der Visionen der heiligen Juliana von Lüttich das Fronleichnamsfest für die ganze Kirche vorgeschrieben hat.

Der dritte Teil des Ave Maria, das Bittgebet, stammt ganz offensichtlich von den Dominikanern, den eifrigen Verbreitern des Rosenkranzgebetes. Es findet sich mehr oder weniger wortgetreu zuerst beim Dominikaner Petrus Nigri (geb. um 1434 zu Kaaden a. d. Eger, gest. um 1483) und um 1495 in einer kleinen Schrift des Dominikaners Savonarola, und etwas später im Brevier der Camaldulenser. Der heilige Papst Pius V., der dem Dominikanerorden angehörte, hat diesen 3. Teil des Ave Maria in das römische Brevier aufgenommen, und so ging er dann in der Folge in den allgemeinen Volksgebrauch über.

Rosenkränze zu Ehren der Lauretanischen Jungfrau

Die 153 Ave Maria des Psalters (so wird die Einheit der 3 Rosenkränze genannt), machen den hauptsächlichen Teil des Rosenkranzgebetes aus. Ein geisterleuchteter Autor hat diese 153 Ave Maria mit den 153 Fischen des reichen Fischfanges im See Tiberias (Joh 21,11) in Verbindung gebracht. Das heisst: Durch das Rosenkranzgebet werden sehr viele Seelen für die Ewigkeit gerettet. Für die Rosenkranzbeter trifft gewissermassen das Wort zu, das Jesus an Simon Petrus und Andreas gerichtet hat: «Ich will euch zu Menschenfischern machen»(Matth 4,19).

Der Hl. Pius V. war der erste Papst des Rosenkranzes. An ihn knüpft sich der herrliche Seesieg von Lepanto: Die Überwindung der Feinde der Kirche und des Vaterlandes, die Befreiung so vieler Gefangener, die

Bittprozessionen der Rosenkranzbruderschaften, die grosse Dankeswallfahrt nach Loreto. Unzertrennlich bleibt der Rosenkranz mit Loreto verbunden.

Papst Sixtus V. weihte im Jahre 1586 eine grosse Anzahl von Rosenkränzen, 80 000, die in Loreto verteilt werden sollten (vermutlich zur Feier der Kirchweihe der im Jahr 1587 vollendeten Basilika), die aber dann der grossen Nachfrage nicht genügten. Unzählige Rosenkränze wurden in Loreto selbst hergestellt. Die gerade Strasse, die zur Basilika führt, heute «via Boccalini» genannt, hiess lange Zeit «via dei coronari» (Strasse der Rosenkranzmacher».

Verehrung des heiligen Erzengels Gabriel

Bei jedem Ave Maria werden nicht nur Jesus und Maria geehrt, deren Namen darin genannt werden, sondern ungenannt auch der Hl. Erzengel Gabriel, der diesen 1. Teil des Ave-Maria-Gebetes vom Himmel auf die Erde brachte. Das heilige Haus Mariens ist uns teuer durch die Personen der Hl. Familie Jesus, Maria und Joseph, es ist uns teuer durch die Hl. Mutter Anna, die dort das Kind der Auserwählung gebar, und durch alle die Heiligen, die dort gebetet haben; nicht zuletzt aber ehrwürdig als Erscheinungsstätte des heiligen Erzengels Gabriel, des herrlichen Himmelsfürsten, der nach dem heiligen Michael über alle Engel gesetzt ist. Sein Name bedeutet «Kraft Gottes»: denn durch seine Vermittlung kam der «Heilige Geist», der allmächtige Schöpfer, auf die seligste Jungfrau Maria herab, und die «Kraft des Allerhöchsten» überschattete sie (Luk 1,35). An dieser Stelle hier soll vermerkt werden, dass die menschliche Natur, die Gottes Sohn im Schosse der Jungfrau annahm, die herrlichste von Gott erschaffene Natur ist. Unerschaffen und von Ewigkeit zu Ewigkeit seiend ist die Person des menschgewordenen Sohnes Gottes.

Die drei Erscheinungen des heiligen Gabriel nach der Hl. Schrift

Nach den Schriften des Alten Testamentes erschien der Hl. Gabriel bereits dem Propheten Daniel, der mit seinen Volksgenossen in der Verbannung zu Babylon weilte. Als Daniel voll Sehnsucht um die Wiederherstellung des Tempels und um die Rettung seines Volkes zu Gott flehte, erschien ihm der heilige Gabriel zur Zeit des Abendopfers und offenbarte ihm den Ablauf von 70 Jahreswochen (= 70 mal 7 Jahre), «bis dem Frevel ein Ende gemacht, die Sünden weggenommen, die Missetat gesühnt und der

Allerheiligste gesalbt wird» (Dan 9,24). Die Prophezeiung bezieht sich teils auf die Ankunft des Messias und teils auch auf das Kommen des messianischen Friedensreiches. So wie der Hl. Gabriel unmittelbar vor dem Kommen Gottes im Fleische ein zweites und drittes Mal erschien (er kündigte dem Priester Zacharias im Tempel zu Jerusalem die Geburt des Vorläufers des Herrn an, und der heiligsten Jungfrau in Nazareth die Geburt des Erlösers), darf man annehmen, dass er vor dem Kommen des messianischen Friedensfürsten ein viertes Mal erscheinen wird. Und so, wie der Hl. Gabriel dem Daniel zur Stunde des Abendopfers, und der seligsten Jungfrau Maria in der abendlichen Stunde der Menschwerdung erschien, so wird er – wir dürfen es annehmen – auch am Abend der Menschheitsgeschichte erscheinen.

Ein mächtiger Engel wird in der Endzeit vom Himmel steigen

In der Geheimen Offenbarung des Hl. Apostels Johannes lesen wir, mitten im Ablauf des apokalyptischen Geschehens der Endzeit von der Erscheinung eines Engels (Geh. Off. 10,1-3), und dies ist die grossartigste und gewaltigste Schilderung einer Engelserscheinung von all den vielen, von denen in der Hl. Schrift berichtet wird. In der Auslegung dieser Stelle, die wir unten bringen, folgen wir weitgehend der berühmten Auslegung der Geheimen Offenbarung des prophetischen Priesters Bartholomäus Holzhauser, die dieser als Dechant von St. Johann in Tirol (er wirkte dort von 1642 - 1655) niedergeschrieben hat.

Der heilige Johannes schildert das Herabsteigen dieses Engels vom Himmel zwischen dem 6. und 7. Posaunenstoss, nachdem ein Drittel der Menschheit getötet worden ist:

«Ich sah einen anderen mächtigen Engel vom Himmel herabsteigen. Er war in eine Wolke gehüllt. Über seinem Haupte stand ein Regenbogen.» Die Wolke ist in der Bibel Sinnbild für die Gegenwart Gottes. Der Regenbogen, den Gott dem Noe als Zeichen der Versöhnung und des Friedens am Himmel erscheinen liess, bedeutet nicht nur, dass dieser gewaltige Engel der Welt den Frieden bringen wird, sondern vor allem, dass dieser unzähligen Menschen den Frieden des Herzens, die Gnade der Kindschaft Gottes vermitteln wird, wie einst durch die Vermittlung des heiligen Gabriel Gott zu einem Menschenkind wurde.

«Sein Antlitz strahlte wie die Sonne, und seine Füsse glichen Feuersäulen.» Die Sonne versinnbildet die unüberwindliche Kraft und Stärke dieses Engels, und weiter das Aufstrahlen der Sonne des wahren Glaubens über der ganzen Erde. Die Füsse sind nach den Worten des Völkerapostels Paulus (Römerbrief 10,15) Sinnbild für den apostolischen Eifer. Dort lesen wir: «Wie schön sind die Füsse derer, die den Frieden verkündigen, die frohe Botschaft bringen.» Die feuerglühenden Füsse bedeuten den glühenden apostolischen Eifer, der die Kirche in jener Zeit beseelen und beflügeln wird.

«In seiner Hand hielt er ein offenes Büchlein.» Das offene Büchlein weist hin auf das «Geheimnis des Glaubens» und die Geheimnisse des wahren Glaubens, wie sie allen Menschen kundgemacht werden.

«Und seinen rechten Fuss setzte er auf das Meer, den linken auf das Land.» Der Engel tritt auf das aus dem Meer aufsteigende Tier (Apk. 13,1), das ist die gottfeindliche Freimaurerei. Das Ursprungsland der Freimaurer ist England, die Insel im Meer. Den linken Fuss setzt er auf das Land. Das ist das Sinnbild für das Niedertreten des aus dem Festland aufsteigenden Tieres, das ist der gottlose Kommunismus, der von Russland aus einen grossen Teil der Welt erfasste.

«Er rief mit starker Stimme, wie wenn ein Löwe brüllt». Die katholische Kirche wird einen grossen Sieg erringen, keine gottesfeindliche Macht kann diesen Sieg verhindern.

«Auf seinen Ruf liessen die sieben Donner ihre Stimme ertönen». Die Proteste der kirchenfeindlichen Mächte sind wie leeres Donnergetöse ohne schadenbringenden Blitz.

Diese wunderbare und trostreiche Stelle der Geheimen Offenbarung, an die sich aber dann die äusserst ernste Mahnung schliesst, diese Friedenszeit zu nützen, denn eine solche heilsbringende Zeit werde, wie der heilige Engel mit einem gewaltigen Schwure beteuert, nicht mehr kommen, lässt uns erkennen, dass es sich hier um eine vierte Erscheinung des Hl. Erzengels Gabriel, des grossen und gewaltigen Himmelsfürsten handeln muss.

Das heilige Haus der Menschwerdung Gottes und der Geburt Mariens, des Urbildes der Kirche, in dem einst der heilige Gabriel erschienen ist, hat eine grosse Bedeutung für die glückliche Zukunft der Kirche, für die Ausbreitung des wahren Glaubens bis an die Enden der Erde, für den Frieden der Völker, für das Kommen des Reiches Christi. Deshalb wollen wir Loreto in hohen Ehren halten und die Ehre der Lauretanischen Jungfrau stets verteidigen.

Teil III

Joseph Sauren

Das heilige Haus zu Loreto

und die Lauretanischen Gnadenorte

Auf einer Anhöhe, von der man über die Ebene zur Adria blicken kann, erhebt sich die Wallfahrtsbasilika von Loreto.

Das hl. Haus zu Loreto

und die

Lauretanischen Gnadenorte

in

deutschen Landen.

Historisch bearbeitet von

Joseph Sauren,

Rector am St. Marien-Hospital in Köln.

Zweite, gänzlich umgearbeitete Auflage.

Mit 14 Illustrationen und 2 Plänen.

Einsiedeln, New-York, Cincinnati und St. Louis.
Druck und Verlag von
Gebr. Karl & Nikolaus Benziger,
Typographen des heiligen Apostolischen Stuhles.
1883.

Anmerkung zur Herausgabe des Nachdruckes von Joseph Sauren über das heilige Haus von Loreto:

Das Buch von Joseph Sauren umfasst mehr als 200 Seiten. Es gliedert sich in die Geschichte des heiligen Hauses und in die Geschichte der übrigen Loretokapellen in der Welt, vornehmlich im deutschen Sprachraum.

Auf die Wiedergabe des zweiten Teiles wurde verzichtet. Die damaligen Verhältnisse (Kaiserreich) entsprechen nicht mehr den heutigen, so dass die geographischen Angaben einer umfangreichen Erläuterung bedurft hätten. Geringfügige orthographische Anpassungen wurden vorgenommen. Beim Nachruck wurde die Einteilung der Kapitel beibehalten.

Die Fussnoten wurden zum Teil erweitert. Im Falle einer durch den Herausgeber hinzugefügten Anmerkung wurde der Asterix durch Zahlen in Klammern ersetzt. In einigen Fällen wurden die Fussnoten leicht gekürzt.

Im Original gesperrte Wörter wurden durch den heute gebräuchlicheren Fettdruck ersetzt.

Von den 14 Illustrationen und 2 Plänen wurde nur ein Teil wiedergegeben.

Vorwort

Eine deutsche Bearbeitung der Geschichte des heiligen Hauses von Loreto, welche den Gegenstand eingehend und ausführlich behandelt, ist unseres Wissens noch nicht in Angriff genommen worden. Dem deutschen Publikum war diese Geschichte nur aus Übersetzungen ausländischer Werke oder aus Auszügen, die in grösseren Geschichtswerken, Reisebeschreibungen und Andachtsbüchern eine Stelle fanden, bekannt.

Die älteste deutsche Schrift über Loreto, eine Übersetzung aus dem Italienischen, erschien im Jahre 1725 in Frankfurt am Main. In der Vorrede des Übersetzers heisst es: «Ob jemals eine Beschreibung von diesem erstaunlichen, unerhörten Wunder in Hochdeutsch entweder mit freier Feder, oder aus einer anderen Sprache übersetzt, bis dato ans Licht gekommen seye, ist mir unbewusst.» Gleichwohl sind in dem Büchlein zwei Deutsche genannt, von denen der eine, Valentinus Müller, am Ende des 15. Jahrhunderts, der andere, Valentinus Laidus, am Ende des folgenden, vermutlich in lateinischer Sprache, über das heilige Haus geschrieben haben. Einen kurzen, aber guten Auszug aus Tursellinus und Martorelli in sechs Kapiteln veröffentlichte der damalige Weihbischof von Paderborn, Josephus Franziskus, in einem 1759 bei Rommerstrichen in Bonn gedruckten Büchlein:

«Historische kurze Beschreibung des heiligen Hauses zu Loreto und neu aufgeleget und an vielen Stellen theils verbessert, theils vermehret»

Erst in neuester Zeit hat die Geschichte des heiligen Hauses bei uns mehr Berücksichtigung gefunden. Prof. Dr. Rebbert widmete derselben in seinen «Reise- und Erinnerungsblättern» (Paderborn 1877) 52 Seiten. P. Valentin Würgler, ehemaliger Pönitentiar in Loreto, verfasste 1879 eine Schrift, betitelt: «Loreto; ein Pilgerbuch für die Besucher dieses Gnadenortes; mit einem Anhange über Assisi und Rom. Würzburg bei Bucher». Gleichzeitig mit dieser Schrift erschien von dem Unterzeichneten, der im Jahre 1877 Loreto besuchte, in der Missionsdruckerei zu Steyl: «Loreto. Geschichte des heiligen Hauses, dem katholischen Volke erzählt; nebst einem Anhange über die Lauretanische Kapelle in der Kupfergasse zu Köln». Beide Schriften haben vorzugsweise nicht wissenschaftlich gebildete Leser im Auge und entbehren deshalb des

Hinweises auf die Quellen und des kritischen Beweismateriales.

Da jetzt eine zweite Auflage meines Schriftchens notwendig geworden, so glaubte ich dasselbe nicht allein vervollständigen, sondern auch, unter Beibehaltung der populären Form, durch Hinzufügen von Noten und Anmerkungen zugleich für wissenschaftlich gebildete Leser einrichten zu sollen. Es gibt nämlich in Deutschland noch immer nicht wenige, denen die Geschichte des heiligen Hauses von Loreto teils gänzlich unbekannt ist, teils nur als eine nicht hinlänglich verbürgte fromme Sage erscheint. Und doch dürfte kaum irgend ein einzelnes historisches Faktum eine Literatur an Zahl und Gewicht aufzuweisen haben, wie das vorliegende.

Das Ereignis ist dieses: Das Haus, in welchem die heilige Familie zu Nazareth wohnte, war daselbst Gegenstand der Verehrung bis zum Jahre 1291. In diesem Jahre ward dasselbe auf übernatürliche Weise von da nach Dalmatien und drei Jahre später von Dalmatien auf die gegenüberliegende Küste von Italien versetzt.

Es wird zweckdienlich sein, in einer kurzen Übersicht die Autoren anzuführen und zu würdigen, denen wir die Aufzeichnung und Überlieferung dieses Ereignisses verdanken, wie auch die hervorragendsten Schriftsteller, die in ihren Werken den historischen Beweis für dasselbe erbracht haben.

Der erste geschichtliche Bericht – abgesehen von zwei gleichzeitigen authentischen Dokumenten – hat einen Bischof von Recanati und Macerata, welchen Sitz er bis zu seinem Tode 1347 inne hatte, zum Verfasser. Petrus [1]**, mit dem Beinamen der «Ehrwürdige», ist sein Name.** In der Bulle seiner Erwählung spricht der Papst von dem Religionseifer dieses Prälaten, von der Reinheit seines Lebens, von seiner Gelehrsamkeit, Strenge, Klugheit und anderen Tugenden. Vierzig Jahre nach der Ankunft des heiligen Hauses in Italien veröffentlichte er eine gedrängte Darstellung der wunderbaren Übertragung, welche der Magistrat von Recanati für wichtig genug hielt, um sie durch die Schulmeister die Kinder lehren zu lassen. *(«Historische Erinnerungen von Recanati 1300 - 1400 », von Diego di Calcani.)*

Hieronymus von Radiole, ein Mönch von Valumbrosa, der um das

[1] Nicht zu verwechseln mit dem heiligen Petrus dem Ehrwürdigen, der als 9. Abt von Cluny sehr segensreich gewirkt hat. Neben dem heiligen Bernhard von Clairveaux wird er als der bedeutendste Mann seines Jahrhunderts angesehen, † 25. 12. 1156.

Jahr 1450 in der Blüte seines Alters stand, verfasste ein kleines Werk unter dem Titel: **«Wann und wie entstand das Haus der heiligen Maria von Loreto.»** Er erzählt die verschiedenen Übertragungen und stellt den Satz aus, dass das Heiligtum zu Loreto unter allen Heiligtümern Mariens das gefeiertste sei (Ughelli, «Italia sacra»).

Der nächste Schriftsteller ist wieder ein Bischof von Recanati, der vor seiner Erhebung auf den bischöflichen Stuhl lange Zeit Rektor oder Vorsteher des Gnadenortes war. Er heisst **Peter Georg Tolemeo**, von dem Orte Teramo in den Abruzzen, wo er Präfekt war, gewöhnlich **Teramanus** genannt. Sein bischöflicher Vorgänger nennt ihn einen pflichttreuen, gewissenhaften Mann. Er veröffentlichte um das Jahr 1460 eine kleine Geschichte zum Gebrauche für die unzähligen Pilger, die damals schon nach Loreto wallfahrteten, und entledigte sich seiner Aufgabe so gut, dass Papst Gregor XII. hundert Jahre später diesen Bericht ins Arabische, Griechische, Allyrische, Deutsche, Französische, Spanische und Lateinische übersetzen liess. Er scheint sich viel Mühe gegeben zu haben, die Zeugnisse der Bewohner zu sammeln. Freilich konnte niemand aus der damals lebenden Generation mehr Augenzeuge des Wunders gewesen sein; seine Zeugen konnten nur aussagen, was ältere Leute ihnen erzählt hatten. Er fand insbesondere zwei Personen, die er eidlich verhörte, und deren Namen er nennt, und verschaffte so jedem, der wollte, Gelegenheit, dieselben persönlich kennen zu lernen und zu befragen (Horatius Tursellinus 1,28)

Im Jahre 1479, sechs Jahre nach dem Tode des Teramanus, kam ein gelehrter und ausgezeichneter Geistlicher, der nachmalige Provinzial des Karmeliter-Ordens aus Mantua, **Baptista Mantuanus**, genannt, nach Loreto. Auch er verfasste eine Geschichte und widmete sie dem Kardinal delle Rovere, der um diese Zeit Bischof von Recanati war. Er erklärt in seinem Werke, dass er der authentischen Erzählung des Teramanus folge; nur füge er noch eine Autorität für dieselbe hinzu – welche Teramanus wahrscheinlich auch gekannt und benutzt hatte, ohne sie jedoch zu erwähnen, nämlich eine sehr alte, in der Kapelle hängende Inschrift-Tafel. Dieselbe sei zu seiner Zeit ganz durch Alter verdorben gewesen, so dass man sic als aus der ersten Zeit nach der Ankunft des Hauses stammend betrachten könne. Den nämlichen Gegenstand behandelte er ausführlich in dem Gedichte: «Votum ad D. Virginem». Der heilige Petrus Canisius, der siebzig Jahre nach ihm schrieb, nennt ihn «sui sæculi theologus et poëta laudatissimus» – «einen vortrefflichen Theologen und Dichter seiner Zeit». *(Canisius "De Deipara" 5,25. Tursellinus 2,6)*

Vierzig bis fünfzig Jahre später schrieb **Hieronymus Angelita**, ein grosser Altertumsforscher, die Geschichte nochmals mit noch grösserer Sorgfalt und Genauigkeit nieder [1]. Seine amtliche Stellung als Kanzler der Stadt Recanati (die auch sein Vater und Grossvater vor ihm bekleidet hatten, so dass sie in seiner Familie fast erblich gewesen zu sein scheint) war ihm dabei von grossem Nutzen. Er teilt uns mit, dass er mit der grössten Gewissenhaftigkeit die Annalen der Stadt durchgesehen habe, deren Archive ihm anvertraut waren. Er prüfte auch die Urkunden, welche zu seinen Lebzeiten von Fiume und Tersato gekommen und an Leo X. nach Rom gesandt worden waren, und widmete das Resultat seiner Forschungen dem regierenden Papste Clemens VII. Die Geschichte des Angelita wird in der Vatikanischen Bibliothek aufbewahrt; einige Abschriften und Abdrücke derselben existieren ebenfalls noch. **Der einzige wichtige neue Umstand, den Angelita beibringt, ist das genaue Datum der beiden Übertragungen**. Sein Amt und die von Dalmatien gesandten Dokumente machten es diesem Schriftsteller möglich, gerade diese Tatsachen mit grösserer Sicherheit festzustellen. Canisius stellt ihm das Zeugnis aus, dass er ein sehr gewissenhafter Mann und ein äusserst genauer Erforscher alles desjenigen gewesen sei, was auf die gegenwärtige Geschichte Bezug habe. *(Canisius, loc. cit.)*

Der folgende Geschichtschreiber des heiligen Hauses, **Raphael Riera,** ein Spanier von Geburt und einer der ersten Schüler des heiligen Ignatius, war 1528 in Barcelona (Spanien) geboren. Er kam 1554 als Beichtvater nach Loreto und starb dort im Jahre 1582 oder 1583. Er hinterliess eine weitläufige Geschichte der Begebenheit in einem Manuskript, welches Tursellinus hochschätzte und in seinem Werke ausgiebig verwertete. Riera erklärt, dass er vom Generalvikar von Fiume und Tersato

[1] Die Daten, die uns von Hiernonymus Angelita überliefert sind:
– In der Nacht vom 9. auf den 10. Mai 1291: Übertragung I nach Tersato;
– 1292: Prüfung der Fundamente in Nazareth durch vier Abgesandte von Tersato;
– 10. Dezember 1294: Übertragung II in das Gebiet von Recanati (in den Wald der Laureta);
– 10. August 1295: Übertragung III innerhalb des Gebietes von Recanati (auf den Hügel der zwei Brüder)
– 9. September 1295: Gesandtschaft der Stadt Recanati an Papst Bonifaz VIII.;
– 2. Dezember 1995: Übertragung IV (ungefähr 150 Meter weiter an den heutigen Standplatz);
– 1296: Nachforschungen in Tersato und Nazareth durch die 16 Abgesandten der Stadt Recanati und der Provinz Picenum.

glaubwürdige Abschriften von vielen öffentlichen Dokumenten, welche aus den Archiven dieser Städte genommen waren, erhalten habe. Nach den Registraturschriften der Jesuiten war er ein «gelehrter und frommer Mann».

Neues historisches Material findet sich bei späteren Schriftstellern kaum mehr; wie sich von selbst versteht, weichen sie in keinem wesentlichen Punkte von ihren Vorgängern ab. Nur einer verdient noch besondere Erwähnung, da er gewöhnlich «Vater der Geschichte von Loreto» genannt wird, wegen seiner ängstlichen Genauigkeit und Vollständigkeit, besonders in bezug auf die wunderbaren Heilungen und sonstigen Gnadenwirkungen. Es ist der Pater **Horatius Tursellinus** aus der Gesellschaft Jesu, dessen Werk alles umfasst, was sein Vorgänger Pater Riera gesammelt hatte, und was ihm selbst zu entdecken geglückt war. In der Vorrede zu seiner Geschichte sagt er, «dass er fast alle Dokumente, die sich zu Loreto, Recanati, Rom oder sonstwo vorfanden, mit dem grössten Fleisse gesammelt habe.» Dieselbe **erschien zu Rom im Jahre 1597 in fünf Büchern.** Sie verbindet mit der Zuverlässigkeit und Vollständigkeit die Eleganz eines wahrhaft klassischen Stiles, was die Lektüre derselben ebenso angenehm, als lehrreich macht. Von dem gelehrten Kirchenhistoriker Natalis Alexander ward dieses Werk für das beste gehalten, das bis dahin über den Gegenstand erschienen war. Wir haben dasselbe unserer Arbeit zu Grunde gelegt.

Die drei Werke von Teramanus, Angelita und Tursellinus, sowie die früher erwähnten, nebst weitläufigen Auszügen aus unzähligen andern, gab **Monsignore Martorelli im Jahre 1735 in einem zwei Foliobände umfassenden Werke nochmals heraus** unter dem Titel: «Teatro Istorico della Santa Casa Nazarena. Geschichtliche Darstellung des heiligen Hauses von Nazareth.» Diese Ausgabe erschöpft den Gegenstand vollkommen nach allen Seiten hin.

Ein anderer italienischer Schriftsteller, der Archidiaconus Gaudenti führt in seiner «Storia della Santa Casa di Loreto 1784» die Geschichte bis auf seine Zeit fort.

Um die Autoritäten zu mehren, mögen hier noch einige der bedeutendsten Schriftsteller angeführt werden, welche die Wahrheit der wunderbaren Versetzung des heiligen Hauses mit dem ganzen Ansehen ihrer Person und Gelehrsamkeit verteidigt haben. Es gehören dazu: **Baronius, Rainaldi, der heilige Petrus Canisius, Suarez, Cornelius a**

Lapide, Natalis Alexander, die Bollandisten und endlich Papst Benedikt XIV.

Das sind nun die hervorragendsten Autoren, – es haben mehr als 200 über das heilige Haus geschrieben – deren Benennung und Charakteristik zweckdienlich erschien. Sowohl, weil sie teils die Hilfsquellen, teils die Verteidiger der folgenden Geschichte bilden, wie auch, um von vornherein den etwaigen Verdacht zu beseitigen, es würden wohl nur leichtgläubige oder unbedeutende Männer für die Wahrheit dieser Überlieferung eingetreten sein.

Auch einige wertvolle Erscheinungen aus der Neuzeit, die bei der Bearbeitung unserer Geschichte gebührend berücksichtigt wurden, dürfen nicht mit Stillschweigen übergangen werden.

Der hier zunächst in Betracht kommende Autor ist der Erzbischof von St. Louis **Dr. Kenrick**, der als Generalvikar von Philadelphia im Jahre 1841 ein kritisches Werk in englischer Sprache: «Das heilige Haus von Loreto. Eine Untersuchung der geschichtlichen Wahrheit seiner wunderbaren Übertragung», herausgab, in welchem alle zur Feststellung und Verteidigung eines historischen Factums nur wünschenswerten Zeugnisse aufgeführt und mit gesunder Kritik beleuchtet sind. Dem Verfasser, Irländer von Geburt, stand als ehemaligem Zöglinge der Propaganda zu Rom der Zutritt zur Vatikanischen Bibliothek offen, in welcher er alle Quellen und Schriften, die ihm zur Begründung und Aufhellung seines Gegenstandes dienlich schienen, mit grossem Fleisse, weiser Umsicht und Sorgfalt sammelte und bearbeitete.

Sodann müssen erwähnt werden der **Kardinal Bartolini** und der englische **Oratorianer Hutchison**, denen wir in gewisser Beziehung die ergiebigsten Untersuchungen verdanken, die je über das heilige Haus angestellt worden sind.

Bartolini besuchte Loreto und Nazareth im Herbst des Jahres 1855, und zwar vorzugsweise in der Absicht, um die Lage des heiligen Hauses zu Nazareth und die natürliche Beschaffenheit des Baumaterials festzustellen. Hutchison war ein erstes Mal in Loreto im Jahre 1846. Auf den Rat der Ärzte machte er im Jahre 1857 eine Reise nach Palästina und schenkte bei dieser Gelegenheit dem Heiligtum zu Nazareth seine besondere Aufmerksamkeit. Im Monat August kam er zum zweiten Male nach Loreto und unterzog das heilige Haus nach allen Seiten hin den genauesten Untersuchungen. Nach seiner Rückkehr in das heilige Land

Übersicht über die wichtigsten Autoren (Dokumente) über Loreto in den Anfängen:

über Loreto und die Übertragung des heiligen Hauses

(Diese Tabelle steht nicht im Buche von Sauren; Hinweis zu den Jahreszahlen: Spalte 1: Erscheinungsjahr der Schrift etc. / Spalte 2: Tod des Autors)

• **Brief des Stadtrates von Recanati an Papst Bonifaz VIII.**	1295	
• **Bericht des Einsiedlers Paulus de Sylva an den König von Neapel**	1297	um 1305 †
• **Verfasser der Inschrift-Tafel im Hl. Haus:**		
1. Teil um:	1300	
2. Teil um:	1305	
• **Petrus der Ehrwürdige, Bischof von Recanati und Macerata**	1330	1347 †
• **Hieronymus von Radiole**, um:	1450	
• **Peter Georg Tolomeo (=Teramanus)** Herausgeber des Berichtes der Inschrift-Tafel (1. und 2. Teil) und Verfasser des von ihm hingefügten 3. Teiles	1460	1473 †
• **sel. Baptista Mantuanus, um:**	1480	1516 †
• **Hieronymus (Girolamo) Angelita**	1531	
• **Raphael Riera, Verfasser eines Manuskriptes über Loreto, um:**	1560	1582/83 †
• **Horatius Tursellinus, Verfasser der Lauretana Historia**	1597	1599 †

Kurze Geschichte des Loreto-Festes:

• **Approbation des Festes der Übertragung:**	29.11.1632
• **Aufnahme ins Römische Martyrologium**	1669
• **Eigenes Offizium und Eigenmesse**	1669
• **Ausdehnung obiger Rechte auf ganz Italien**	12.4.1916

im Monat September begab er sich zum zweiten Male nach Nazareth, um die in Loreto gewonnenen Resultate mit den Örtlichkeiten in Nazareth zu vergleichen. Im Juni 1858 sah er Loreto zum dritten Male und kehrte dann über Tersato nach England zurück. Beide Gelehrte haben die Ergebnisse ihrer Forschungen niedergelegt in den Schriften: «Sopra la Santa Casa di Loreto ...Roma 1861. Über das heilige Haus von Loreto», und «Loreto and Nazareth. By William Anthony Hutchison, priest of the Oratory. London 1863. Loreto und Nazareth. Von W.A. Hutchison, Priester des Oratoriums.»

Diese Untersuchungen sind so beweiskräftig, dass sie in Ermangelung aller übrigen Beweise für sich allein genügen würden, um die Echtheit des heiligen Hauses ausser Zweifel zu stellen.

Ferner verdient ein Abschnitt in dem 1869 bei Bachem in Köln in Übersetzung erschienenen Buche: «Berühmte Gnadenorte Unserer Lieben Frau in verschiedenen Ländern Europas», J. Spencer Northcote, Doktor der Theologie und Präsident von St. Mary's College zu Oscott volle Beachtung. Northcote bietet auf fünfzig Seiten eine gründliche historisch-kritische Abhandlung, in welcher alle gegen die Übertragungen des heiligen Hauses erhobenen Bedenken und Einwendungen schlagend widerlegt werden.

Endlich hat der französische Abbé Milochau unter Benutzung der besten Quellen und neuesten Forschungen ein Werk herausgegeben unter dem Titel: «La Sainte Maison de Loreto. Paris et Leipzig 1875. Das heilige Haus von Loreto», welches an Vollständigkeit und Gründlichkeit nichts zu wünschen übrig lässt. Einen besonderen Wert erhält das Buch durch die jedem Kapitel beigefügten Noten und die am Schlusse angehängten Dokumente.

Von demselben Verfasser erschien 1881 die Broschüre: «De l' Authenticité de la sainte Maison de Lorette à l'occasion d'un pamphlet protestant», zu deutsch: «Echtheit des heiligen Hauses von Loreto, bei Gelegenheit eines protestantischen Pamphletes». Letzteres ist betitelt: «La favola dei voli miracolosi della S. Casa di Loreto sementita dalla storia, con fatti, citazioni e documenti inoppugnabili per un credente». Firenze 1870. «Die Fabel von den wunderbaren Flügen des heiligen Hauses von Loreto, widerlegt aus der Geschichte mit Tatsachen, Zitaten und unwiderleglichen Dokumenten, von einem Gläubigen.» Fünf Aktenstücke, in welchen von einer Stadt Loreto mehr denn 200 Jahre vor der

Ankunft des heiligen Hauses in Italien die Rede ist, sollen den Beweis liefern, dass die ganze Geschichte des heiligen Hauses auf einer Erfindung beruhe. Diese Aktenstücke werden von Milochau geprüft und der Angriff glänzend zurückgewiesen.

Speziell für die Geschichte Nazareths sind aus der reichen Literatur über Palästina unter anderem folgende Schriststeller zu Rate gezogen worden:

– *Quaresmius, «Elucidation Terrae Sanctae, Tom II. Antwerpen 1639».*
– *Mislin, «Les Saints Lieux, Troisième Edition, Tome troisième, Paris et Lyon, 1876».*
– *Itinera Hierosolymitana et Descriptiones Terra Sancta Bellis Sacris Anteriora et Latina Lingua Exarata». Ediderunt Titus Tobler et Augustus Molinier, Geneve 1880.*

Quaresmius von Lodi war Franziskaner und lebte von 1583 bis 1656. Zehn Jahre, 1616 - 1626, war er Guardian in Jerusalem. Sein Werk über das Heilige Land umfasst zwei Foliobände und ist eine wahre Fundgrube für jeden, der sich genau und ausführlich über irgend etwas das heilige Land Betreffende orientieren will. Tobler sagt von diesem Werke: «So viel darf ich behaupten, dass die Elucidatio für den Gelehrten geradezu ein unentbehrliches Werk ist. Unter den vielen Franziskanern, welche das Heilige Land beschrieben, hat sich keiner so verdient gemacht, wie Quaresmius.»

Tobler, ein protestantischer Arzt in Zürich, ist der grösste Kenner der Literatur über das Heilige Land, dabei ein äusserst scharfer Zensor, der keinem Schriftsteller ein Lob spendet, der es nicht nach strengster Prüfung verdient. Es ist erfreulich, dass augenblicklich eine zweite Auflage der «Elucidation» in prachtvoller Ausstattung in Venedig erscheint.

Mislin, der gelehrte Abt von St. Maria de Deg in Ungarn, besuchte zweimal das Heilige Land und legte seine Studien und Reiseberichte in dem angeführten drei starke Bände umfasssenden, sehr gediegenen Werke nieder. – In den an dritter Stelle genannten «Reisen nach Jerusalem und Beschreibungen des Heiligen Landes in der Zeit vor den Kreuzzügen», die unter Toblers kritischer Sichtung eine gründliche Textverbesserung erfahren haben und chronologisch zusammengestellt sind, findet sich vieles Brauchbares vereinigt, was man sonst mit Mühe in den verschiedensten Büchern aufsuchen müsste.

Aus diesen Quellen schöpfend bieten wir dem deutschen Publikum eine Geschichte, die auf den ersten Blick allerdings fast unglaublich erscheint; sie ist in der Tat unerhört und steht einzig in ihrer Art da. Gleichwohl wäre es, angesichts der vorstehend gewürdigten Autoritäten, das Zeichen eines oberflächlichen Geistes, dieselbe von vornherein in das Reich der Fabeln zu verweisen. Diese Autoritäten dürften im Gegenteil ganz geeignet sein, das Urteil des Lesers schon im voraus zugunsten der geschichtlichen Wahrheit des ausserordentlichen Ereignisses zu stimmen, wenigstens aber eine vorurteilsfreie Prüfung des Sachverhaltes vorzubereiten.

Von den im Anhange behandelten lauretanischen Nachbildungen ist die zu Köln befindliche von mir selbst bearbeitet; die übrigen sind teils dem «Marianum» von Ott und den «Wallfahrtsorten der Schweiz» von P. L. Burgener entnommen, teils nach Manuskripten niedergeschrieben, die eigens zu unserem Zwecke an Ort und Stelle verfasst wurden. Viele dieser Berichte bieten mehr als lokales Interesse.

Möge diese Arbeit eine wohlwollende Aufnahme finden und etwas beitragen zur Ehre Gottes und Verherrlichung seiner gebenedeiten Mutter!

Köln, am Fest der Verkündigung Mariä, 1882 Der Verfasser

Einleitung

Der Engel Gabriel ward von Gott gesandt in eine Stadt in Galiläa, mit Namen Nazareth, zu einer Jungfrau, welche mit einem Manne verlobt war, der Joseph hiess, aus dem Hause Davids; und der Name der Jungfrau war Maria. Und der Engel kam zu ihr hinein und sprach: «Gegrüsset seist du, voll der Gnade, der Herr ist mit dir, du bist gebenedeit unter den Weibern... Der Heilige Geist wird über dich kommen, und die Kraft des Allerhöchsten dich überschatten; darum wird auch das Heilige, welches aus dir geboren werden soll, Sohn Gottes genannt werden.» Maria aber sprach: «Siehe, ich bin eine Magd des Herrn, mit geschehe nach deinem Worte.» Luk. 1,26ff Das Haus der Stadt Nazareth, dessen Wände diese Unterredung der Gottesmutter mit dem Erzengel Gabriel gehört haben, in welchem auch die allerseligste Jungfrau selbst das Licht der Welt erblickt und mit Jesus und Joseph ungefähr dreissig Jahre gewohnt hat, befindet sich nicht mehr in **Nazareth**, sondern in **Loreto**.

Wie ist denn das heilige Haus von Nazareth nach Loreto gekommen? Die befriedigende Antwort auf diese Frage zu geben, sowie möglichst alles Geschichtliche und Wunderbare, was sich an das Heiligtum von Nazareth knüpft, wahrheitsgetreu mitzuteilen, wird die Aufgabe dieser Schrift sein. Und da das heilige Haus auf seinem Wege von Nazareth nach Loreto vorerst in der Nähe der Stadt **Tersato in Dalmatien** (1) sich niederliess und daselbst einige Jahre verblieb, so teile ich diese Geschichte in folgende Abschnitte ein:

1. **Das heilige Haus zu Nazareth in Palästina**
2. **Seine Übertragung von Nazareth nach Tersato in Dalmatien**
3. **Nazareth seit dem Verluste des heiligen Hauses**
4. **Übertragung des heiligen Hauses von Tersato nach Loreto**
5. **Geschichte seit seiner Ankunft in Italien**
6. **Mein Besuch in Loreto und heutiger Zustand des heiligen Hauses**

(1) Tersato darf man sich nicht als «Stadt», sondern als kleinere Ansiedlung unweit der Burg Tersato vorstellen.

«Ich will das Haus meiner Majestät
und die Stätte meiner Füsse verherrlichen.»
(Isaias 16,13)

Erster Abschnitt

Das heilige Haus zu Nazareth in Palästina

Nazareth ist eine Stadt in Galiläa, einer Landschaft im nördlichen Palästina. Zu Jesu Zeiten war dieses Land überaus fruchtbar und äusserst bevölkert, ein reger Handelsverkehr belebte es und die Reize der Natur waren ebenso grossartig als lieblich. Herrliche Gebirge umgaben es, und während der Tabor sein grünes Haupt zu Galiläas mattsilbernem Himmel erhob, zeigten sich in der Ferne die hohen Gipfel des Libanon, die ihren Schnee und ihre Zedern in den Wolken verbargen. Über die waldigen Abhänge des Hermon, wo die Ziegen an den zarten Knospen der Gesträuche naschten, stieg man in eine herrliche Ebene hinab, die wie ein unermesslicher Blumenkorb zwischen den mit grünen Eichen und Myrthen, Weingärten und Olivenwäldern bepflanzten Hügeln dalag. Ein reiner Himmel beschien mit seinem goldenen Lichte dieses fruchtbare Land, wo eine kräftige Vegetation sich entfaltete, und blaue Gewässer, die des Sommers Gluten auftrockneten, durchschlängelten gleich silbernen Bändern die schönen Gefilde. Dieses entzückende Tal, das in einem Rahmen von dunklen Wäldern wie ein frisches Bild sich ausnahm, war das Tal Esdrelon, in dessen Hintergrund sich eine kleine malerische, auf den Abhang eines Hügels erbaute Stadt zeigte, glänzend, wie eine Blume sich auf grüner Flur heraushebt; dieses freundliche Städtchen war **Nazareth**, die Geburtsstadt Marias*[(1)], die Vaterstadt unseres göttlichen Heilandes. In Nazareth war

* Bezüglich des Geburtsortes der allerseligsten Jungfrau gehen die Ansichten der Geschichtsschreiber und Theologen ebenso auseinander, wie hinsichtlich des Wohnortes ihrer Eltern. Als Geburtsort Mariens werden genannt: Bethlehem, Nazareth, Sephoris und Jerusalem. Die meisten und bedeutendsten Gewährsmänner treten für Nazareth oder

es, wo der Sohn Gottes unter Verkündigung des Engels Fleisch angenommen, in Nazareth, wo der menschgewordene Sohn Gottes seine Kindes- und Jünglingsjahre zugebracht und mit Maria und Joseph bis zu seinem dreissigsten Jahre unter einem Dache gelebt hat. Auf den ersten Blättern der heiligen Schrift des Neuen Testamentes steht das klar und ausdrücklich geschrieben.

Der Engel Gabriel wird gesandt in eine Stadt mit Namen Nazareth. Nach der Geburt Jesu zu Bethlehem, und nachdem die Anbetung der heiligen drei Könige und die Darstellung Jesu im Tempel stattgefunden hatte, kehrten Maria und Joseph mit Jesus zurück in «ihre Stadt Nazareth». Es folgt die Flucht nach Ägypten; von dort durch den Engel zurückberufen, begaben sie sich in die Gegend von Galiläa und kehrten in ihre alte Heimat zurück: «Und Er kam und wohnte in der Stadt, die Nazareth genannt wird, damit erfüllt würde, was durch den Propheten verheissen war: «Er wird ein Nazarener genannt werden.» Der zwölfjährige Jesus war gelegentlich seiner ersten Reise nach Jerusalem ohne Wissen seiner Eltern im Tempel zurückgeblieben; nachdem diese Ihn daselbst wiedergefunden, «stieg Er mit ihnen hinab und kam nach Nazareth und war ihnen untertan». Die stille Hütte zu Nazareth war Zeuge der Kindheit des Sohnes Gottes, seiner Tugenden, seiner Unterhaltungen mit Maria, seiner Mutter, und mit dem Hl. Joseph, seinem Nährvater. Von Nazareth kam Jesus und ging an den Jordan, um sich von Johannes taufen zu lassen. Seine Bekannten sprachen von Ihm als dem «Sohne Josephs von Nazareth», und seine Feinde suchten Ihn im Ölgarten unter dem Namen «Jesus von Nazareth». «Im Namen Jesu von Nazareth» wirkten die Apostel Wunder, und der Herr selbst gibt sich

Jerusalem ein, so dass nur diese beiden Städte noch in Frage kommen könnten. In einer gründlichen, durch Zeugnisse bis ins 4. Jahrhundert hinein gestützten Abhandlung «Sainte Anne de Jérusalem, Algier 1879» verficht der Hochw. Herr Erzbischof von Algier die orientalische Tradition, nach welcher Jerusalem die Geburtsstadt Mariens ist, während Mislin in seinen «Les Saints Lieux, page 508 ff.» gewichtige Autoritäten aufführt, welche diese Ehre für Nazareth beanspruchen. Es genügt, an dieser Stelle zu betonen, dass die Ansicht, Nazareth sei die Geburtsstadt Mariens, hinlänglich verbürgt ist und dazu noch durch verschiedene Privatoffenbarungen gestützt wird. Vgl. auch die angesehenen Schriften Quaresmius, tom 2, liber 4, c12 – Dr. Stamm, Mariologia, Paderborn, pag. 69 ff.

(1) Die genannten anderen Orte stehen dennoch in gewisser Beziehung zur Kindheitsgeschichte der Gottesmutter: In Sephoris befand sich nach A.K. Emmerich das Landgut des heiligen Joachim, ungefähr eine Stunde von Nazareth entfernt. In Jerusalem hatte die Muttergottes den grössten Teil ihrer Kinderjahre als Tempeljungfrau verbracht. In Bethlehem lebten die Vorfahren der Muttergottes, die aus dem Geschlechte Davids war.

dem Ihn verfolgenden Saulus zu erkennen als «Jesus von Nazareth». Genug, aus diesen Stellen der Evangelien haben wir die Gewissheit, dass Nazareth die Heimatstadt des menschgewordenen Sohnes Gottes war, weshalb sie auch vorzugsweise «die Stadt Jesu», seine Vaterstadt genannt wird.

Nazareth gehörte zum Stamme Zabulon und war so unbedeutend, dass seiner im Alten Testamente keine Erwähnung geschieht. Selbst zur Zeit Jesu scheint es nur ein kleines und dazu noch in schlechtem Rufe stehendes Städtchen gewesen zu sein. Spottweise pflegte man unsern Herrn den «Nazaräer» und später ebenso die Christen «Nazarener» zu nennen. Die Einwohner dieses Städtchens müssen den hartnäckigen Unglauben und die Undankbarkeit des jüdischen Volkes in besonders hohem Grade besessen haben; denn als der Herr eines Tages in der Synagoge daselbst lehrte, «wurden sie voll des Zornes, stiessen Ihn aus der Stadt hinaus und führten Ihn auf die Anhöhe des Berges, auf welchem ihre Stadt gebaut war, um Ihn hinabzustürzen» (Luk. 5,20 ff). Deshalb hat auch Jesus daselbst nur wenige Wunder gewirkt, und man kann es dem Nathanael wohl verzeihen, wenn er dem Philippus, der zu ihm von Jesus von Nazareth sprach, die Frage entgegenhielt, «ob denn wohl von Nazareth etwas Gutes kommen könne». (Joh. 1,46)

Allein, da der Herr sich so tief erniedrigt hat, in diesem Städtchen den grössten Teil seines Lebens zuzubringen, so ist daselbe für uns Christen überaus ehrwürdig und heilig. In der christlichen Zeit sehen wir denn auch hier über denjenigen Stellen, an welche sich Erinnerungen an die heilige Familien knüpfen, Kapellen oder Kirchen entstehen, so über dem Hause der Menschwerdung, über der Werkstätte Josephs und an dem etwa zehn Minuten von der Stadt gelegenen «Brunnen Mariens», so genannt, weil nach der Überlieferung die heilige Jungfrau oftmals aus diesem Brunnen Wasser schöpfte, wie auch der Dichter singt:

Mitten im Gau war eine Quelle, wo unter den übrigen Frauen
Oftmals die schönste der Mütter im Silberspiegel der Wellen
Pflegte des Knaben Linnen zu waschen, auf grünendem Rasen
Auszubreiten und dann an den reinen Lüftchen zu trocknen.
(Thomas Ceva, «Jesus als Knabe», 1, 45 ff.)

Der heilige Hieronymus leitet das Wort Nazareth von dem hebräischen «nezer» ab, was Blume und Pfropfreis bedeutet. Somit ist Nazareth die Stadt der Blumen, die Blume von Galiläa, wo die schönste Blume, die je auf Erden blühte, sich im Verborgenen entfaltete, wo das Reis aus der Wurzel Jesse gekeimt, das wie eine Fahne aufwuchs im Angesichte der Völker und zu dem alle Nationen der Erde sich sammeln; die siegreiche Stadt, welche unter der Gestalt eines Kindes Denjenigen gesehen, der da genannt wird der «Wunderbare, Gott, der Starke, Vater der Zukunft, Friedensfürst.». (Is. 9, 6 und 11,1)

In welchem **Hause** aber hat der der göttliche Heiland in der Stadt Nazareth gewohnt? – Im Hause der allerseligsten Jungfrau **Maria**. Die Eltern Marias, Joachim und Anna, besassen in Nazareth ein Haus und einige liegende Gründe. In diesem Hause erblickte die seligste Jungfrau selbst das Licht der Welt, und dieses Haus nebst den liegenden Gründen fiel ihr nach dem Tode ihrer Eltern als Erbe zu.

Nach ihrer Vermählung mit Joseph im Tempel zu Jerusalem, wo sie von ihrem dritten bis zu ihrem fünfzehnten Lebensjahre in stiller Zurückgezogenheit im Dienste des Herrn gelebt hatte, kehrte sie mit ihrem keuschen Gemahl in ihre Heimatstadt Nazareth zurück und bewohnte fortan mit diesem ihr elterliches Haus. Hier, unter diesem Dache, innerhalb dieser Wände war es, wo der Engel Gabriel ihr die frohe Botschaft brachte, dass sie die Mutter des Sohnes Gottes werden sollte; in diesem Hause ist der erste Grund zu unserer Erlösung gelegt worden, denn «hier ist das Wort Fleisch geworden und hat unter uns gewohnt.» Von dem Besuche bei ihrer Base Elisabeth kehrte die Gesegnete unter den Weibern in dieses «ihr eigenes Haus» zurück.

Es liegt in der Natur des Menschen, das Land, worin er das Licht der Welt erblickte, den Ort, wo seine Wiege gestanden, besonders aber sein elterliches Haus, und wäre es auch eine armselige Hütte, in vorzüglicher Weise zu lieben und in Ehren zu halten. Dieses Gefühl ist so stark, dass es in der Menschenbrust nie ganz erstirbt, dass es weder die weiteste Entfernung, noch die glücklichsten Lebensverhältnisse zu verwischen vermögen, dass es immer wieder auftaucht und bei manchem bis zur quälenden Sehnsucht, ja bis zum tödlichen Heimweh sich steigert. Es ist dieses Gefühl um so reger und lebendiger, je reiner und unverdorbener die Seele ist. Das elterliche Haus eines Menschen zerstören, ist deshalb unter Umständen eine allem menschlichen Gefühl Hohn sprechende Schandtat; dasselbe erhalten und ehren, ein Beweis besonderer Hochachtung und Liebe.

Sollte nun dem vollkommensten Herzen des Gottmenschen dieses edle

Gefühl nicht eigen gewesen sein? Sollte nicht auch Er seine Heimat, sein elterliches Haus geliebt und geehrt haben? Und sollten hinwiederum die Apostel und die ersten Christen nicht bemüht gewesen sein, ihre Ehrfurcht und Liebe gegen die Person des Erlösers auch dadurch an den Tag zu legen, dass sie sein elterliches Haus ehrten und schützten?

In der Tat, es ist der beständige Glaube aller Zeiten gewesen, dass die Apostel und ersten Christen, die grosse Heiligkeit des Ortes nicht unterschätzend, das heilige Haus zu Nazareth hoch in Ehren gehalten haben. Einer wohlverbürgten Überlieferung gemäss haben die Apostel das jungfräuliche Haus zu gottesdienstlichen Zwecken bestimmt; es wurde in demselben ein Altar errichtet und dieser vom Apostel Petrus selbst eingeweiht.*

Dem Beispiele der Apostel folgten nicht bloss die Zeitgenossen und Landsleute derselben, sondern von da ab waren es die Christen aller Jahrhunderte und Länder, die nach Nazareth pilgerten, um die Stätte aufzusuchen und zu verehren, wo die allerseligste Jungfrau des ewigen Vaters Wort empfangen hat. – So wissen wir, dass um das Jahr 326 nach Christi Geburt die Kaiserin Helena auf ihrer Reise durch das heilige Land auch nach Nazareth kam. Nachdem sie dort das Haus des «englischen Grusses» gefunden, baute sie über demselben zu Ehren der Mutter Gottes eine sehr schöne Kirche, welche die Inschrift trug: «Dieses ist die heilige Stätte, an welcher zuerst der Grund des menschlichen Heiles gelegt worden ist.»**

Da ihr Sohn, der Kaiser **Konstantin**, der katholischen Kirche volle Freiheit schenkte, so nahm von da ab begreiflicherweise die Zahl der Pilger nach dem heiligen Lande von Jahr zu Jahr zu. Nicht bloss aus Asien und Afrika, sondern auch aus Europa wallfahrteten die Christen zahlreich nach

---

* (Adrichomius, «In tribu Zabulon No. 73» – Tursellinus, lib. 1, c.1.)

** Niceph. Call., lib. 8,30 und liber 12 – Paulinus, Ep. 11 ad Severum: Aedificatis Basilicis contexit omnes et excoluit locos, in quibus salutaria nobis mysteria pietatis suae Incarnationis et Passionis et Resurrectionis atque Ascencionis sacramentis Dominus Redemptor impleverat. – Siehe auch Gretzer, «De sacris peregrinationibus». Während die heilige Helena an den heiligen Stätten Kirchen errichtete, zerstörte sie jene Stätten nicht, sondern liess dieselben bestehen und überdeckte sie (contexit) mit den Kirchen, so das heilige Grab zu Jerusalem, die Grotte zu Bethlehem, so auch hier das Haus der Menschwerdung. Dass dieses Haus bis auf die Zeiten Konstantins der Zerstörung entging, mag darin seinen Grund haben, dass Nazareth ziemlich weit vom Regierungssitz der römischen Prokonsuln entfernt, wie auch ausserhalb des Kolonisationsbereiches der Römer und Griechen lag.

Palästina, und zu den heiligen Orten, die Sie besuchten, gehörte jedesmal auch das heilige Haus zu Nazareth. Ungefähr um das Jahr 380 kam der Hl. **Hieronymus**, die «Säule der römischen Kirche», und die **Hl. Paula**, eine fromme Matrone aus dem vornehmsten römischen Adel, nach Nazareth, der «Nährmutter des Herrn», wie Hieronymus es nennt. Derselbe Heilige sagt von dieser Stadt: «Nazareth ist ein kleiner Ort in Galiläa und hat eine Kirche an der Stätte, wo der Engel zur Hl. Maria kam, um ihr die frohe Botschaft zu bringen, und eine andere, wo der Herr aufgezogen wurde.»*[1]

So dauerten die Pilgerfahrten nach dem Heiligen Lande noch mehrere Jahrhunderte hindurch ungestört fort. Gegen 570 kam **Antoninus, der Märtyrer**, nach Nazareth und sagt sehr bemerkenswert: «*Domus Sanctae Mariae basilica est*, das Haus der heiligen Maria ist eine Basilika.» Um das Jahr 670 schrieb der gelehrte **Mönch Adamnan** über die heiligen Orte, gemäss einer Beschreibung, die er von dem Bischofe Arnulph erhalten hatte, und sagte unter anderem von Nazareth: «Eine von den beiden Kirchen steht auf dem Platze, wo das Haus gebaut war, in welchem der Erzengel Gabriel die gebenedeite Jungfrau Maria begrüsste».

Selbst als im Anfange des 8. Jahrhunderts Jerusalem in die Gewalt der Sarazenen gekommen war, wurden die heiligen Orte und die Verkündigungskirche der allerseligsten Jungfrau zu Nazareth noch von europäischen Pilgern besucht. **Beda, der Ehrwürdige**, der von 671 - 735 lebte, schrieb ungefähr um das Jahr 720, dass zu seiner Zeit, als die heiligen Orte schon im Besitze der Sarazenen waren, Pilger aus allen Teilen Europas auch den Tempel besuchten, wo das Haus war, in welchem Maria von dem Engel begrüsst wurde. Der Verfasser der Reise des **Hl. Willibald**, Bischofs von Eichstädt, der im Jahre 755 die heiligen Stätten besuchte, erzählt: «Sie gingen betend zu dem Orte in Galiläa, wo der Engel zuerst der Jungfrau Maria erschien und sprach: «Gegrüsset seist du, Gnadenvolle» etc. Da ist nun eine Kirche, und die Ortschaft, in der sich die Kirche befindet, ist Nazareth. Die Christen lösten oft diese Kirche von den Heiden, welche sie zu zerstören trachteten, durch Geld und Geschenke ein.»**

Im neunten Jahrhundert besuchte **Johann Colabita** das Heilige Land

* De locis sanctis, c.16. Die andere Kirche ist die über der Werkstätte Josephs erbaute, in welcher dieser durch seiner Hände Arbeit für den Lebensunterhalt des Gottmenschen sorgte.

[1] Die «andere» Stelle ist vermutlich die Grotte beim heiligen Haus, die Jesus als Wohn- und Schlafgemach diente.

** Siehe Tobler S. 38, 93, 184, 230

und Nazareth. Im zehnten Jahrhundert machten fünfzig Normannen eine Wallfahrt nach Palästina. Unter den Sarazenen war nämlich die Lage der Christen nicht so drückend, wie sie es später unter den Türken* wurde, die ums Jahr 1050 Jerusalem eroberten und die Christen mit unerhörter Grausamkeit misshandelten. Der Hilferuf der unglücklichen Christen drang bis zu den Ohren des Papstes **Urban II**. Nicht länger mehr konnte es sein väterliches Herz ertragen, dass seine geliebten Kinder in Palästina litten, nicht länger mehr zugeben die schändliche Verwüstung an heiliger Stätte. «Auf, ihr christlichen Völker des Abendlandes! Bewaffnet euch mit dem Zeichen unserer Erlösung, bringet Hilfe und Rettung euren geknechteten Brüdern im Morgenlande und befreiet aus den Händen der Ungläubigen das Land, welches geheiligt ist von den Fussstapfen, dem Schweisse und Blute unseres göttlichen Erlösers!» So ertönte sein Ruf durch das ganze christliche Abendland, und ein Heer begeisteter Kreuzfahrer leistete diesem Rufe Folge. Unter Anführung **Gottfrieds von Bouillon** wird Jerusalem erobert und ganz Palästina den Händen der Türken um das Jahr 1100 entrissen. In Jerusalem wird ein christliches Königreich errichtet, und damit beginnt eine glückliche Zeit für das schwergeprüfte Heilige Land.

Ungefähr neunzig Jahre hindurch herrschen ununterbrochen christliche Könige in Palästina. Während dieser Zeit ziehen die Christen aller Nationen wieder scharenweise nach dem Heiligen Lande, und unter den heiligen Stätten, deren Besuch und Verehrung ihr Ziel war, nahm das heilige Haus zu Nazareth nicht die letzte Stelle ein. Der normannische Prinz **Tankred**, der zur Belohnung für seine im Kriege bewiesene Tapferkeit Statthalter von Galiläa geworden war, machte der Kirche zu Nazareth

---

* Für manchen Leser wird die Bemerkung nicht überflüssig sein, dass Türken und Sarazenen damals noch zwei getrennte Völkerschaften bildeten. Die Sarazenen waren ursprünglich Völker im glücklichen Arabien. Anfänglich Christen, folgten sie später der Lehre Mohammeds und waren dessen erste Jünger. Unter Abubekers Anführung und den nachmaligen Kalifen eroberten sie einen Teil von Asien, Afrika, Spanien, den südlichen Teil von Italien, die Inseln Sizilien, Sardinien. Die Türken stammen aus Kleinasien, wo sie unter ihrem Anführer Osman das Osmanische Reich gründeten. Im siebenten Jahrhundert bemächtigten sie sich eines Teiles des Reiches der Sarazenen, nahmen allmählich deren Religion an, machten im neunten Jahrhundert dem Reiche der Kalifen ein Ende und verschmolzen dann mit den Sarazenen zu einem Volke. Vor und nach der Vereinigung der Sarazenen mit den Türken führten beide Nationen viele Kriege mit den Christen um den Besitz des gelobten Landes. (Vgl. Wilhelm von Tyrus, 1. Bd., cap. 7)

überaus grosse Geschenke und erhob sie zur Metropolitankirche.*

Da um diese Zeit in Palästina auch die berühmten zwei Orden, der Johanniter – und der Templer-Orden, entstanden, welche sich die Beherbergung und den Schutz der die heiligen Orte besuchenden Pilger zur Aufgabe machten, so konnte es nicht ausbleiben, dass unter solchen günstigen Unständen die Zahl der Pilger aus aller Herren Länder sich noch bedeutend mehrte, und wie die Geschichtschreiber berichten, waren es vornehmlich drei heilige Orte, welche die Pilger vor allen anderen des Besuches und der Verehrung würdig hielten, nämlich das heilige Grab zu Jerusalem, der Stall zu Bethlehem und das heilige Haus zu Nazareth.

In diese Zeit fällt die Reise des griechischen Priesters **Johannes Phokas,** der im Jahre 1185 nach Nazareth kam und uns eine genaue Beschreibung des damaligen Zustandes der Verkündigungsstätte hinterlassen hat. Diese Beschreibung ist deshalb von besonderer Wichtigkeit, weil sie die einzige ist, die wir aus der Zeit **vor** der Übertragung des heiligen Hauses besitzen. Phokas sagt: «Das Haus Josephs** ist in eine schöne Kirche verwandelt worden. In dem linken Teile in der Nähe des Altars befindet sich eine Grotte, nicht in das Innere der Erde eingegraben, sondern von einer wenig beträchtlichen Tiefe und mit einer Öffnung auf der Oberfläche des Bodens. Der Eingang ist mit einer weissen Marmorplatte geschmückt. Ein Maler hat dort den Engel dargestellt, wie er auf den Flügeln zur Jungfrau-Mutter herniederschwebt und ihr die frohe Botschaft bringt. Sie spinnt Wolle mit bescheidenem Ernst, der Engel scheint mit ihr zu sprechen. Man sieht, wie die Jungfrau, verwirrt durch diese unerwartete Erscheinung, die purpurfarbene Wolle beinahe aus den Händen fallen lässt, *** erschreckt sich umwendet und aus dem Zimmer geht, dann einer befreundeten Nachbarin begegnet und sie zärtlich umarmt. Geht man in die Grotte hinein

---

* Guilelmus Tyr. «De bello sacro», lib. 9, 13.

** Das Haus der Menschwerdung wird von den alten Schriftstellern bald Haus Mariens, bald Haus Josephs genannt, weil es nach der Vermählung auch dem heiligen Joseph gehörte.

*** Diese Szene ist offenbar dem apokryphen Proto-Evangelium Jacobi entnommen, in welchem es heisst, dass die seligste Jungfrau bei der Verkündigung purpurfarbene Wolle zu einem Vorhang für den Tempel spann. – Auf dem Triumphbogen der Basilika «Maria Maggiore» zu Rom befindet sich ein in der ersten Hälfte des fünften Jahrhunderts geschaffenes Mosaikbild, welches ebenfalls die seligste Jungfrau bei der Verkündigung spinnend darstellt. Siehe das vortreffliche Werk von Lehner «Die Marienverehrung in den ersten Jahrhunderten». S. 229 und 300.

und steigt einige Stufen hinab, so sieht man das alte Haus Josephs, in welchem die Jungfrau bei ihrer Rückkehr von der Quelle vom Erzengel begrüsst wurde. Die Stelle selbst, wo die Verkündigung stattfand, ist durch ein in eine weisse Marmorplatte eingegrabenes schwarzes Kreuz bezeichnet und befindet sich unter dem Altare. Rechts ist ein kleines Zimmer, der Aufenthaltsort der heiligen Jungfrau. Links von der Verkündigungsstelle ist ein kleines Zimmer ohne Licht, in welchem, wie man sagt, Christus nach seiner Rückkehr aus Ägypten bis zum Tode des Vorläufers wohnte.»*

Allein die glückliche Zeit der christlichen Herrscher in Palästina war leider nur von allzu kurzer Dauer. Das Heilige Land, welches wie eine Oase inmitten einer ungeheuren Sandwüste Jahrtausende hindurch die alleinige Stätte der wahren Gottesverehrung, der Schauplatz der Wundertaten Gottes und später des Lebens und Wirkens unseres göttlichen Erlösers gewesen war, dieser denkwürdigste und kostbarste Strich der Erde verblieb nur neunzig Jahre hindurch in den Händen der christlichen Herrscher. Vielleicht hat Gott der Herr nur den begeisterten Kreuzfahrern durch den zeitweiligen Besitz des Heiligen Landes ihre unsäglichen Mühen und Strapazen lohnen wollen, um dann durch die Preisgebung desselben an die Barbaren den spätern Generationen bis auf diesen Tag, und allem Anscheine nach für immer, zu zeigen, was es heisst, seine göttlichen Strafgerichte herauszufordern, wie es die gottesmörderischen Juden getan, als sie riefen: «Sein Blut komme über uns und unsere Kinder!» Wahrlich, wir sehen vor unsern Augen die schreckliche Erfüllung der Worte des Propheten: «Euer Haus wird euch öde gelassen werden!» Ja, mehr noch; denn nicht bloss der alte Tempel ist zerstört, ganz Palästina ist beinahe zur Wüste geworden.

Saladin, der König von Ägypten, machte um das Jahr 1190 dem Königreich Jerusalem ein Ende, indem er den letzten christlichen König **Balduin V.** besiegte und gefangen nahm. Zwar versuchte der deutsche **Kaiser Konrad** in Verbindung mit den Königen von Frankreich und England noch einmal den Besitz des Heiligen Landes zu gelangen, allein dieser Versuch misslang vollständig. Nur vorübergehend kam Jerusalem

---

* Diese Stelle findet sich in lateinischer Übersetzung bei den Bollandisten, Mai 2. Teil, im Anfange und in französischer bei Mislin, «Les Saints Lieux», page 516.
Hiernach wäre das heilige Haus ursprünglich durch eine Wand in zwei Teile geteilt gewesen, von denen der eine durch ein Fenster in der westlichen Aussenwand erleuchtet wurde, während der andere dunkel blieb. – Die Kirche der heiligen Helena war von Westen nach Osten gebaut worden und hatte drei Schiffe und ein Querschiff.

Die heutige Gnadenstatue im heiligen Haus. Die ursprüngliche Statue, die der Überlieferung nach vom heiligen Lukas geschnitzt worden war, wurde beim Brand von 1921 gänzlich zerstört.

unter christliche Herrschaft durch den deutschen **Kaiser Friedrich II.** um das Jahr 1225. Ein wilder Volksstamm drang bald darauf von Norden her in Palästina ein, welcher die eben erst von Friedrich II. wiederaufgebaute heilige Stadt dem Boden gleich machte. Ein ähnliches Schicksal stand nun auch den übrigen Städten des Heiligen Landes bevor. Das veranlasste den frommen **König Ludwig IX. von Frankreich**, im Jahre 1252 [(1)] mit einem starken Heere nach Ägypten überzusetzen, um von da aus den bedrängten Christen in Palästina Hilfe zu bringen. Allein auch seinen Waffen will Gott keinen vollkommenen Sieg mehr verleihen. Die gute Absicht dieses heiligen Königs wird nur insoweit belohnt, als er persönlich, zwar nicht als Sieger, aber doch als Pilger, die heiligen Orte besuchen darf. Auf diesem Pilgerzuge kam Ludwig IX. auch über den Tabor nach Nazareth. Sobald

[(1)] Siehe Anmerkung S. 21 !

derselbe des heiligen Hauses ansichtig wurde, sprang er vom Pferde, fiel auf seine Knie und begrüsste ehrfurchtsvoll die heilige Jungfrau. Dann ging er demütig zu Fuss weiter bis in die heilige Stadt, trat in den Tempel ein, in dessen Mauern das Geheimniss der Menschwerdung des Sohnes Gottes stattgefunden, betete daselbst den Erlöser an und verehrte seine gebenedeite Mutter. Das geschah gegen das Fest Mariä Verkündigung; augenscheinlich wollte der König gerade dieses Fest in Nazareth feiern. Nachdem er also am Tage vorher bei Wasser und Brot gefastet hatte, liess er am Verkündigungstage in dem Gemache der erhabenen Gottesgebärerin mit königlicher Pracht das heilige Messopfer darbringen, währenddessen er mit grosser Andacht und unter Tränen die heilige Kommunion empfing. Wahrlich, ein seltenes Beispiel königlicher Frömmigkeit für alle Zeiten! Um auch ein Zeichen seiner Dankbarkeit in Nazareth zurückzulassen, liess er auf einer Wand des heiligen Hauses ein Gemälde anbringen, welches ihn selbst, versehen mit den königlichen Insignien und vor der heiligen Jungfrau betend, darstellte.* (1)

In der ersten Hälfte desselben Jahrhunderts zierte den Patriarchenstuhl von Jerusalem ein Mann mit Namen **Jacobus Vitriacus** († 1244), der in seiner Beschreibung des heiligen Landes von sich erzählt, dass er häufig Wallfahrten nach Nazareth gemacht und in dem Hause, wo die allerseligste Jungfrau Maria vom Engel begrüsst wurde, am Jahrestage der Verkündigung (also am 25. März) oft das heilige Messopfer dargebracht habe.

Auch ist es allbekannt, dass der **heilige Franziskus von Assisi** im Jahre 1219 das Heilige Land besuchte, um sowohl die heiligen Stätten zu verehren, als auch den Türken das Evangelium zu verkündigen; bei dieser Gelegenheit kam er auch nach Nazareth. Thomas de Celano, ein Zeit- und

---

* Dieses und manche andere Gemälde, welche das heilige Haus schmückten, waren im Jahre 1625 noch vollkommen sichtbar. Sechs Jahre später hat Seragli sie gestochen und veröffentlicht. Sie befinden sich ebenfalls in dem 1735 von Martorelli herausgegebenen «Teatro Istorico». Da diese Gemälde offenbar orientalischen Ursprunges sind, so hätten wir in ihnen einen Beweis mehr für die Übertragung des heiligen Hauses.

(1) Der heilige König Ludwig hat bei seinem Palästina-Aufenthalt (1250-1254) das Innere des heiligen Hauses mit Fresken ausschmücken lassen. Auf seine Veranlassung wurde sicherlich auch das Fresko gemalt, das den heiligen Franziskus mit Tonsur, Mönchskutte und Strick darstellt. Der heilige Ludwig war ein Verehrer des heiligen Franziskus und gehörte selbst dem Dritten Orden des Heiligen an.

Ordensgenosse des Hl. Franziskus, erzählt hierüber: «Endlich kam er nach Nazareth, um das Haus zu verehren, in welchem das Wort ist Fleisch geworden. Hier fiel er auf seine Knie und begann mit häufigen Tränen den kostbaren Boden zu benetzen, den Jesus und Maria so oft betreten haben.»

Man sieht, dass im Jahre 1252, in welchem König Ludwig von Frankreich das Heilige Land besuchte, trotz der Herrschaft der Ungläubigen die heiligen Orte noch unter der Obhut der Christen standen und der Besuch derselben möglich war. So blieb es auch nach der Abreise des Königs Ludwig, dank dem energischen Auftreten der Ritter des Templer-Ordens, noch einige Jahre hindurch. Indessen Uneinigkeit und gegenseitige Befehdung der christlichen Völker des Abendlandes, deren gefürchtete Waffen die Ungläubigen bis jetzt noch von einer vollständigen Vernichtung des christlichen Namens in Palästina abgeschreckt hatten, boten ihnen nun die günstige Gelegenheit, auch mit dem letzten Reste christlicher Herrschaft im heiligen Lande aufzuräumen. Elf Jahre nach der Abreise des Hl. Ludwig (1) aus dem Heiligen Lande, 1263, vertrieb der wilde Sultan Bihars die Christen aus Nazareth und zerstörte die Kirche der Hl. Helena, schonte aber, lediglich mit Rücksicht auf die von den Christen für den Besuch der heiligen Stätte zu erpressenden Gelder, das heilige Haus selbst.*

Ungefähr 30 Jahre später 1291 gegen die Mitte des Monates April ward die Stadt Ptolemais (Akkon), die letzte Stütze der Christen in Palästina, von den Türken erobert und mit Feuer und Schwert vertilgt. Wie ein verheerender Strom ergossen sich nun die wilden Scharen der Eroberer über das ganze Land, hinter sich nur Blut und Ruinen zurücklassend.

Die heiligen Stätten, die seit den Tagen der Apostel Zeugen unbeschreiblicher Andacht und Rührung zahlloser Pilger aus allen christlichen Ländern gewesen waren, fielen jetzt ohne Widerstand in die Hände der Ungläubigen. Der Besuch der heiligen Orte war fortan, wenn nicht geradezu unmöglich, so doch unendlich erschwert; denn nur durch schweres Geld konnte die Erlaubnis dazu von den Ungläubigen erkauft werden. Besonders verhängnisvoll war dieser Schlag für das heilige Haus zu

---

* Da die Muselmänner seit dem 8. Jahrhundert im heiligen Lande die Praxis beobachteten, die Christen beim Besuche der heiligen Orte auszubeuten, so lag es in ihrem eigenen Interesse, diese zu erhalten. Sie werden also auch das wichtige Heiligtum zu Nazareth ganz gewiss nicht zerstört haben.

(1) Siehe Anmerkung Seite 24 !

Nazareth; denn da die Stadt Nazareth im Innern des Landes liegt, so war für die wenigen Pilger, die auch unter den obwaltenden drückenden Umständen wohl noch zu einem Besuche des heiligen Grabes zu Jerusalem sich entschlossen, eine Reise nach Nazareth doch geradezu mit Lebensgefahr verbunden. Unzweifelhaft wäre daher jetzt allmähliche Verödung, ja Schändung und Zerstörung von Seiten der Türken das Los des heiligen Hauses gewesen, wenn nicht Gott in seiner unergründlichen Weisheit und Liebe sich gewürdigt hätte, die Wohnstätte seines Sohnes auf Erden durch ein unerhörtes Wunder zu retten und zu erhalten.

Fassen wir das bisher Erzählte kurz zusammen, so ergibt sich als unbestreitbare geschichtliche Tatsache, dass das Haus, in welchem die Verkündigung der Menschwerdung des Sohnes Gottes stattfand und die heilige Familie wohnte, bis zum Ende des 13. Jahrhunderts in der Stadt Nazareth in Galiläa gestanden und von den Zeiten der Apostel an bis dahin durch alle Jahrhunderte hindurch von frommen Pilgern besucht und verehrt worden ist.

Zweiter Abschnitt

Übertragung des heiligen Hauses von Nazareth in Galiläa nach Tersato in Dalmatien

Am 18. April des Jahres 1291 hatte die christliche Herrschaft in Palästina durch den Fall von Akkon, ihrer letzten Schutzwehr, den Todesstreich empfangen; am 10. Mai desselben Jahres, unter dem Pontifikate Nikolaus IV., als Rudolf von Habsburg deutscher Kaiser war, wurde das heilige Haus von Nazareth nach Dalmatien übertragen. Offenbar lag es im Ratschlusse Gottes, dass das Gemach, in welchem die zweite Person der allerheiligsten Dreifaltigkeit aus Maria der Jungfrau die menschliche Natur annahm, für alle folgenden Zeiten erhalten bleiben sollte, als ein Denkmal welches bestimmt war, den Glauben der Christenheit zu stärken und ihre Andacht zu diesem anbetungswürdigsten Geheimnisse anzufachen. Als deshalb das heilige Haus durch menschliche Macht vor der sichern Entweihung und Zerstörung nicht mehr zu schützen war, wurde es durch übernatürliches Eingreifen des Allmächtigen von seinen Fundamenten abgehoben, vermittelst Engelshänden eine ungeheure Strecke weit über Land und Meer aus Galiläa nach Dalmatien getragen und hier während der Nacht vom 9. auf den 10. Mai auf einem Hügel **zwischen den Städten Tersato und Fiume** an der Küste des adriatischen Meeres niedergelassen.[1] Am andern Morgen bemerkten einige Einwohner von Tersato mit leicht begreiflichem Staunen dieses kleine, altertümliche Haus, auf dem Hügel,[2] wo sie noch tags vorher nichts anderes, als eine leere Fläche gesehen, und wo niemals ein Haus gestanden hatte. Nicht ohne eine gewisse Furcht nehmen sie dasselbe in Augenschein. Es steht ohne Fundament auf der Oberfläche des Hügels. Über dem zugespitzten Dache ist ein Kamin und ein kleiner Glockenturm mit zwei Glöcklein sichtbar.[3] Beim Eintritt durch die einzige Türe überzeugen sie sich sofort, dass das Gebäude mehr als ein gewöhnliches Haus ist; denn die innere Ausstattung hat ganz das Aussehen einer Kapelle. Von heiliger Ehrfurcht ergriffen, fallen sie auf ihre Knie und beten zum Herrn und seiner gebenedeiten Mutter, deren Bilder sie schauen. Dann betrachten sie das Haus und seine Ausstattung im einzelnen. Die Wände, ein längliches Viereck bildend, sind aus einem rötlichen Steine gemauert, nicht perpendikulär [4] und regelrecht aufgeführt, mit Mörtel bedeckt und ungefähr eine Elle dick. Gemälde, die sich auf das Geheimnis der Menschwerdung beziehen, schmücken dieselben von oben bis unten. Das Gebäude misst in der Länge 32, in der Breite 13 und in der Höhe 18

[1] Fiume (heute Rijeka) war damals bereits eine wichtige Hafenstadt am Adriatischen Meer. Tersato hiess die Burg auf einer Anhöhe über der Stadt. Im Umkreis derselben befanden sich das St. Georgskirchlein mit einer kleinen Ansiedlung. Tersato war k e i n e Stadt.

[2] Gemeint ist die Anhöhe von Tersato. Das heilige Haus stand dort auf einem ebenen Platz.

[3] Das heilige Haus hatte ursprünglich, wie alle Häuser in Nazareth, ein flaches Dach. Im regenreichen Tersato wurde es mit einem Giebeldach versehen, wobei der Kamin nach oben verlängert wurde.

[4] Perpendikulär heisst soviel wie «lotrecht». Vor allem die Nordwand des heiligen Hauses, die sich in Nazareth an einen Felsen anlehnte, war weniger sorgfältig und etwas geneigt ausgeführt worden.

Fuss. Die einzige Türe [1] in der Mitte der nördlichen Wand ist ziemlich breit, als Schwelle dient ein roher Balken. Links von der Türe steht ein einfacher Schrank zur Aufbewahrung von Hausgerätschaften. Rechts befindet sich in der westlichen Wand ein kleines Fenster und diesem gegenüber in der östlichen Wand ein niedriger, ganz gewöhnlicher Feuerherd. Die gewölbte blaugefärbte Decke ist mit goldenen Sternen geschmückt. An der südlichen Wand, dem Eingange gegenüber, steht ein steinerner Altar, zierlich geordnet und mit einem Antepedium von blauer Farbe versehen.[2] Über dem Altare fällt der Blick auf ein hölzernes Kreuz, an dessen Spitze der Titel bestätigt ist: «Jesus Nazarenus Rex Judaeorum». Auf das Kreuz ist die Figur unseres gekreuzigten Herrn gemalt. Zur rechten Hand des Altares befindet sich ein aus Zedernholz geschnitztes, ungefähr zwei Ellen hohes Bildnis der allerseligsten Jungfrau. Sie ist stehend dargestellt und hält das Jesuskind auf ihrem Arme. Ihr Antlitz, sowie das des Kindes, ist mit einer bernsteinähnlichen Silberfarbe überzogen, aber vom Rauche der Lichter geschwärzt, wodurch das majestätische Aussehen der hehren Jungfrau noch erhöht wird. Eine mit Edelsteinen besetzte Krone bedeckt das Haupt. Die Haare sind nazarenisch gescheitelt und fliessen über Hals und Schultern herab. Das Bildnis ist mit goldenem Gewande bekleidet, welches, aufgeschürzt, durch einen breiten Gürtel gehalten wird und bis auf die Füsse herabfällt. Darüber wallt von den Schultern herab ein blauer Mantel. Die ganze Figur mitsamt den gemalten Gewändern ist aus einem Stücke geschnitzt. Das Jesuskind, welches die seligste Jungfrau auf dem Arme trägt, erscheint in ungewöhnlicher, überirdischer Darstellung, aus seinen Zügen strahlt göttliche Majestät hervor. Die ersten Finger der rechten Hand sind wie zum Segen erhoben, mit der Linken hält Dasselbe eine goldene Erdkugel. Auch seine Haare sind gescheitelt, und die Kleidung entspricht ebenfalls derjenigen der Nazarener.

Nachdem die Dalmatier dieses alles der Reihe nach und im einzelnen mit wachsendem Staunen betrachtet hatten, konnten sie sich der Überzeugung nicht mehr verschliessen, dass hier etwas Ausserordentliches,

---

[1] Auf mehreren Darstellungen von der Übertragung des heiligen Hauses findet sich auch noch eine zweite Türe an der nördlichen Wand, unmittelbar an der nordwestliche Ecke.

[2] Die hier gegebene Schilderung des Inneren des Heiligen Hauses bezieht sich auf seinen Zustand nach den in Tersato vorgenommenen baulichen Veränderungen (Erhöhung der Mauern und des Kamins und Anbringung einer gewölbten Holzdecke).

Unerklärliches stattgefunden habe. Das vor ihnen stehende Häuschen, so schlossen sie mit Recht, müsse entweder während der Nacht plötzlich aus dem Boden herausgewachsen oder auf übernatürliche Weise von einem andern Orte an diese Stelle gebracht worden sein. Auch liess der Umstand, dass das Häuschen in eine Kapelle verwandelt war, die wegen ihres altertümlichen Aussehens und heiligen Schmuckes Ehrfurcht einflösste, über die Heiligkeit des Gebäudes keinerlei Zweifel mehr übrig. Doch bald schon sollte ihnen über diese Punkte vollständige Aufklärung zuteil werden.

Schnell, wie ein Lauffeuer, verbreitete sich die Kunde von der plötzlichen Erscheinung dieses merkwürdigen Hauses auf dem Hügel von Mund zu Mund unter den Einwohnern von Tersato und Fiume. Haufenweise strömten die Gläubigen herbei, teils aus Neugierde, teils um in diesem geheimnisvollen, augenscheinlich der seligsten Jungfrau gewidmeten Hause die Fürbitte der erhabenen Gottesmutter in leiblichen und geistigen Anliegen anzuflehen, und viele fanden hier in der Tat auf wunderbare Weise Erhörung.

Um diese Zeit lebte in Tersato ein heiligmässiger, wegen seiner Tugenden von Gott und den Menschen geliebter **Seelsorger, namens Alexander**. Eine langwierige und schwere Krankheit fesselte ihn ans Bett, und es war nur wenig Hoffnung mehr für sein Leben vorhanden. Da wurde auch ihm von dem geheimnissvollen Heiligtume und den wunderbaren Gebets-Erhörungen, welche auf die Fürbitte Mariens daselbst stattgefunden, Mitteilung gemacht. Alsbald empfand er eine grosse Sehnsucht, das Heiligtum zu sehen; denn er war von dem festen Vertrauen beseelt, dass er dort seine Gesundheit wieder erlangen werde. Allein sein Zustand war so bedenklich, dass er ohne Lebensgefahr nicht einmal dahin getragen werden konnte. Was nun anfangen in dieser hilflosen Lage? Nicht weniger von dem Wunsche beseelt, jenes Heiligtum zu sehen, als seine Gesundheit wieder zu erlangen, wendet er sich in inbrünstigem Gebete an diejenige, auf deren Fürbitte schon so viele andere in dem bezeichneten Hause Erhörung gefunden hatten. Nicht umsonst! Denn als er während einer unruhigen Nacht zwischen Schlummer und Wachen dalag, erschien ihm die allerseligste Jungfrau von Engeln umgeben, das ganze Zimmer mit Lichtglanz erfüllend. Mit freundlichem Antlitze schaute sie ihn an und sprach: *«Sei guten Mutes, ich bin diejenige, die du angerufen hast, und bin gekommen, um dir Gesundheit und Aufklärung über das Heiligtum zu* *bringen. Das Haus, welches jüngst in diese Gegend versetzt worden, ist dasjenige, in welchem ich selbst geboren worden bin. Hier habe ich unter Verkündigung des Erzengels Gabriel durch die Kraft des Heiligen Geistes den Sohn Gottes empfangen. Hier ist das Wort Fleisch geworden. Dieses Haus, welches Zeuge solch erhabener Geheimnisse gewesen, haben die Apostel nach meinem Heimgange* [(1)] *dem Dienste Gottes geweiht und häufig das heilige Messopfer in demselben dargebracht. Der Altar ist vom Apostel Petrus konsekriert, das Bild des Gekreuzigten von den Aposteln aufgestellt. Mein Bildnis aus Zedernholz ist vom Evangelisten Lukas, der zu mir in naher Beziehung stand, verfertigt und gemalt, und es stellt dasselbe mich möglichst ähnlich dar. Dieses dem Himmel so teure Haus also, welches so viele Jahrhunderte hindurch in Galiläa in hohen Ehren gehalten worden, ist nun, da der Glaube in Palästina untergegangen, aus der Stadt Nazareth an diese Meeresküste versetzt worden. Und damit dir kein Zweifel mehr übrig bleibt, so schenke ich dir zum Beweise der Wahrheit dessen, was du gehört hast, augenblicklich die Gesundheit!»* *

Nach diesen Worten erhob sich die Gottesmutter gen Himmel, einen himmlischen Wohlgeruch im Zimmer zurücklassend. Dass diese Erscheinung nicht etwa die Vorstellung einer krankhaften Phantasie oder ein leeres Traumbild gewesen, zeigte der Erfolg. Denn im Augenblick des

---

[(1)] Hier liegt ein Übersetzungsfehler vor. Im lateinischen Text bei Tursellinus stehen die Worte «post nostrum excessum» (=nach unserem Fortgang). Die Muttergottes meinte nicht den Abschied aus dieser Welt, sondern ihren und ihres göttlichen Sohnes Abschied von der geliebten Wohnstätte in Nazareth. Da nach Überlieferung der heilige Joseph innerhalb derselben (in einer Nebengrotte) sein erstes Grab fand, ist das Heilige Haus nach dem Tod des heiligen Joseph und der danach beginnenden öffentlichen Lehrtätigkeit Jesu nicht mehr bewohnt worden, denn nach dem jüdischen Gesetz war es verboten, in nächster Nähe eines Grabes zu wohnen.

* Solche Privatoffenbarungen haben in der Regel nur menschliches Ansehen und erfreuen sich deshalb nur einer grösseren oder geringeren Wahrscheinlichkeit, je nach dem Ansehen der Personen, welchen sie mitgeteilt werden. Denn, selbst den übernatürlichen, göttlichen Charakter einer solchen Offenbarung vorausgesetzt, so ist doch die Person, welche sie empfängt, nie unfehlbar, und es können deshalb bei der Auffassung, wie bei der späteren Wiedergabe des in der Vision Geschauten oder Gehörten leicht Irrtümer mit unterlaufen. Absolute Gewissheit kann also diesen Offenbarungen durchschnittlich und von vornherein nicht zuerkannt werden. Wenn indessen ausreichende Beweise für die Wahrheit einer solchen Aussage vorhanden sind, so dass jeder begründete Zweifel ausgeschlossen ist, namentlich auch wenn ein offenbares Wunder zugunsten derselben ins Mittel tritt, dann wäre es unvernünftig, ihr den Glauben zu versagen. Letzte Umstände scheinen allerdings bei der Mitteilung des Priesters Alexander vorzuliegen. –

Erwachens fühlte der Priester sich ganz gesund; er stand auf und ging vollkommen hergestellt durch sein Zimmer. Dann fiel er auf seine Knie und dankte Gott und der heiligen Jungfrau für die zweifache Wohltat,für die wiedererlangte Gesundheit und für das seiner Heimat zuteilgewordene, kostbare Geschenk des Himmels. Mit Tagesanbruch eilte er ins Freie, und ganz ausser sich vor Freude erzählte er allen, die ihm begegneten, was sich bei ihm zugetragen.Schon wegen seiner allbekannten, bewährten Tugend und Frömmigkeit verdiente er für seine Aussagen den unbedingten Glauben; da diese aber auch noch durch ein offenbares Wunder bekräftigt wurden, so konnten selbst die Hartgläubigen nicht mehr zweifeln. Alles eilte herbei, um den geliebten Pfarrer zu sehen und aus seinem eigenen Munde das Wunder erzählen zu hören. Dann begaben sie sich, der überglückliche Pfarrer an der Spitze, nach dem heiligen Hause und dankten Gott und der heiligen Jungfrau für die Wunder, deren sie gewürdigt worden. Dieser ausserordentliche Vorfall musste natürlich den Zulauf und das Vertrauen vermehren. Und bald schon beschränkte sich der Besuch des Heiligen Hauses nicht mehr bloss auf die umliegenden Ortschaften; das Ungewöhnliche und Unerhörte der Sache, sowie der Ruf der Wunder zog selbst aus entfernteren Gegenden viele Andächtige und Neugierige herbei.

Das Zeugnis, welches ein in jeder Beziehung so unverdächtiger Mann, wie **Alexander von Tersato**, dessen Aussage dazu noch durch ein auffallendes Wunder bekräftigt wurde, für die Echtheit des heiligen Hauses ablegte, hätte genügen können und genügte in der Tat allen denjenigen, welche diesen heiligmässigen Priester kannten oder nachträglich kennen lernten. Allein es ist genügsam bekannt, dass Unberufene oder Andersgläubige es lieben, in solchen Dingen den Katholiken Leichtgläubigkeit und selbst absichtliche Täuschung vorzuwerfen. Dass dieses auch in bezug auf das heilige Haus geschehen würde, sahen die Bewohner von Tersato wohl voraus. Um daher einer solchen Verdächtigung von vornherein die Spitze abzubrechen, sowie zur allgemeinen Beruhigung, beschlossen sie, die Sache an Ort und Stelle untersuchen zu lassen.

Angenommen, die Aussage des dalmatischen Priesters habe auf einem leeren Traumbilde oder auf absichtlicher Täuschung beruht, was wäre leichter gewesen, als diesen Betrug schmählich zu entlarven und der Lächerlichkeit preiszugeben? Man brauchte ja nur den Beweis zu erbringen, dass in derselben Zeit das heilige Haus sich noch zu Nazareth befinde. Befand es sich aber um diese Zeit nicht mehr zu Nazareth, wo war es denn geblieben? War in letzterem Falle wenigstens nicht die Vermutung berechtigt, dass das in Tersato unter den erzählten ausserordentlichen Umständen plötzlich erschienene Heiligtum das Haus von Nazareth sei? Man war demnach imstande, genau zu ermitteln, ob und wie viel Wahres an der Behauptung Alexanders sei, wenn eine Kommission zuverlässiger Männer nach Nazareth reiste und die Sache an Ort und Stelle untersuchte. Das geschah.

Nikolaus Frangipani, ein in jeder Beziehung ausgezeichneter und vom Volke hochgeachteter Mann, war damals Statthalter von Dalmatien und Herr von Tersato und Fiume. Obgleich persönlich von dem übernatürlichen Charakter der Erscheinung des Hauses durch die Aussage des frommen Pfarrers überzeugt, glaubte er es doch der Ausserordentlichkeit und Wichtigkeit der Sache schuldig zu sein, eine möglichst genaue Untersuchung anstellen zu lassen, um den Nachkommen jeden Grund zu nehmen, ihn und seine Zeitgenossen der Leichtgläubigkeit zu zeihen. Sowie auch, um denselben den Glauben an das Unerhörte zu erleichtern. Er wählte also eine Kommission von vier einsichtsvollen und vertrauenswürdigen Männern, unter denen sich auch der Priester Alexander befand. Diese sollten nach Nazareth reisen und daselbst nachforschen, ob das Haus der allerseligsten Jungfrau wirklich nicht mehr dort sei; und wenn dies der Fall wäre, zu erfahren suchen, wann und unter welchen Umständen es verschwunden oder abhandengekommen sei. Ebenso waren sie angewiesen, die etwa zurückgelassenen Spuren desselben genau zu besichtigen und auszumessen.

Die vier Männer reisten ab und kamen glücklich in Palästina an. Durch Geld erkauften sie sich sicheres Geleite bis nach Nazareth. Von den wenigen dort noch wohnenden Christen erfuhren sie sogleich, dass das Haus der allerseligsten Jungfrau vor kurzer Zeit von dort verschwunden sei, welche Zeit genau mit dessen Ankunft in Dalmatien übereinstimmte. Dann begaben sie sich zu der Kirche, welche die heilige Helena über dem Heiligtum hatte bauen lassen. Hier sahen sie, wie die Überdachung der Kirche durchbrochen [1] war; sie sahen die Stelle, wo das heilige Haus gestanden, und die Fundamente, die das Aussehen hatten, als ob die Mauernwände erst kürzlich von ihnen abgetrennt worden wären. Und als sie die Länge und Breite der heiligen Stätte, sowie die Dicke der Funda-

---

[1] Die Kirche der heiligen Helena, die von den Kreuzrittern wieder aufgebaut worden war, ist durch Sultan Bibars 1263 teilweise zerstört worden.

mente massen, fanden sie dies alles den Dimensionen des Hauses entsprechend, welches in Dalmatien erschienen war. Hocherfreut über diesen glücklichen Erfolg ihrer Reise, kehrten sie eiligst nach Hause zurück. Der Statthalter Nikolaus Frangipani weinte vor Freude über die Mitteilungen, die ihm gemacht wurden. Ein feierlicher Dankgottesdienst ward in dem heiligen Hause abgehalten. Alexander selbst hielt vor dem zahlreich versammelten Volke die Predigt, in welcher er mit sehr eindringlichen Worten erzählte, was er gesehen und gehört hatte, und feierlich Gott und die allerseligste Jungfrau zu Zeugen anrief. Unbeschreiblicher Jubel von seiten des Volkes unterbrach den Redner, und nach beendigter Predigt wollte das Volk nicht müde werden, Gott und der seligsten Jungfrau zu danken und letztere in heissen Gebeten um ihre mächtige Fürsprache bei Gott anzuflehen. Was kindliche Verehrung und Frömmigkeit nur in den Sinn geben mochten, wurde zur Ausschmückung des Heiligtums aufgeboten. Die Andacht der Gläubigen zu dem heiligen Hause und die Zahl der Wallfahrer mehrte sich von nun an in wahrhaft erstaunlicher Weise. Aus weit entlegenen Ländern kamen sie in grosser Menge, um das Unerhörte zu schauen, das heilige Haus Mariens zu besuchen und zu verehren, um Hilfe zu erbitten in allen Nöten des Leibes und der Seele. Die heilige Stätte wurde nicht mehr leer von Frommen und Kranken jeglicher Art.

Überglücklich fühlten sich die Dalmatier im Besitze dieses kostbaren Geschenkes, stolz waren sie darauf, dass Gott gerade ihre Gegend mit diesem erhabenen Heiligtum bedacht hatte. Indessen allmählich gewann es den Anschein, als ob sie diese Auszeichnung mehr ihren eigenen Verdiensten, als dem Wohlgefallen Gottes zuschrieben; denn sie freuten sich ob des zahlreichen Herzuströmens fremder Völker und brüsteten sich bei den Ankömmlingen mit dieser augenfälligen Auszeichnung ihrer Gegend in dem Glauben, sie ständen in höherem Ansehen bei Gott, als andere Leute. Ob nun diese stolze Anmassung die Veranlassung gewesen, oder ob andere Gründe vorwalteten, genug, Dalmatien ward unerwartet seines Heiligtums beraubt und Italien mit demselben gesegnet.

Die Annalen von Fiume und Tersato, in welchen die angeführten Begebenheiten verzeichnet waren, lagen dem Angelita und dem Tursellinus bei der Abfassung ihrer Geschichtswerke vor. Ein Teil dieser Dokumente, nämlich diejenigen, welche sich in dem alten Franziskaner-Konvent zu Tersato bestanden, ging in der Nacht des 5. März 1629 bei einem Brand verloren. Einige Jahre später nahmen die

Venetianer die im Stadtarchiv befindlichen mit sich nach Venedig, woher sie nie mehr zurückgekehrt sind. Indessen alles war damit nicht abhanden gekommen. Wichtige Dokumente wurden noch im Schlosse der Frangipani zu Tersato und in der Sakristei der Minderen Brüder aufbewahrt. Auf diese stützen sich die Dalmatinischen Geschichtsschreiber über das heilige Haus: Fr. Glavinich, «Geschichte von Tersato» 1648, Marotti, «Apologia pro Deipara Tersatana», 1710; Pasconius, «Triumphus coronatae Reginae Tersatensis», 1731.
Durch den Verlust der vorhin erwähnten Annalen sind wir allerdings ausserstand gesetzt, alle Mitteilungen des Tursellinus zu prüfen. Allein das Ansehen unserer Geschichte wird dadurch nicht abgeschwächt, denn wir müssen in solch ehrliche und gebildete Männer, wie Angelita und Tursellinus, welche die Wahrheit mitteilen konnten und wollten, alles Vertrauen setzen.
«Auf solche Weise», sagt der ausgezeichnete Kritiker Benedikt XIV. in dem bereits zitierten Werke, «hat auch Dionysius von Halikarnass sein Werk über die römischen Altertümer verfasst, nachdem er zwanzig Jahre die nötigen Materialien hierzu teils aus dem Umgange mit Gelehrten, teils aus den Schriften älterer Autoren gesammelt hat. – Und doch gilt Dionysius selbst für eine grosse Autorität, obschon die Denkschriften, aus denen er seine Geschichte schöpfte, nachher verloren gegangen sind.»

Dritter Abschnitt

Nazareth seit dem Verluste des Heiligen Hauses

Für die weitere Geschichte des heiligen Hauses ist es zweckdienlich, hier zunächst über die ferneren Schicksale Nazareths nach dem Verluste des heiligen Hauses, sowie über den heutigen Zustand der Verkündigungsstätte zu berichten.

Mit dem Falle Akkons 1291 kam ganz Palästina unter die Herrschaft der ägyptischen Sultane. Die unglückliche Stadt Nazareth geriet fast ganz in Verfall und war lange Zeit nur mehr ein Schutthaufen. Die wenigen Pilger, die während der folgenden Jahrhunderte trotz der Unsicherheit des

Weges noch einen Besuch in Nazareth wagten, geben übereinstimmende Berichte über den trostlosen Zustand der Stadt. «*Das war*», so schreibt **Johannes de Montevilla** 1322, «*etwan ein gute Statt, und waren viel Kirchen darinnen, die nu alle abgebrochen sind, und ist nun ein Dorff, darin ist ein klein Betthauss, an einem gar alten Pfeiler, der da steht an dem Flecken, da Gabriel unser Frawen verkundiget, dass sie Gott empfangen sollte.*»*

Ähnlich berichtet **Stephan von Gumpenberg**, ein deutscher Pilger, der 1450 nach Nazareth kam: «Wir lagen des nachts in der Kapellen, da der Engel unser Frawen den Gruss verkündigt. Das Volk daselbst hat lang zeit keine Teutsche gesehen, liessen uns derhalben nach, und besahen uns, als weren wir Meerwunder, musten einem Heyden lohnen, der sie von uns trieb. Es ist gar ein schöne Kirche da gewesen, aber sie ist gar zerstört, ein Kapellen ist noch blieben unter der Erden, da ist nicht mehr denn noch ein Priester und sonst zween Christen, und die steinerne Kirchen, were die nicht, so zergieng das Capellin auch.» **

Quaresmius fand im Jahre 1626 «die Stadt ohne Mauern, fast ganz zerfallen, nur aus wenigen armen Häusern bestehend, besser sei sie in der Gegend der Verkündigungsstelle». ***

Im Jahre 1620 kehrten die Franziskaner mit Hilfe des grossen Drusenhäuptlings Fachreddin nach Nazareth zurück. Seitdem fing die Ortschaft an sich langsam zu heben, obgleich sie während des 17. Jahrhunderts immer noch ein elendes Dorf blieb. Erst der arabische Scheich Zahir el-Amur brachte sie um die Mitte des 18. Jahrhunderts wieder empor. Nachdem Napoleon im Jahre 1799 den Türken in der Ebene Esdrelon eine blutige, aber siegreiche Schlacht geliefert, kam auch er nach Nazareth. Heute wird Nazareth von Konstantinopel (Istanbul) aus regiert, ist wieder ein freundliches, ansehnliches Städtchen und geniesst Ruhe und Freiheit in religiöser und politischer Beziehung.

Das heutige Nazareth ist unregelmässig und stufenweise gebaut, die Häuser lehnen sich, die einen über die andern, an den südlichen und östlichen Abhang zweier aneinanderstossenden Berge an, die mit einem Kranze von fünfzehn höheren Bergen umgeben sind, gleichsam um die Königin der Welt zu ehren und diesen «geheimnisvollen Garten» zu

---

* «Reyssbuch des heyligen Lands», Frankfort bei Johann Saurn, 1609. S. 780

** Loc. cit., S. 450

*** Quaresmius, Elucid. Terrae Sanctae, lib. 7, cap. 5, peregr. 2.

schützen. (Hohelied 4,12) Die Strassen sind noch fast dieselben, wie ehemals; ebenso haben die Häuser ihre antike Form beibehalten. Da, wo auf dem Berge keine Häuser stehen, ist er mit Olivenbäumen besetzt. Das Tal, welches sich zu seinen Füssen nach Südosten ausdehnt und in die grosse Ebene von Esdrelon hinabfällt, umschliesst einige Gärten, die mit Hecken von Feigenbäumen umgeben sind, und Triften mit einem dünnen, üppigen Grase. Die Bevölkerung beläuft sich auf 6 000 Seelen, von denen ungefähr 1 800 dem katholischen, ebensoviele dem griechisch-schismatischen, bei 100 dem protestantischen Bekenntnisse angehören, die übrigen, circa 2 000, sind Türken.* Juden sind keine da.

Nazareth ist eine hervorragende traditionelle Ortschaft; nirgends in Palästina haben sich die alten Gebräuche so erhalten, wie hier. Die Männer sind, wie die alten Hebräer, in lange Tuniken gekleidet, die an den Seiten mit einem ledernen Gürtel aufgehalten werden. Über den Schultern tragen sie einen der Jahreszeit angepassten Mantel, der auf der Brust durch einen Knopf zusammengehalten wird. Sie gehen entweder barfuss, oder nur mit einfachen ledernen Sandalen beschuht. Die Frauen hüllen sich in ein langes, sackähnliches Gewand mit sehr weiten Ärmeln, die, sich verengend, bis auf die Hand herabreichen. Eine Binde von Stoff umgürtet ihre Lenden. Ihre langen Haarflechten lassen sie über die Schultern herunterfallen, den Kopf bedecken sie mit einem leichten Mantel, der bis auf die Taille herniederfällt und bald nach vorne zusammengezogen wird, um sich ganz darin einzuhüllen, bald frei hinter ihnen herfliegt. Die Männer und mehr noch die Frauen dieser glücklichen Ortschaft repräsentieren einen Typus, der sich sehr bedeutend von dem der übrigen Bewohner Palästinas entfernt und den Zügen der griechischen Rasse nahe kommt. Ein Maler würde unter den jungen Töchtern Nazareths mit ihren blonden Haaren, ihrer rötlich braunen Gesichtsfarbe, ihren grossen, ein vollkommen ovales Gesicht erhellenden Augen, gekleidet in diesem antiken Kostüme, in frommer knieender Haltung in der Kirche, Modelle finden, um jene erhabene Jungfrau darzustellen, die da gesegnet ist unter den Weibern. ** Nach der Versetzung des heiligen Hauses auf dalmatinisches Gebiet sollen die Christen von Palästina über der heiligen Stätte eine neue Kirche unter dem Namen der «Verkündigung der gebenedeiten Jungfrau» erbaut ha-

---

* Diese Angabe findet sich in «Das heilige Land» 1880, Heft 5, mitgeteilt von P. Geissler, Guardian zu Nazareth.

** Beschreibung nach Bartolini.

ben.* Diese Mitteilung entbehrt jedoch jeder Wahrscheinlichkeit, es sei denn, dass Alcarotus unter der neuen Kirche nur eine Kapelle verstanden hat. Denn im Jahre 1322 fand Johannes de Montevilla daselbst nur «ein kleines Bethaus»; ebenso Gumgenberg 1450 nur «eine kleine Kapelle und eine zerstörte Kirche».

Seit 1332 waren die heiligen Orte der Obhut der Franziskaner unterstellt, von denen immer zwanzig die Verkündigungsstätte zu Nazareth überwachten. Als aber im Jahre 1365 bei einem Aufstande der Nazarener einige Franziskaner getötet worden waren, verliessen die übrigen Nazareth und siedelten nach Jerusalem über. Die Schlüssel zu den Gebäulichkeiten übergaben sie einem zuverlässigen Christen mit Namen Issa, der den Pilgern beim Besuche der heiligen Stätte behilflich sein sollte. Von1408 - 1542 sind wieder Franziskaner in Nazareth. Dann war der heilige Ort den Türken preisgegeben, bis er im Jahre 1620 durch die Bemühungen des Franziskanerpaters Thomas von Novara und das menschenfreundliche Entgegenkommens des Emirs Fachreddin neuerdings und in aller Form den Franziskanern zurückgegeben wurde. Seitdem haben diese Nazareth nicht mehr verlassen. Pater Jakob von Vendome, aus demselben Orden, säuberte die heilige Stätte und baute die Kirche von Grund aus wieder auf; vollendet wurde sie erst im Jahre 1730. Dieselbe nimmt aber nur kaum ein Drittel des Umfanges der von der Hl. Helena erbauten Basilika ein, von welcher noch einige Bogen und ein Teil des Fussbodens existieren. **

Bei der Wegräumung des Schuttes entdeckte Pater Vendome auch **die Grundmauern des heiligen Hauses** (siehe Plan: ABCD, S. 131)**, deren Dimensionen bei dieser Gelegenheit nochmals mit den heiligen Mauern zu Loreto verglichen und als vollkommen übereinstimmend befunden wurden**. ***

In neuester Zeit ist die Kirche um ein Drittel verlängert und mit einer

---

* Joh. Franc. Alcarotus bei Quaresm., tom. 2, lib 7, cap. 4, peregrin. 3.

** Diese Überreste sind von derselben Bauart, welche bei der von der heiligen Helena in Bethlehem errichteten, noch ganz erhaltenen Kirche angewandt ist; ein fernerer Beweis, dass auch die Verkündigungskirche von der heiligen Helena errichtet wurde.

*** «Man entdeckte das Fundament des heiligen lauretanischen Hauses und fand zur grössten Freude aller, dass dic Stätte zu Nazareth in allen Dingen dem Plane des heiligen Hauses zu Loreto gleich war: Die Fundamente stimmten zu den Mauern;das Haus zu den Fundamenten, der Platz zum Platze, die Lage zur Lage, der Raum zum Raume. Es kann also in dieser so wichtigen Sache für die Zukunft kein Zweifel mehr übrig bleiben.» Quaresmius, tom. 2, lib. 7, c.4

hübschen Fassade versehen worden. Wohltäter aus Venedig schenkten unlängst einen schönen, marmornen Tabernakel, der Kaiser von Österreich einen prachtvollen Marmor-Altar.*

Die jetzige ebenfalls **dreischiffige** Kirche umfasst das **erhöhte Querschiff** der alten Basilika der Hl. Helena. Der Eingang ist nach rechts, also nach dem Südende verlegt. Der **Hauptaltar** befindet sich auf derselben Stelle, auf welcher der ursprüngliche über dem heiligen Hause stand, nur dass er entsprechend gewendet ist und mit der Vorderseite nach der neuen Eingangstüre schaut. Das Niveau des Bodens ist in dem **für die Gläubigen bestimmten Teile des Schiffes**, d.h. von der Türe bis zum Altare, erniedrigt. Der übrige Teil hat seine frühere Höhe beibehalten und dient als Chor für die Ordensleute. Man steigt zu demselben auf zwei marmornen Treppen zur Linken und Rechten des Altars hinan. Zwischen diesen beiden Treppen befindet sich diejenige (Plan : E), welche zum Heiligtume führt. Steigt ** man auf derselben fünfzehn Stufen hinab, so kommt man in eine enge längliche Kapelle (F), die Kapelle des Engels genannt. Sie ist mit Marmor gepflastert und hat ein geripptes Dach in gotischem Stile, aber neuern Datums. Es befinden sich zwei Altäre in derselben; der eine ist dem Erzengel Gabriel geweiht (G), der andere dem Hl. Joachim und der Hl. Anna (H). Die Kapelle ist ungefähr zwanzig Fuss hoch. Sie steht einer Grotte im Felsen gegenüber, und obwohl nicht genau von denselben Dimensionen, steht sie dennoch in der Richtung des jetzt zu Loreto befindlichen heiligen Hauses und stellt dasselbe vor.

Geht man durch die **Kapelle des Engels** und steigt zwei Stufen weiter hinab, so kommt man in die Kapelle der Annunciata (I). Diese Kapelle ist aus dem Felsen ausgehauen. Die Seiten und der Fussboden sind mit Marmor belegt, das Dach aber bildet der natürliche Felsen. Unmittelbar dem Eingang gegenüber steht der Altar der Verkündigung (M); er ist von weissem Marmor, vorne offen. Unter demselben ist der Fussboden mit Marmor in Mosaik eingelegt, mit einem erhöhten Knaufe in der Mitte. Über diesem auf dem Rücken des unteren Teiles des Altars stehen die Worte: «Verbum Caro Hic Factum Est.» *** Fünf Lampen brennen beständig unter diesem Altare und drei am Eingange in die Kapelle. Eine

---

* (Siehe «Das heilige Land» 1880, Heft 5 u 1881, Heft 1).

** Nach Hutchison «Loreto und Nazareth» S. 88 - 100, vgl. den Plan.

*** Nach einer älteren Tradition befand sich die heiligste Jungfrau bei der Verkündigung im heiligen Hause selbst.

Grundriss des Heiligtums von Nazareth
Plan I

(Zahlenangabe auf der Masstabelle entspricht Metern!)

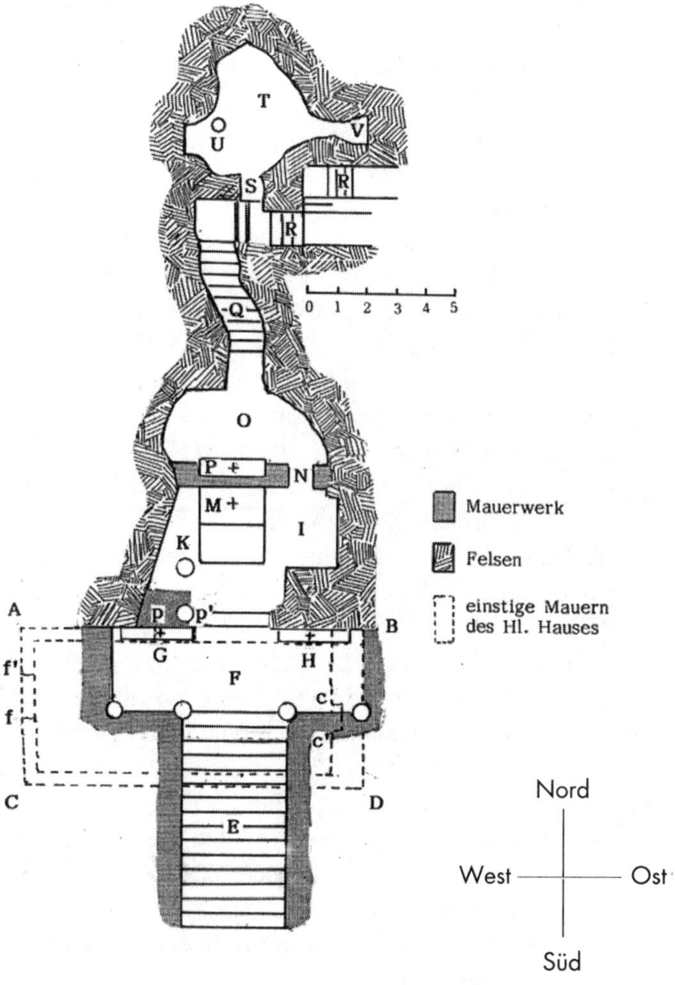

Lampe brennt auch vor dem Altare in der äussern Kapelle oder Kapelle des Engels. Über dem Altare der Annunziata ist ein Baldachin von grauem Marmor, gestützt von vier Säulen auf weissmarmornen Unterlagen, welche auf dem Altare ruhen; dadurch ist der Raum des Altares etwas beschränkt. Die Predella (Sockel) des Altares ist niedrig, nur etwa zwei Zoll über dem Fussboden. An diesem Altare wird vermöge eines besondern Privilegiums täglich die Messe der Verkündigung mit Gloria und Credo gelesen, ausgenommen an Weihnachten, Ostern und Pfingsten und dem Feste der Erscheinung.

An der Evangelienseite der Predella steht oder hängt vielmehr «die zerbrochene Säule» (K). Sie ist von rotem Granit und offenbar alt; wahrscheinlich wurde sie hierhergesetzt, um den Ort zu bezeichnen, wo die heilige Jungfrau oder der Engel bei der Verkündigung stand. Gegen Ende des 17. Jahrhunderts versuchten die Mohammedaner entweder aus Fanatismus, oder weil sie glaubten, es sei ein Schatz unter derselben verborgen, sie zu entfernen, und da ihnen das nicht gelang, so brachen sie den untern Teil weg. Der obere Teil aber, welcher etwa zehn Fuss lang sein muss, und ungefähr zwei Fuss zwei Zoll im Durchmesser hat, hängt noch immer von dem Dache der Höhle herab. Oben im Chor der Kirche kann man die Spitze der Säule in gleicher Linie mit dem Pflaster sehen. Ob an diesem Hängen etwas Wunderbares, oder ob es bloss natürlich ist, könnte eine Frage sein; immerhin aber dient die Säule dazu, den Ort zu bezeichnen, den sie zu bezeichnen bestimmt war, als sie zuerst errichtet wurde.

Das Dach der Höhle auf der einen Seite der Säule ist einmal weggebrochen und später mit lockeren Steinen und Mörtel wiederhergestellt worden. Wahrscheinlich geschah dies, als die Säule an ihrem Platze befestigt ward. Auf die zur Ausbesserung des Daches an dieser Stelle gebrachten Steine spielen ohne Zweifel einige Schriftsteller über Loreto an, wenn sie sagen, dass man ähnliche Steine in der Höhle zu Nazareth sehen kann, wie die, aus welchen das heilige Haus von Loreto erbaut ist. Sie sind nicht sehr zahlreich, und nach ihrer Lage ist es nicht ganz leicht, sie zu untersuchen, aber soviel man sehen kann, gleichen sie genau jenen von Loreto, namentlich in ihrer seltsamen, ziegelförmigen Gestalt. Der Fels selbst ist, wie alle Felsen um Nazareth von ziemlich löchrigem Kalkstein; und wenn man das grosse Gewicht einer Granitsäule erwägt, die zwei Fuss zwei Zoll im Durchmesser hat, so scheint es gewiss wunderbar, dass ein so weicher Stein, wie der von dem Dache der Höhle, dieselbe auf diese Art Jahrhunderte hindurch getragen haben soll. Unter der Säule, aber in einem Zwischenraume von zwei Fuss, ist später ein Teil einer marmornen Säule von ungefähr demselben Umfange hingesetzt worden.

In einer kleinen Entfernung von der «zerbrochenen Säule» und ausserhalb der Höhle befindet sich eine zweite grosse Granitsäule (L) von gleichem Durchmesser. Sie steht ungefähr einen Fuss zwei Zoll über der Fläche des Fussbodens der Höhle, was genau den Höhenunterschied zwischen dem Fussboden der Höhle und der Kapelle des Engels ausmacht. Sie ist jetzt in die Mauer eingefügt und kann nur von der Höhle aus gesehen werden, wenn man eine kleine hölzerne Türe öffnet, die hierzu in der südwestlichen Ecke angebracht ist. Zu welchem Zwecke die Säule an diese Stelle gesetzt wurde, kann mit Sicherheit nicht angegeben werden, * aber da sie sich ausserhalb der Höhle befand und an dem Orte, der früher von dem jetzt zu Loreto befindlichen heiligen Hause eingenommen wurde, so kann sie einst vielleicht innerhalb jenes Hauses gestanden haben, und wenn dem so ist, an der Stelle, wo der Eingang (pp') von dem Hause in die Höhle ging. Sie mag so dazu bestimmt gewesen sein, den Platz zu bezeichnen, wo die heilige Jungfrau bei der Verkündigung stand.

Doch wir wollen diese Mutmassungen beiseite lassen und fortfahren, den übrigen Teil des Heiligtums zu beschreiben.

Unmittelbar hinter dem Altare der Verkündigung wurde eine Mauer erbaut, welche gegenwärtig die Höhle in zwei Teile (O und I) teilt. Durch diese Mauer gelangt man mittels einer Türe (N) in den innern Teil der Höhle (O), «Capella obscura» (dunkle Kapelle) genannt. Hier steht ein an der Rückseite des Altares der Annunciata sich anlehnender Altar von der Flucht nach Ägypten (P). Mauern und Dach sind in ihrem ursprünglichen Zustande gelassen – einfach der rauhe Fels. Die Höhle ist hier ungefähr acht Fuss zehn Zoll hoch in der Mitte, während die Seite nicht mehr als vier Fuss sechs Zoll Höhe hat. Diese Kapelle würde ohne die vor dem Altare brennende Lampe vollkommen finster sein.

Am Ende der Höhle, nördlich vom Altare, ist ein niedriger etwa drei und einen halben Fuss breiter und sechs Fuss hoher Bogengang. Dieser führt zu einer schmalen Treppe (Q), die in den Felsen gehauen und, wie die Capella obscura, vollkommen finster ist. Steigt man zehn Stufen hinauf, so

* Wahrscheinlich liess die heilige Helena sie aufstellen, um das Gewölbe der Grotte und die Mauern des heiligen Hauses zu stützen, da diese ja das ganze Gewicht des oberhalb befindlichen Chores und Altares zu tragen hatten. Vgl. Mitochau S. 136

kommt man an einen Absatz, von welchem rechts die Treppe (R) sich fortsetzt; zwei Stufen höher befindet sich zur Linken ein niederer, ungefähr fünf Fuss sechs Zoll hoher Bogengang (S), der in eine enge Höhle (T) führt, welche von einigen die Küche der Madonna(1) genannt wird. Die Treppe selbst zur Rechten (R) erhebt sich noch drei Stufen bis zu einer Türe, welche den Weg nach oben in die Sakristei der Kirche vermittelt. Die oberste Höhle, oder Küche der Madonna, ist etwa sechs Fuss hoch in der Mitte und etwa vier Fuss neun Zoll an den Seiten, die Länge und Breite beträgt ungefähr elf oder zwölf Fuss. Auf der rechten Seite ist eine Vertiefung (V), die in früheren Zeiten offenbar mit einer Türe verschlossen war. Obgleich die Seiten des Einganges grösstenteils weggebrochen sind, so können doch die Überbleibsel der Leiste, an welcher die Türe schloss, wie auch Überbleibsel eines eisernen Hakens noch deutlich bemerkt werden.

Es möchte scheinen, dass einst ein Weg aus dem Kloster oder der Kirche von oben hier hinabführte, und ohne Zweifel war dies der Zugang, von welchem frühere Schriftsteller sprechen.* Es geht die Sage zu Nazareth, dass die Hl. Jungfrau an dieser Türe hinauszugehen pflegte, um Wasser aus dem Brunnen zu holen. Im Dache der oberen Höhle befand sich eine runde, jetzt geschlossene Öffnung (U). Die Leute zu Nazareth sagen, dieselbe habe zur Zeit der heiligen Familie dazu gedient, um den Rauch hinauszulassen; sie kann aber auch dazu bestimmt gewesen sein, das Licht einzulassen. Jetzt ist es natürlich unmöglich, zu sagen, zu welcher Zeit dieselbe angebracht wurde.

Vergegenwärtigen wir uns jetzt die Beschaffenheit der Wohnung der Hl. Familie zu Nazareth. Trat man durch den Eingang (V) auf der nordöstlichen Ecke herein, so kam man zuerst in die obere Höhle (T) oder die Küche der Madonna. Diese muss, wenn die Türe geschlossen war, vollkommen finster gewesen sein, es sei denn, dass durch die Öffnung im Dache Licht hereingelassen wurde. Ein enger gewundener Gang (S,Q) im Felsen führt nach der grösseren Höhle hinab, welche viel niedriger lag. Dieser Gang ist wahrscheinlich in eine regelmässigere Gestalt gebracht worden, wie auch die Treppe in einer späteren Zeit hinaufgebaut wurde. Die untere, jetzt durch eine Mauer geteilte Höhle (O und I) bildete früher

---

* Siehe die Beschreibung des Phokas!

(1) Vielleicht diente sie als zweite Küche für andere Arbeiten, z.B. zum Waschen der Linnentücher.

ein Gemach von etwa siebzehn Quadratfuss, während die Höhe von ungefähr zehn Fuss in der Mitte bis zu vier Fuss sechs Zoll an den Seiten gewechselt zu haben scheint. An den Felsen auf der Südseite gelehnt und so die Mündung der Höhle verschliessend, in der jetzt von der Kapelle des Engels (F) eingenommenen Lage, stand das heute zu Loreto befindliche heilige Haus (ABCD). Sein nördlicher Eingang (pp'), der zwar vermauert ist, aber noch zu Loreto gesehen werden kann, mündete von dem Hause in die Höhle und wahrscheinlich an dem Punkte, wo die Säule (L) steht, von welcher wir bereits gesprochen haben. Vielleicht war noch eine zweite Türe nach dem heiligen Hause vorhanden, die der Aussenwelt Zutritt gab; wo diese Türe sich befand, wenn sie je existierte, dürfte kaum festzustellen sein.* Allein, aus dem Gesagten geht hervor, dass man auch ohne eine solche äussere Türe von oben her durch die zwei Höhlen in das Innere des heiligen Hauses gelangen konnte. Die Öffnung der heiligen Grotte ist jetzt

---

* Beim Bau der Kirche der heiligen Helena wurde das heilige Haus ganz von dem Querschiffe eingeschlosssen und überdeckt. Existierte nun eine solche äussere Türe, so darf man annehmen, dass die heilige Helena dieselbe, wie sich es auch bei der Grotte zu Bethlehem tat, als zwecklos habe vermauern lassen, da ja der Zugang zu der heiligen Stätte von oben her durch die beiden Grotten, deren oberste im Schiffe selbst in der Gegend des Altares mündete, hinreichend vermittelt wurde. Hutchison meint, eine solche Türe könne sich in der östlichen Mauer, da wo man jetzt den heiligen Kamin zeigt, befunden haben, während Bartolini Spuren derselben in der westlichen Wand unter dem Fenster des Engels entdeckt zu haben glaubt. Milochau dagegen, der auch nach dieser Richtung hin das heilige Haus untersuchte, hat nichts finden können, was auf das Vorhandensein dieser Türe schliessen liesse. Es ist jedoch auch möglich, dass diese Türe so vollkommen vermauert wurde, dass keine Spuren mehr von ihr sichtbar blieben, oder dass sie sich an der Stelle einer der neugebrochenenen Türen befand, in welchem Falle jedes Zeichen ihrer Existenz verschwunden wäre. Notwendig war eine solche Türe nicht, da der obere Eingang vollkommen genügte. Es ist sogar im höchsten Grade wahrscheinlich, dass nur dieser obere Eingang existierte. Man darf eben nur nicht übersehen, dass das antike Familienleben überhaupt auf möglichste Abgeschlossenheit von der Aussenwelt hinstrebte und im tiefsten Hintergrunde der Wohnhäuser sich konzentrierte, welchem Zuge denn auch der Bau und die innere Einrichtung der alten Häuser Rechnung tragen, ganz im Gegensatz zu unseren modernen Bauten und Einrichtungen. Diesem in den Sitten und Gewohnheiten der antiken Welt begründeten Bedürfnisse kann bei den Häusern zu Nazareth der Umstand vorteilhaft zustatten, dass letztere an den Berg sich anlehnten und in denselben hinein sich fortsetzten. Sollte nun namentlich die heilige Familie diesen Vorteil nicht auch in der Weise ausgenutzt haben, dass sie sich mit dem oberen Eingange allein begnügte, um so den Verkehr mit der Aussenwelt möglichst zu beschränken? In dem Hause, wo die keusche Lilie blühte, die sich den Blicken der Menschen nicht unnötigerweise aussetzte, wo Jesus sein verborgenes Leben zubrachte?

allem Anscheine nach viel weiter, als sie zur Zeit der Hl. Familie war; sie ist vielleicht zur Bequemlichkeit der Gläubigen erweitert worden.

Noch heute sind die Hügel um Nazareth voll grosser Höhlen; manche liegen übereinander auf dem Hügelabhange und stehen durch einen Gang miteinander in Verbindung. Auch viele Häuser zu Nazareth münden noch in Höhlen aus. Es ist indessen nicht leicht, Zugang zu diesen Häusern zu erhalten, weil in Palästina allgemein der Glaube verbreitet ist, die Franken, wie man dort die Christen nennt, kämen, um hier Schätze zu suchen, welche die Kreuzfahrer vergraben hätten. Dem Pater Hutchison wurde die Untersuchung eines solchen Hauses erst gestattet, nachdem er dem Besitzer desselben, der, obwohl Katholik, jenen Glauben teilte, die Hälfte der Schätze, die er etwa finden sollte, versprochen hatte. Es ergab sich, dass das Haus mit einer kleinen Höhle auf der Rückseite in Verbindung stand, die nur als Scheune gebraucht wurde. Bartolini, der im Jahre 1856 Nazareth besuchte, war glücklicher; denn ihm gelang es, zu den meisten Häusern Nazareths Zutritt zu erhalten und die eingehendsten Untersuchungen anzustellen. Er selbst schreibt darüber: «Von dem Wunsche beseelt, die Sitten und Gebräuche des Landes in der Nähe zu beobachten und nach den Überlieferungen zu forschen, habe ich beinahe alle wohlhabenden Häuser besucht, welchem Ritus sie auch angehörten, auch viele Häuser armer Familien, selbst einige türkische. In allen habe ich eine gewisse Übereinstimmung und Ähnlichkeit gefunden, besonders aber in dem des Abdallah Ajd, eines Maroniten, des Zalaui, eines schismatischen Griechen, des Bulus Resch und des Ludwig Halil, Katholiken lateinischen Ritus. Das des Zalaui könnte ganz gut als eine Kopie des Hauses der heiligen Jungfrau angesehen werden.» *

Durch diese mit vieler Mühe und Sorgfalt an den Örtlichkeiten zu Nazareth angestellten Untersuchungen haben die beiden Forscher Hutchison und Bartolini sich grosse Verdienste erworben. Sie ermöglichen uns nicht allein eine genaue Vorstellung von der ursprünglichen Lage des heiligen Hauses und der gegenwärtigen Beschaffenheit der Verkündigungsstätte, sondern es wird dadurch auch manchen gegen die Identität des heiligen Hauses erhobenen Einwendungen die Spitze abgebrochen.

Kehren wir nunmehr zur Geschichte des heiligen Hauses selbst zurück.

* Bartolini, S. 42.

Vierter Abschnitt

Übertragung des heiligen Hauses von Tersato in Dalmatien nach Loreto in Italien

Die Freude der Dalmatier über den Besitz des heiligen Hauses war nicht von langer Dauer. Nur drei Jahre und sieben Monate blieb das heilige Haus auf dem Hügel zwischen Tersato und Fiume [1]; dann verschwand es und ward über das adriatische Meer nach Italien übertragen und daselbst, nicht weit von der Küste, mitten in einem Walde niedergelassen. Darob grosse Freude in Italien, aber unsägliche Trauer bei den Dalmatiern. Denn als in Tersato und Umgegend das Gerücht sich verbreitete, das heilige Haus sei verschwunden, überfiel alle ein jäher Schrecken. Anfangs glaubten sie es nicht; denn der Gedanke, dass die Trauerkunde auf Wahrheit beruhe, war ihnen unerträglich. Sie eilen zur Stelle, aber anstatt, wie sie noch immer hoffen, sich von der Unwahrheit des Gerüchtes zu überzeugen, sehen sie, o Schrecken, nur noch die Stätte, wo das heilige Haus gestanden. Vielleicht befindet sich dasselbe noch in der Nähe oder Umgegend; aber alles Suchen ist vergeblich. Der Verlust ist zu gross und zu empfindlich, als dass sie den Schmerz und die Trauer darüber nun noch länger bewältigen könnten. «Also verschwunden,» so klagen sie, «ist nun jenes teure, uns anvertraute Pfand, das uns so glücklich machte; verschwunden die Hilfe der Kranken, der Trost der Betrübten, die Zierde und der Schutz unseres Volkes!» In ihrer Trost- und Ratlosigkeit begaben sie sich zu ihrem vortrefflichen Statthalter Frangipani, um bei ihm Auskunft oder doch wenigstens Trost zu erhalten. Allein diesen hatte ebenfalls der Schmerz ob des unersetzlichen Verlustes überwältigt und, anstatt Trost zu spenden, war er selbst des Trostes bedürftig. Beim Anblicke der klagenden und trauernden Menge aber ermannte er sich und erinnerte an die Fügungen Gottes, und an die Pflicht des Christen, in den heiligen Willen Gottes sich zu ergeben, mit den Worten des frommen Job: «Der Herr hat es gegeben, der Herr hat es

[1] Genau müsste es heissen; «Auf der Anhöhe von Tersato oberhalb der Stadt Fiume».

genommen, der Name des Herrn sei gebenedeit!» Auch werde er dafür Sorge tragen, dass der allerdings sehr herbe Verlust ihnen so erträglich als möglich gemacht werde. An der Stelle, wo das heilige Haus gestanden, wolle er zu Ehren der allerseligsten Jungfrau ein jenem ganz ähnliches Heiligtum errichten, ihnen zum Trost, den Nachkommen aber zum beweisgültigen Denkmal von der einstigen Anwesenheit des heiligen Hauses an dieser Stelle. Frangipani hielt Wort und erbaute daselbst auf eigene Kosten das versprochene Haus, in welchem die allerseligste Jungfrau auch fürderhin den Dalmatiern in wunderbarer Weise ihre Hilfe angedeihen liess. Er setzte auch auf dem Abhange des Hügels von Tersato einen Stein, welcher die Inschrift trug: «Das Haus der seligsten Jungfrau kam von Nazareth nach Tersato am 10. Mai 1291 und verliess es am 10. Dezember 1294.» * (1)

Übrigens trug diese Nachbildung des heiligen Hauses, weit entfernt, die Dalmatier zu beruhigen, nur dazu bei, in ihnen die Sehnsucht nach dem wirklichen heiligen Hause zu erhalten und zu stärken. Seit unvordenklichen Zeiten singen die Franziskaner in der Kirche 'Unsere Frau zu Tersato' folgenden merkwürdigen Hymnus, in welchem sie den Verlust beklagen, zugleich sich aber mit der zurückgebliebenen Gunst der Himmelskönigin zu trösten suchen:

O Maria!

Huc cum domo advenisti,
Ut qua Pia Mater Christi
Dispensares gratiam.

Aedem quidem hinc tulisti,
Attamen hic permansisti,
Regina clementiae.

Nazarethum tibi ortus,
Sed Tersatum primum portus
Petenti hanc patriam.

Nobis inde gratulamur
Digni quod hic habeamur
Maternae praesentiae. (2)

Frangipani wünschte, dass seine sterblichen Überreste in der Nähe des Ortes ruhen möchten, den Gott so wunderbar begünstigt hatte. Er ward

* Tursellinus, der 260 Jahre später seine Geschichte schrieb, berichtet, dass viele Männer ihm bezeugt hätten, diesen Stein noch gesehen zu haben. Lib. 1. c. 9.

(1) Der Gedenkstein befand sich (oder befindet sich noch heute) an der Stiege, die in vielen Stufen von Fiume zur Anhöhe von Tersato emporführt.

(2) Deutsche Übersetzung siehe Seite 137!

O Maria!

Hierher wolltest du dich wenden
Mit dem Haus uns Gnade spenden,
Milde Mutter Christi du.

Einst in Nazareth geboren,
Hast Tersato du erkoren,
Zweiter Heimat erste Ruh.

Zwar den Tempel trugst du ferne,
Doch du selbst bliebst auch hier gerne,
Königin voll Gnad' und Huld.

Darum gross ist unsre Freude,
Dass wir auch noch würdig heute,
Mutter, deiner Gegenwart.

demgemäss am Eingange der von ihm errichteten Kapelle begraben; ein prächtiges Grabmal ist Zeuge seiner Frömmigkeit und seines Glaubens.

Es war im Jahre 1294 am 10. Dezember, als durch die Übertragung des heiligen Hauses nach Loreto den Dalmatiern jene übermässige Trauer, den

Italienern aber eine unbeschreibliche Freude bereitet wurde. * Die ersten Zeugen von der Ankunft des heiligen Hauses in Italien waren **Hirten**, welche auf einer Anhöhe, unweit der Stadt Recanati, Nachtwache bei ihren Herden hielten. Sie sahen hoch in den Lüften über dem Meere ein Haus, von Lichtglanz umflossen, heranschweben, das endlich in einem Walde, ungefähr eine Meile von der Seeküste entfernt, niedergelassen wurde. Bei seiner Annäherung verneigten sich die Bäume des Waldes ehrfurchtsvoll und senkten ihre Gipfel dem Häuschen entgegen. Noch lange Zeit sind diese Bäume in gebeugter, dem Meere zugewandter Stellung gesehen worden. Eine Person von unzweifelhafter Glaubwürdigkeit erzählte dem Tursellinus, dass sie selbst mehrere dieser Bäume vor nicht mehr als zwanzig Jahren noch gesehen habe.**[(1)] Die Stelle im Walde, wo das Häuschen sich niederliess, war den **Hirten** durch den andauernden hellen Lichtglanz erkennbar. Mit Recht vermuteten sie, das müsse etwas Übernatürliches sein. Unverweilt begaben sie sich dahin. Da erblicken sie denn auf einer bis dahin unbebauten Anhöhe[(2)] mitten im Walde wirklich ein Häuschen. Nicht ohne Furcht betreten sie die Schwelle, empfinden bald ein unbeschreibliches Gefühl heiliger Wonne. Bis zum Tagesanbruch

---

* Die Übertragung des heiligen Hauses fand in einer sehr aufgeregten Zeit statt. In Italien gärten damals ghibellinischer und welfischer Parteigeist und Handelseifersucht, Venedig lag mit Genua, Pisa mit Florenz im Kriege. Fast in denselben Tagen, am 20. Dezember, ward nach Abdankung Cölestins V. ein neuer Papst unter dem Namen Bonifaz VII. gewählt: Ereignisse, welche die Gemüter vollauf in Spannung erhielten. Wenn man ferner bedenkt, dass in der Mitte des 14. Jahrhunderts die Pest in Italien wütete, und dass erst 150 Jahre nach dem Eintritte dieser wunderbaren Begebenheit die Buchdruckerkunst erfunden wurde, so ist es erklärlich, dass die Ankunft des heiligen Hauses in Italien nicht gleich von Anfang an ganz allgemeine Aufmerksamkeit erregte. Es ist deshalb unbillig und unrichtig, unter Ausserachtlassung verschiedener gleichzeitiger Zeugnisse, die wir anführen werden, allein des Umstandes wegen, dass einige gleichzeitige Schriftsteller diese Übertragung nicht erwähnen, dieselbe als eine Erfindung des 15. oder 16. Jahrhunderts zu bezeichnen. Bei Durchführung eines solchen Prinzips in der Kritik der Geschichte würde man bald die halbe Weltgeschichte in das Gebiet der Fabeln verweisen müssen.

** Tursellinus lib. 1, c. 6.

[(1)] Tursellinus schrieb sein Buch um 1595.

[(2)] Richtigstellung und Ergänzung: Das heilige Haus stand an einem ebenen, bis dahin unverbauten Platz des Waldes. Dieser Ort heisst bis heute «Banderuola» (d.i. "Fähnchen"). Der Name erinnert daran, dass zu der Zeit, als das heilige Haus im Wald stand, an einem hohen Baum ein Fähnchen befestigt war, um den ortsunkundigen Ankömmlingen und den vorbeifahrenden Schiffern die Lage der heiligen Kapelle mitten im dichten Wald anzuzeigen.

verweilen sie betend in dem Häuschen und betrachten mit einer gewissen heiligen Scheu das Innere desselben. Dann eilen sie freudetrunken in das nicht weit entfertnte Städtchen Recanati und erzählten ihren Herren alles, was sie in der verflossenen Nacht gesehen und erlebt hatten. Wenn diese, nichts weniger als leichtgläubig, die Erzählung der einfältigen Hirten auch anfänglich nur für einen leeren Traum hielten, so war doch die Beschreibung des vorgeblichen Gesehenen und Erlebten so lebendig, so bestimmt und genau, dass sie schliesslich gleichwohl zu der Annahme neigen, der Sache müsse etwas Wirkliches zu Grunde liegen. Sie begleiten also die sie drängenden Hirten zu dem Walde, um sich persönlich zu überzeugen. Wie gross wird da ihr Erstaunen, als sie das beschriebene Häuschen erblicken und zwar mitten im Walde an einer Stelle, wo bis dahin nie ein Haus gestanden hatte. Auch konnte dasselbe nicht in jüngster Zeit frisch aufgebaut sein; denn dagegen sprach sein altertümliches Aussehen. Dazu kam der Umstand, dass es ohne Fundamente und ohne Stützen auf der blossen Oberfläche des Bodens ruhte.* Da blieb nur die Annahme übrig, dass das Häuschen entweder anderswoher an diese Stelle gebracht worden, oder vom Himmel herabgefallen sei. Und als auch sie nun das Innere in Augenschein nahmen und beim Anblicke des Muttergottesbildes mit dem Jesuskinde zu beten anfingen, da empfanden sie plötzlich eine solche Andacht, Ehrfurcht und freudige Rührung, wie noch niemals in ihrem Leben. Sie waren überzeugt, dass das kein gewöhnliches Haus, sondern ein Geschenk des Himmels sei. Eilends kehrten sie darauf zur Stadt zurück und verkündeten überall laut das freudige Ereignis. Augenblicklich war die ganze Stadt auf den Beinen, und man hätte es sehen müssen, mit welcher Hast Kinder und Greise, Männer und Frauen, Leute jeden Standes und Ranges auf dem Wege zum Walde sich zu überholen suchten, indem ein jeder zuerst an Ort und Stelle eintreffen wollte. Unbeschreiblich war die Freude und das Staunen, als sie des fremden, altertümlichen Häuschens ansichtig wurden. Denn obgleich ihnen über die Herkunft und ursprüngliche Bestimmung desselben noch nichts bekannt war, so schien es doch offenbar, dass es zu einem der allerseligsten Jungfrau geweihten Kirchlein diente, welches ihnen wegen des plötzlichen Erscheinens nur noch um so heiliger und geheimnisvoller vorkommen musste. Kaum hatten sie sich dem verehrungswürdigen Heiligtume genähert und waren, so weit der Raum es gestattete, in dasselbe eingetreten, da fühlten auch sie, ohne zu

* Dasselbe bezeugt Teramanus: «Das Haus war über der Erde ohne irgend ein Fundament.»

wissen warum, sich so ausserordentlich glücklich und heimisch an dieser Stelle, dass sie immer dort hätten bleiben mögen. Von grossem Vertrauen auf die Hilfe Mariens beseelt, fingen sie an zu beten, und ihr Gebet war von augenblicklicher Erhörung begleitet. Kranke und Schwache, die sich der allgemeinen Strömung angeschlossen hatten, erhielten auf der Stelle ihre Gesundheit und ihre Kräfte wieder; Sünder und Übeltäter bekehrten sich zur Stunde und begannen ein bussfertiges Leben. Was war natürlicher, als dass der Ruf von der Ankunft des fremden Häuschens und der daselbst geschehenen Wunder sich rasch in der ganzen Umgebung verbreitete und täglich neue Scharen von Pilgern herbeizog?

Der Wald, der so glücklich war, dem heiligen Hause von Nazareth die erste Zufluchtstätte auf italienischem Boden zu gewähren, gehörte einer reichen und frommen Matrone, namens **Laureta**, woher die Beziehung «das lauretanische Haus» stammt.*

War es bloss Raublust verkommener und habgieriger Menschen, oder spielte auch der Feind des menschlichen Geschlechtes, welcher der Ehre Gottes und dem Heile der Seelen stets Hindernisse in den Weg legt, dabei eine Rolle: Der Zudrang der andächtigen Gläubigen zur heiligen Stätte wurde nach ganz kurzer Zeit schon in betrübender Weise gehemmt. Die Lage des heiligen Hauses mitten in einem Walde von hohen Bäumen und dichtem Gestrüpp bot den Strassenräubern und Wegelagerern eine günstige Gelegenheit zur Ausübung ihres verderblichen Handwerkes, und bald war das ganze Gebüsch von diesem auf Raub und Mord ausgehenden Gesindel bevölkert, so dass das heilige Haus nur noch mit Gefahr des Lebens von den Pilgern erreicht werden konnte.

Indessen Gott, der seine Wohnung auf Erden verherrlichen und auch fernerhin zu einer Stätte des Heiles für die Menschen machen wollte, duldete es nicht länger, dass der böse Feind die einsame Lage derselben zu schrecklichen Verbrechen ausbeute und so ihre Verehrung unmöglich mache. Ungefähr tausend Schritte von dieser einsamen Stelle im Walde, auf Recanati zu, war ein sanft aufsteigender Hügel, nicht weit von der Landstrasse gelegen. Zum **drittenmal** ward das heilige Haus von Engelshänden aufgehoben und auf diesen Hügel niedergelassen. Das geschah nicht ganz acht Monate nach seiner Ankunft im Walde. Die Wahl des neuen Asyls für das heilige Haus bereitete zwei Brüdern, deren Eigentum

---

* So Angelita, Tursellinus. Andere leiten den Namen von den Lorbeerbäumen her, in deren Mitte das heilige Haus sich niederliess.

der bezeichnete Hügel war, eine grosse Freude. [1] Erkannten sie ja doch sofort, dass es das wunderbare Häuschen aus dem Walde war, welche ihren Grund und Boden sich zum Aufenthaltsorte gewählt hatte. Nicht minder gross war die Freude und das Staunen der Einwohner von Recanati und der Umgegend, als sie Kunde von diesem neuen Wunder erhielten. Auch sie hatten ja grösstenteils vor kurzer Zeit noch das Häuschen im Walde mit eigenen Augen gesehen. Wie und von wem ist dasselbe nun auf diesen Hügel gebracht worden? So fragten sie mit gerechtem Staunen. War früher schon die Bewunderung und Verehrung, welche sie dem geheimnissvollen Heiligtume im Walde entgegengebracht hatten, überaus gross gewesen, so kannten diese jetzt keine Grenzen mehr. Von weit und breit wurden die Pilgerfahrten, in noch grösserem Massstabe wie früher, wieder aufgenommen, und Geschenke, gross an Wert und Zahl, welche die Dankbarkeit für erlangte Hilfe der Gottesmutter darbrachte, verliehen dem heiligen Hause in kurzer Zeit erstaunlichen Schmuck und Reichtum.

Allein eben der materielle Reichtum, der gemeiniglich für des Menschen Glück und Frieden so verhängnisvoll ist, sollte auch für die beiden bevorzugten Brüder verderblich werden. Steht ja doch die Tatsache leider nicht vereinzelt da, dass gerade an Wallfahrtsorten der Geist der Habsucht und Geldgier selbst der anfangs Gutgesinnten allmählich sich bemächtigt und so die Frömmigkeit der Pilger zum materiellen Vorteile einzelner ausgebeutet wird.

Die beiden erwähnten Brüder hatten stets einträchtig und glücklich miteinander gelebt, und ihr Glück wurde durch jene augenscheinliche Auszeichnung von seiten Gottes nur noch vermehrt.

Solange das heilige Haus arm war, setzten sie ihre Ehre darein, dasselbe mit grösster Sorgfalt zu hüten und kindlich fromm zu verehren; als aber die Reichtümer flossen, hingen sie ihr Herz an dieselben und wurden lüstern nach Gold und Silber. Wie einst die gottlosen Söhne Helis, so raubten auch sie von den dargebrachten Opfern, und da sie über die Beute sich nicht einigen konnten, entzweiten sie sich in tödlichem Hasse. So waren sie des ferneren Besitzes des Heiligtums unwürdig geworden, weshalb dasselbe schon nach einigen Monaten durch die Allmacht Gottes auch von diesem Hügel entfernt und ungefähr einen Pfeilschuss weiter bis gerade an die Landstrasse versetzt wurde.

[1] Die beiden Brüder waren Adelige aus der Stadt Recanati und hiessen Simone und Stephano Rinaldi di Antici.

Der Zwist der beiden Brüder war so ernster Natur, dass die Stadt Recanati durch einen Abgesandten die Vermittlung des Papstes Bonifaz VIII. anrief, um weiteren traurigen Folgen vorzubeugen. Das wichtige Dokument, mit welchem der Legat zu seiner Sendung versehen wurde, ist bei Cinelli, der selbst eine Abschrift desselben in den Archiven von Recanati gesehen hat, in seinem 'Le Bellezze della Città di Loretto' abgedruckt. Dasselbe lautet in der Übersetzung aus dem Lateinischen also:

«Die Ältesten der Stadt Recanati senden Dich, Meister Alexander, früher genannt Anton de Cervannis, als unseren Legaten, geliebten Redner und sehr verehrten Bürger mit folgendem Auftrage. Sobald Du glücklich in Rom angekommen sein wirst, mögest Du Dich mit Meister Bongiovanni, einem Militär und unserm geehrten Agenten, besprechen und Dich sobald als möglich im Namen unserer Stadt zu Seiner Heiligkeit begeben und nach geschehener Huldigung durch den Fusskuss Höchstderselben das Dich beglaubigende Schreiben einhändigen. Du mögest Ihm verkündigen, dass in diesen letztverflossenen Tagen das heilige Haus wunderbar von seiner früheren Stelle in dem Walde auf den Hügel der erlauchten Brüder Simone und Stefano di Antici, unserer ehrenwerten Bürger, versetzt wurde, und mögest von Ihm als Gnade erbitten, dass der vorgedachte Hügel und Ort unserer Gemeinde zugewiesen und darauf zur Unterkunft frommer Wallfahrer, welche das heilige Haus besuchen kommen, ein Gebäude errichtet und die dargebrachten Opfer zugunsten desselben verwendet werden möchten. Und alles dieses mögest Du gemäss dem Dir anvertrauten Auftrage und der erhaltenen Instruction auf das angelegentlichste behandeln, zumal unter den vorerwähnten zwei Brüdern zufolge der Mitteilungen, die Dir gegeben worden sind, Zwietracht herrscht und keine Einigkeit besteht. Zu diesem Behufe (Zweck) mögest Du auch die Vermittlung des Kardinals, unseres Freundes, an welchen Du bereits ein Empfehlungsschreiben in Händen hast, in Anspruch nehmen, das ganze Geschäft jedoch so vollführen, dass die vorbesagten Brüder keine Kenntnis von unserem Vorhaben erhalten. Gott schütze und bewahre Dich auf deiner Hin- und Rückreise! –
Gegeben zu Recanati, den 9. September 1295
Franz Panta, Kanzler»

Dieses Schreiben setzt die Kenntnis von der Ankunft des heiligen Hauses im Walde beim Papste schon voraus; es muss ihm also schon früher darüber Mitteilung gemacht worden sein. Übrigens wurde sein Eingreifen durch die inzwischen eingetretene letzte Ortsveränderung des Heiligtums überflüssig.

So hat das heilige Haus in Italien in der Umgegend von Recanati dreimal innerhalb eines Jahres, und seit seinem wunderbaren Verschwinden aus Nazareth innerhalb fünf Jahren viermal den Ort gewechselt, nicht ohne überall Spuren seiner Anwesenheit zurückgelassen zu haben. In Nazareth ist die Stelle, wo dasselbe bis zum Mai des Jahres 1291 stand, durch eine unterirdische Kapelle gekennzeichnet bis auf diesen Tag. Auf dem Hügel bei Tersato in Dalmatien, wo es bis gegen Ende des Jahres 1294 verblieb, liess Nikolaus Frangipani, wie schon bemerkt, eine dem heiligen Hause ganz ähnliche Kapelle erbauen und innerhalb derselben eine Marmortafel anbringen, mit der Inschrift: «Hier ist die Stelle, an welcher einst das heilige Haus der seligsten Jungfrau von Nazareth stand, welches jetzt in der Gemeinde Recanati verehrt wird». Jene auserwählte Fläche im lauretanischen Walde, wo das heilige Haus ungefähr acht Monate lang verblieb, war noch viele Jahre hindurch erkennbar an den grünen Kräutern und Blumen, welche dieselbe wie ein liebliches Gärtlein erscheinen liessen, während alles ringsum von einem wilden, abschreckenden Dorngestrüpp bewachsen war. (1) Der Hügel der beiden Brüder endlich, welchen das heilige Haus zuletzt vorübergehend mit seiner Gegenwart beglückte, ist später bei der Gründung des Städtchens Loreto bebaut worden, und man zeigt jetzt noch den Ort, an dem es dort gestanden.(2) Noch im Laufe des Jahres 1295 wurde es zu jener Stelle an der Landstrasse versetzt, wo es sich heute noch befindet.

Es könnte nun jemand die Frage aufwerfen: Warum hat Gott nicht gleich von vornherein das heilige Haus von Nazareth nach Loreto versetzt, da Er im voraus die misslichen Umstände kannte, die eine wiederholte Versetzung desselben notwendig machen würden? Zwar müssen solche Fragen, die nach dem Grunde der wunderbaren Taten Gottes forschen, in

---

(1) Dieser Ort trägt den Namen «Banderuola». Es steht heute ein Kirchlein dort. Vier Pinien erinnern an den einstigen Wald; Kräuter und Blumen, die vor der Kapelle gepflanzt sind, erinnern an das Blumenwunder. Die Banderuola liegt östlich vom Bahnhof und der Autobahn.

(2) Ein Steinrelief an der Abschlussmauer des Quertraktes des Apostolischen Palastes erinnert an den Hügel der beiden Brüder, der im Zuge der Erbauung der Stadt Loreto abgetragen worden ist.

der Regel als neugierige und die Berechtigung menschlicher Untersuchung überschreitende angesehen werden. Denn: Kann Gott nicht tun, was Er will? Ist Er nicht der alleinige Herr der natürlichen und übernatürlichen Schöpfung? Ist er jemals irgend einem Geschöpfe wegen seines Tuns Rechenschaft schuldig? – Es gibt eben keine allerwegs befriedigende Antwort auf solche Fragen, weil der Grund für alles Wirken Gottes in seinem freien Wohlgefallen liegt. Was Gott tut, das geschieht **deshalb** und **so**, weil und wie Er es will. Gleichwohl kann der menschliche Verstand, wenn Gott einmal gehandelt hat, aus dem fertigen Werke Gottes auf die Absichten schliessen, die Ihn bei seinem Handeln geleitet haben mögen. So verhält es sich auch mit der Frage nach der Ursache der wiederholten Versetzung des heiligen Hauses. Allerdings wusste Gott vorher, dass die Dalmatier allmählich gleichgültig gegen das Haus werden, dass die Räuber den Besuch desselben im lauretanischen Walde verhindern und die beiden Brüder in tödliche Feindschaft geraten würden. Und wie Er diese Umstände vorauswusste, so hätte Er sie auch umgehen können. Allein der Glaube an ein solches bis dahin unerhörtes Wunder sollte augenscheinlich eine aussergewöhnliche Stütze erhalten, und dazu war nichts geeigneter, als jene viermalige Wiederholung desselben Wunders innerhalb weniger Jahre. Denn wie hätte jemand von den Zeitgenossen vernünftigerweise auch nur noch den leisesten Zweifel hegen können, dass jenes Haus wirklich aus Galiläa herübergekommen sei, da doch die Bewohner des Picenischen Gebietes Augenzeugen von dem dreimaligen Ortswechsel des heiligen Hauses innerhalb eines Jahres gewesen waren? Es ist ebenso unerklärbar, dass ein Haus, ohne menschliches Zutun, nur tausend Schritte weit von seiner Stelle sich entfernen, als dass es über weite Länder und Meere durch die Lüfte sich bewegt. Derjenige, der das Erstere vermag, dem kann auch das Letztere nicht unmöglich sein.*

Nehmen wir jetzt den Faden unserer Erzählung wieder auf:

Bereits ein volles Jahr stand das Haus der allerseligsten Jungfrau auf

* «Obschon dies kein Glaubens-Artikel ist, gleichwohl, wann ich mich erinnere, was in derselbigen vom Engel geredet worden zu der Jungfrauen Maria, nämlich: «Non est impossibile apud Deum omne verbum», so kann ich leicht glauben, dass Derjenige, welcher diese Welt dahin setzte, wo zuvor gar nichts war, kann auch leichthin ein Haus dahin setzen, wo vorhin keines war, und dass Der, welcher machen kann, dass ein Engel das Primum Mobile und grosse Gebäude des Himmels umdrehet, auch gar bald durch seine Engel eine kleine Kammer anderswohin führen kann.» – so der Protestant Happel.

italienischem Boden, und noch immer wussten die zunächst beglückten Bewohner nicht, welch ein kostbarer Schatz in ihren Besitz übergegangen war. Dass dieses plötzlich erschienene Gebäude ein Geschenk des Himmels sei, daran konnte nach der dreimaligen wunderbaren Ortsveränderung und nach den zahlreichen ausserordentlichen Gebetserhörungen niemand mehr zweifeln; dass es jedoch das heilige Haus von Nazareth sei, ahnten sie nicht. Da kamen Leute aus Dalmatien, wohin unterdessen durch italienische Kaufleute die Nachricht von dem wunderbaren lauretanischen Häuschen gebracht worden war, nach Italien, um dasselbe zu sehen und zu verehren. Aber siehe da! Beim ersten Anblicke erkennen sie sogleich, dass dieses dasselbe Haus ist, welches drei Jahre lang in ihrem Besitze gewesen und erst vor kurzer Zeit auf unerklärbare Weise verschwunden war. «Das ist», so beteuern sie unter Weinen und Klagen, «das Haus der allerseligsten Jungfrau von Nazareth. Wir waren bis vor kurzem die glücklichen Besitzer desselben. Die allerseligste Jungfrau selbst hat uns geoffenbart, dass es ihr Haus sei, und wir haben uns auch vergewissert durch glaubwürdige Männer, welche in Nazareth die genauesten Erkundigungen eingezogen haben. Das Heiligtum wird, so hoffen wir, mit der Zeit doch wieder zu uns zurückkehren.» Die meisten hielten diese Auseinandersetzungen der Dalmatier für leeres Gerede und schenkten ihnen nicht den mindesten Glauben. Bald aber sollten auch sie auf übernatürliche Weise überzeugt werden von der Wahrheit dieses Berichtes.

Zwischen Loreto und dem Meere lebte auf einem bewaldeten Hügel, welcher den Namen Urso führte, ein heiliger Einsiedler.[1] Derselbe pflegte das heilige Haus und die Stätte im Walde und auf dem Hügel der beiden Brüder häufig zu besuchen; er war Zeuge der vielen und ausserordentlichen Wunder, die dort geschahen, und hörte mit Staunen die Pilger aus Dalmatien wiederholt erzählen, dieses Heiligtum sei das Haus der allerseligsten Jungfrau aus Nazareth. Von glühendem Verlangen beseelt, über die wirkliche Beschaffenheit und Herkunft der Kapelle unterrichtet zu wer-

---

(1) Seinen eigentlichen Namen und seine Herkunft hat der Einsiedler nicht bekannt gegeben. Er selbst nannte sich «Paulus» (=der Geringe) vom Walde» (Paulus de Sylva). Auf Grund seines Briefes muss angenommen werden, dass er gebildet war und dass er in einer engeren Beziehung zum König von Neapel stand. Vermutlich war er ein naher Verwandter des letzteren. Er muss schon bald nach der Ankunft des Heiligen Hauses in der dortigen Gegend sich niedergelassen haben, sicher vor dem August 1295, weil er seine Klause auf dem Mont' Orso (=Bärenhügel), der von der Banderuola nicht weit entfernt ist, errichtet hatte.

den, bat er nach langem, inständigen Gebete den Himmel um Aufklärung. Da erschien ihm während der Nacht die allerseligste Jungfrau und offenbarte ihm, dass sie für die Wohnung, welche sie einstens auf Erden innegehabt, in Italien eine Ruhestätte erwählt habe. Diese ihre Wohnung sei auf Geheiss Gottes von Engelshänden aus Galiläa zuerst nach Dalmatien, von da an diesen Ort getragen worden. In diesem Hause habe sie das Licht der Welt erblickt und den Sohn Gottes empfangen, weshalb die Erhaltung und Verehrung desselben ihr und ihrem Sohne ganz besonders am Herzen liege. Nachdem die seligste Jungfrau dem frommen Einsiedler dieses und alles, was sie auch schon dem Pfarrer Alexander von Tersato gesagt, enthüllt hatte, fügte sie noch hinzu, dass dieses Haus fortan allen Menschen eine sichere Zufluchtsstätte in allen Nöten und Gefahren des Leibes und der Seele sein solle. Er möge nun hingehen und dieses den Einwohnern von Recanati und Umgegend verkünden. Sobald der Morgen dämmerte, verliess er seine Einsiedelei und begab sich nach der benachbarten Stadt Recanati, wo er alles bekannt machte, was er gesehen und gehört hatte. Manche hielten nun zwar den Verkündiger dieser fast unglaublichen Neuigkeit auch wieder für einen Träumer und Erfinder neuer Wunder; indessen die über jeden Zweifel erhabenen Glaubwürdigkeit des in der ganzen Gegend bekannten heiligen Mannes, die vielen wunderbaren Begebenheiten, welche sich in und mit dem Hause zugetragen, und welche sie mit eigenen Augen gesehen hatten, liessen die Sache dem vernünftigern Teile doch wichtig genug erscheinen, um zur Klarstellung der wirklichen Natur des Wunders die geeigneten Schritte zu tun.

Sie wählten deshalb sechzehn der angesehensten Männer aus Recanati und der Nachbarschaft [(1)] und beauftragten sie, zuerst nach Tersato und von da nach Nazareth zu gehen, zugleich aber die Masse des Hauses von Loreto mitzunehmen, um jede notwendige Untersuchung anstellen zu können. Nach einer Abwesenheit von einigen Monaten kehrten sie nach Recanati zurück, nachdem sie sowohl Tersato als auch Nazareth besucht und ihren Auftrag glücklich vollzogen hatten. Sofort erstatteten sie dem Magistrate

---

(1) Aus der Provinz Picenum

und den Angesehensten der Stadt, von welchen sie abgesandt worden waren, Bericht. In Tersato habe man ihnen den Platz gezeigt, auf welchem das Haus der seligsten Jungfrau gestanden. An derselben Stelle hätten sie eine Kapelle gesehen, welche der zu Loreto durchaus ähnlich sei. Dann hätten sie den Raum nach allen Seiten hin ausgemessen und diesen mit dem lauretanischen Hause genau übereinstimmend gefunden. Auf die Frage, wann denn das heilige Haus sie verlassen habe, hätten die Dalmatier geantwortet: Am 10. Dezember 1294, also an dem Tage, an welchem es in Italien erschien. Auch seien die Dalmatier in Klage und Weinen ausgebrochen und untröstlich gewesen über den unersetzlichen Verlust. Darauf seien sie wieder unter Segel gegangen und glücklich in Nazareth angekommen. Die wenigen dort lebenden Christen hätten ihnen den Ort der Verkündigung gezeigt und erzählt, dass das in eine Kapelle verwandelte Haus der Hl. Familie vor wenigen Jahren plötzlich verschwunden und die Stelle, auf welcher dasselbe gestanden, nur noch an den zurückgebliebenen Fundamenten erkenntlich sei. Diese Stelle, wie die Fundamente, hätten sie mit eigenen Augen gesehen, die Länge und Breite der Mauern sorgfältig gemessen und gefunden, dass diese mit der Länge und Breite der Wände des lauretanischen Hauses ganz genau übereinstimmten. Voll Freude über das günstige Resultat dieser Reise liessen die Einwohner von Recanati den Bericht der sechzehn Männer aufzeichnen und mit der Namensunterschrift derselben versehen, um den Nachkommen eine immerwährende Bürgschaft für die Echtheit des heiligen Hauses zu hinterlassen.

Abschriften dieses Dokumentes waren noch 1784, als Gaudenti schrieb, im Besitze von Privatfamilien. Tursellinus, der auch diese Abschriften, lib. 1 c. 13. erwähnt, hatte nach der Versicherung des Pater Renzoli (dieser war ungefähr 100 Jahre nach Tursellinus Beichtvater in Loreto) Zutritt zu einigen dieser alten Urkunden, so namentlich zu jener, welche im Jahre 1575 bei der erlauchten Familie des Grafen Leopardi zu Recanati aufbewahrt wurde. Ein anderes gleichzeitiges Dokument, welches über die Ankunft des heiligen Hauses im Walde, über die Versetzung nach dem Hügel der beiden Brüder, über die nach Tersato und Nazareth abgesandte Kommission von 16 der einsichtsvollsten und tugendhaftesten Männer der ganzen Provinz alle nur wünschenswerten Angaben enthält, existiert noch heute. Es ist das eine Kopie von einem Schreiben, welches der genannte Einsiedler Paul von Sylva an König Karl II. von Neapel gerichtet hat. Diese auf sehr altes Pergament geschriebene Urkunde befand sich im Hause des Statthalters Giovanni Battista Antici, wo sie am 12. Juni 1674 von dem Notar Domenico Masi und Giuseppe Perival bezeugen. Derselben ist auch das Siegel der Stadt Recanati mit der Inschrift beigegeben: «Sigillum Recanati». Die Glaubwürdigkeit dieses Dokumentes ist von Martorelli in seinem «Teatro Istorico» hinlänglich dargetan worden. Da der Hauptinhalt desselben im Texte schon mitgeteilt ist, so wollen wir den Wortlaut in der Originalsprache hier folgen lassen:

«Rex ob satisfaciendum tue pie curiositati, que mihi commisit narrationem magni miraculi de Translatione Virginee Domus facta per Angelos ad ora Italie in Piceni Provincia in Territorio Recanati inter flumina Aspidis, seu Muscionis, et Potentie, res ita successit, prout sepius ego audivi a viris fide dignis ipsius Recanati, scilicet a Francisco Petri Canonico Recanatensi, et Uguccione Clerico exemplari, et etiam ab eximiis legum Doctoribus Cisco de Cischis et Francisco Percivallino de Recanato, qui omnes cum aliis multis popularibus, cum quibus habui discursum, vivebant tempore miraculi, quod quoque in publicis Codicibus attente legi. Anno ab Incarnato Domino Jesu MCCLXXXXIV, die Sabati X. Decembris, dum medium silentium tenerent omnia, et nox in suo cursu medium iter haberet, lux de Celo circumfulsit oculos multorum commorantium prope littus maris Adriatici, et dulcisona canentium armonia somnolentos et pigros traxit ad videndum prodigium, et rem supra naturam. Viderunt igitur, et conspexerunt Domum circumfusam magnis splendoribus ab Angelis sustentatam, et per aërem deportatam. Steterunt Villici, et Pastores, et obstupuerunt admirantes rem tam grandem, et proni ceciderunt, et adoraverunt eam, expectantes videre finem, et exitum adeo stupendum; interim sacra illa Domus ab Angelis portata in medio magni nemoris posita fuit, et ipsimet arbores se inclinantes adorabant Reginam Celorum, et usque nunc conspiciuntur proni, et recurvati, quasi exultantes ligna silvarum. In hoc loco fama extat fuisse Templum dicatum cuidam false deitati lauris multis recinctum, et ideo locus hic Lauretum usque nunc vocatur. Interim vix mane facto Rustici nuncii velociter perrexerunt Recanatum, et narraverunt que facta sunt, et omnis populus ad nemus Laureti iter aripuit, et vidit que audivit. Aliqui ergo de Nobilibus, et alii de populo partim obstupefacti mutescebant, partim non credebant miraculum, meliores pro letitia lugentes cum Profeta dixerunt. 'Invenimus eam in campis Sylvae, et non fecit taliter omni Nationi'; et colentes illam sanctam Domunculam, et devote intrantes, simulacrum ligneum dive Virginis MARIE sanctum Filium amplexantis adoraverunt. Igitur redierunt Recanatum, quod magna letitia impleverunt, unde populus sepe sepius ibat, et redibat circumfluens ad adorationem illius sancte Domuncule, et Beata MARIA continua prodigia, et miracula faciebat. Fama tam magni miraculi ad viciniores, et longinquiores partes perrexit, et omnes currebant ad Silvam Laureferam, que populata fuit variis habituris ligneis, ut Peregrini devoti hospitium haberent. Dum haec fierent, quia semper infernalis Leo circuit quaerens quem devortet, Predones, et impii ab isto moti sacram illam Silvam latrociniis, et homicidiis fedabant, ita ut devotio multorum tepesceret timore latronum. Post menses octo novo miraculo fuit confirmatum novum prodigium. Sacra enim Domuncula reliquit Silvam profanatam, et in medio collis duorum Nobilium Fratrum Comitis Stephani, et Simonis Rainaldi Antiqui de Recanato collata fuit ministerio Angelorum. Interim crescebat devotio fidelium, et magnis donis, et muneribus augebatur sacra Domuncula, et Nobiles, et devoti Fratres custodiebant, sed declinaverunt post avaritiam, acceperunt munera, et perverterunt judicium, et statim facta est contentio inter eos, quis eorum videretur esse major. Discessit ergo sacra Domus post quatuor menses a Colle duorum Fratrum, et tertio miraculo Angeli asportaverunt eam in situ novo distante quantum est jactus lapidis in media via publica, per quam itur Recanato ad littus maris, et ibi etiam hodie video existentem, et propriis oculis cerno continuas gratias proscentibus facientem.

Quamquam vero Celestia prodigia autenticabant hoc Tugurium pro Domo Matris Dei, ubi Verbum Caro factum est, attamen ad veritatem inveniendam, facto prius generali parlamento Recanati, ubi intervenerunt Proceres totius Provincie, fuit decretatum transmittere sexdecim illustriores viros ad uniformandas mensuras ipsius sancte Domus tam in vestigiis Tersacti, quam Nazareth, ubi prius fuit edificata, et per longum tempus extitit.

Que decretata fuere, facta sunt, nam ex numero sexdecim legati fuerunt: pro Recanato, scilicet, Quarterii Sancte Marie, Politus Comitis Martii de Politis. Quarterii Sancti Flaviani Marchio Juvenis comes Matthaeus Comitis Simonis Rainaldi de Antiquis. Quarterii Sancti angeli preclarus Legum doctor Cicottus Monaldutii de Monaldutiis, qui cum aliis Colleghis abierunt, viserunt, redierunt, et omnia esse conformia tam rationi mensure, quam testium ab ipsis auditorum in illis partibus asseruerunt.

Hec pauca, o Rex, libenter accipe in testimonium Domus miraculose et mee erga te observantie, et ut certus sis huc pervenisse tuam pecuniam in eleemosinam transmissam, certiorem facio illam recepisse, et tu in Celis recipies mercedem. In Nomine Patris et Filii, et Spiritus Sancti. Amen. Apud Sanctam Domum anno Donini MCCLXXXXVII die VIII. Junii.
Paulus, Servus Jesu Christi.

Populi Priores Civitatis Recanati.
Omnibus notum facimus, et attestamur omnia narrata esse vera, et concordare cum nostris annalibus, et scripturis publicis,in quorum testimonium, et fidem has nostro sigillo mandavimus sigillari, et subscribi a nostro publico Imperiali auctoritate Notario, et Magistro nostrum Actorum hac die XII. Junii anno a Circumcisione Domini Nostri Jesu Christi MCCLXXXXVII.

Franciscus Jacobi, Magister Actorum.»

Es folgt das Siegel der Stadt Recanati mit der Inschrift: Sigillum Recanati, das einen Löwen umgibt, der in seiner Klaue einen Degen hält. [1]

Diese Untersuchung in Dalmatien und Nazareth fand statt im Jahre 1296, zwei Jahre nach der Ankunft des heiligen Hauses in Italien.

Durch diese natürlichen und übernatürlichen Beweise waren nun also auch die Einwohner von Recanati vollends überzeugt, dass sie im Besitze jenes Hauses seien, in welchem die erhabene Himmelskönigin geboren und der Sohn Gottes Mensch geworden ist. Hocherfreut und mit innigstem Danke gegen Gott und die allerseligste Jungfrau begaben sie sich in das heilige Haus und gelobten öffentlich und feierlich, dass es von nun an ihren Stolz und ihr Glück ausmachen würde, diese glückselige Wohnung zu schützen, zu ehren, zu zieren, dass sie hier die allerseligste Jungfrau aus allen Kräften verehren und anrufen würden; sie aber möge sich würdigen, diesen Ort und dieses Volk unter ihren besondern Schutz zu nehmen.

Die Kunde, dass das heilige Haus von Nazareth sich in Loreto befinde,

---

[1] Die deutsche Übersetzung ist im Buche von Sauren nicht enthalten. Wir haben dieselbe auf der folgenden Seiten in einem Kasten hervorgehoben. Sie findet sich im Loreto-Boten (Hrsg. Kaplan Gottfried Melzer).

Paulus de Sylva schreibt an den König von Neapel:

O König, (ich schreibe Dir), um Deine fromme Neugier zu stillen, die mir den Auftrag gab zur Erzählung des grossen Wunders der Übertragung des jungfräulichen Hauses, welche durch Engel durchgeführt worden ist, und zwar an die Küste Italiens in der Provinz Picenum im Gebiet von Recanati, zwischen den Flüssen Aspis oder Muscio (Musone) und Potentia (Potenza). Die Sache verhielt sich so, wie ich es öfter von glaubwürdigen Männern aus Recanati selbst gehört habe, und zwar von Franciscus Petrus, Kanoniker in Recanati, und insbesondere vom Kleriker Uguccio, aber auch von den hervorragenden Rechtsgelehrten Ciscus de Cischis und Franziscus Percivallinus aus Recanati, welche alle mit vielen anderen Leuten, mit denen ich redete, zur Zeit des Wunders lebten. Ich habe dies auch in den öffentlichen Dokumenten mit Aufmerksamkeit gelesen.

Im Jahre 1294 seit der Menschwerdung des Herrn Jesus, am Samstag, den 10. Dezember, als tiefes Schweigen alles gefangen hielt und die Nacht in ihrem Lauf die Mitte erreicht hatte, umleuchtete ein Licht vom Himmel die Augen vieler, die nahe am Ufer des Adriatischen Meeres sich befanden, und eine süsstönende Harmonie von Singenden trieb die Schlaftrunkenen und Müden an, das Wunder und übernatürliche Ereignis zu schauen. Und sie sahen und schauten ein Haus von hellem Glanz umflossen, das von Engeln gestützt und durch die Luft getragen wurde. Und die Bauern und Hirten standen da und staunten voll Verwunderung über ein so gewaltiges Ereignis, und sie fielen in Verehrung nieder und harrten aus, das Ende zu sehen und den so staunenswerten Ausgang. Inzwischen wurde jenes heilige Haus von den Engeln mitten in den grossen Wald getragen und niedergestellt und die Bäume selbst neigten sich und verehrten die Königin des Himmels, und bis heute sieht man sie niedergeneigt und gekrümmt, gleichsam als frohlockende Bäume des Waldes. An diesem Ort, so erzählt die Sage, sei (einst) ein (heidnischer) Tempel gestanden, der einer falschen Gottheit geweiht und von Lorbeer(büschen) umgeben war, und so wurde dieser Ort bis heute Lauretum (Loreto) genannt. Indes, kaum als es Tag geworden war, eilten Landleute als Boten nach Recanati und erzählten, was geschehen war, und alles Volk schlug den Weg zum Loretowald ein und schaute (mit eigenen Augen), was es gehört hatte. Einige aber von den Adeligen und andere vom Volk schwiegen, teils voll Staunen, teils glaubten sie nicht an das Wunder, die meisten aber weinten vor Freude, indem sie mit dem Propheten sprachen: «Wir haben sie (die heilige Jungfrau) gefunden in den Fluren des Waldes, so Grosses hat Er keinem anderen Volke getan» und sie besuchten jenes heilige Häuschen und traten voll Andacht ein und verehrten das Holzbildnis der heiligen Jungfrau Maria, die ihren heiligen Sohn umfängt. Und sie kehrten nach Recanati zurück und erfüllten dort alle mit grosser Freude. Und so ging das Volk oft und öfter dorthin und strömte in Scharen zur Verehrung jenes heiligen Häuschens zusammen und die selige Maria wirkte unaufhörlich Zeichen und Wunder. Die Kunde von einem so grossen Wunder drang in die benachbarten, (dann) aber auch in die weiter entfernten Länder, und alle eilten zum Lorbeerwald, in dem sich (bereits Menschen) in verschiedenen Holzhäusern angesiedelt hatten, auf dass die frommen Pilger ein Obdach hätten. Dies geschah (dortselbst).

Weil aber der höllische Löwe immer umhergeht, suchend, wen er verschlingen könne, besudelten Räubter und gottlose Menschen, von jenem angestiftet, diesen heiligen Wald mit Raub und Mord, so dass die fromme Verehrung der zahlreichen Scharen aus Angst vor den Räubern abnahm. Nach acht Monaten geschah etwas Neues, Unglaubliches, eine Bestätigung (des früheren Wunders) durch ein neues Wunder. Das heilige Häuschen verliess nämlich den entweihten Wald und wurde durch den Dienst der Engel mitten auf den Hügel Rainaldi Antiqui aus Recanati abgestellt..

Inzwischen wuchs (wieder) der andachtsvolle Besuch der Gläubigen an, und das heilige Häuschen wurde durch grosse Geschenke und Gaben bereichert, und die Brüder, die adelig und fromm zugleich waren, beschützten es. Später aber wandten sie sich der Habsucht zu. Sie nahmen die Opfergaben für sich und handelten so gegen die Gerechtigkeit. Und allsogleich entstand zwischen Ihnen ein Streit, wer von ihnen der Erste sei. Deshalb ging das heilige Haus nach vier Monaten vom Hügel der zwei Brüder fort und in einem dritten Wunder trugen es die Engel auf einen neuen Platz, einen Steinwurf weit entfernt, mitten auf eine öffentliche Strasse, auf der man von Recanati zum Meeresufer kommt, und dort sehe ich es heute noch stehen und mit eigenen Augen schaue ich die fortwährenden Gnaden, die es für die Bittenden erwirkt.

Wenn gleichwohl die himmlischen Wunderzeichen dieses Haus als die Wohnung der Gottesmutter, wo das Wort Fleisch geworden ist, bestätigten, so wurde dennoch zur Erforschung der Wahrheit beschlossen, nachdem zuvor eine allgemeine Ratsversammlung in Recanati abgehalten worden war, bei der die Vornehmen der ganzen Provinz anwesend waren, sechzehn hervorragende Männer hinüberzuschicken, um die Masse der heiligen Wohnung sowohl nach den Spuren in Tersato, als auch in Nazareth, wo es früher gebaut war und durch so lange Zeit stand, zu vergleichen.

Was beschlossen worden war, wurde durchgeführt. Denn aus der Zahl (der Anwesenden) wurden sechzehn (Abgesandte) ausgewählt, und zwar für Recanati, aus dem (Stadt)viertel Sankt Maria der Politus (Hippolyth), des Grafen Martius de Politis (Sohn); aus dem Viertel Sankt Flavian der jugendliche Markgraf Graf Matthäus, des Grafen Simon Rainaldi de Antiquis (Sohn); aus dem Viertel Sankt Angelus der hochverehrte Doktor der Rechte Cicottus Monaldutii de Monaldutiis. Diese fuhren mit anderen Gefährten ab, nahmen (die Sache) in Augenschein, kehrten zurück und berichteten, dass alles übereinstimme, sowohl hinsichtlich des Masses, als auch der Zeugen, die sie in jenen Gebieten selbst gehört hatten.

Nimm dieses wenige, o König, gerne in Empfang zum Zeugnis für das wunderbare Haus und (zum Zeugnis) meiner Ergebenheit Dir gegenüber; und damit Du die Gewissheit habest, dass Dein Geld, das Du als Almosen hierher geschickt hast, angekommen sei, teile ich mit, dass ich jenes empfangen und Du wirst im Himmel den Lohn daführ erhalten. Im Namen des Vaters und des Sohnes und des Heiligen Geistes. Amen. Beim heiligen Haus im Jahre des Herrn 1297, am 8. Juni.

Paulus, Diener Jesu Christi

Die Vorsteher des Volkes der Stadt Recanati: Wir machen allen bekannt und bestätigen, dass alles (hier) Erzählte wahr ist und mit unseren Annalen und öffentlichen Schriften übereinstimmt. Zur Beglaubigung und Bezeugung dessen haben wir den Auftrag gegeben, dieses (Schriftstück) mit unserem Siegel zu siegeln und von unserem öffentlichen Notar mit königlicher Vollmacht und von unserem Kanzleivorstand (magister Actuum) unterschreiben zu lassen an diesem Tage, den 12. Juni des Jahres 1297 seit der Beschneidung Unseres Herrn Jesus Christus.

Franziscus Jacobus, Kanzleivorstand.

verbreitete sich schnell über die ganze christliche Welt, und der Strom, der sich dreizehn Jahrhunderte hindurch nach Palästina ergossen, änderte plötzlich seinen Lauf und schlug die Richtung nach Loreto ein. Die Pilger, welche von da ab bis auf diesen Tag Loreto besuchten, zählen nach Millionen, und an Tausenden unter ihnen hat die Mutter Gottes von Loreto auf wunderbare Weise gezeigt, was Sie bei Ihrem göttlichen Sohne vermag. An diesem Orte scheint vorzugsweise das prophetische Wort, welches Maria im 'Magnificat' sprach, in Erfüllung zu gehen: «Siehe, von nun an werden mich selig preisen alle Geschlechter.»

Es sei hier noch auf einen Umstand hingewiesen, wodurch die Tatsache der einstmaligen Anwesenheit des heiligen Hauses in Tersato eine neue kräftige Stütze gewinnt. Von besonderer Beweiskraft hiefür ist nämlich auch die merkwürdige Erscheinung, dass seit dem Jahre 1294 unzählige Scharen von Pilgern eben aus jenem Teile Dalmatiens, wo das heilige Haus von Nazareth dreieinhalb Jahr gestanden, nach Loreto strömten, um dort den Verlust ihres Heiligtums zu beklagen und die allerseligste Jungfrau anzuflehen, zu ihnen zurückzukehren. Mehr als 200 Jahre nach dem angegebenen Verluste war der Schmerz der Dalmatier darüber noch so gross, als ob die Wunde erst jüngst ihren Herzen geschlagen worden wäre. Eine ergreifende Szene ist uns von Pater Riera, einem Augen- und Ohrenzeugen, geschildert worden. Er schreibt:

«Ich sass in der Kirche von Loreto im Beichtstuhle, als ich einen ungewöhnlichen Tumult und viel Seufzen und Weinen vernahm. Um nach der Ursache zu forschen, verliess ich den Beichtstuhl, und was sah ich? Am Eingange der Kirche lagern 400 bis 500 Dalmatier auf den Knien, Männer, Weiber und Kinder. Sie waren in verschiedene Abteilungen geteilt, von denen jede unter der Leitung eines Priesters stand. Alle riefen unter Seufzen und Tränen: 'Komm, o komm zurück, Maria, o heiligste Maria, komm zurück zu uns nach Fiume!' Voll Mitleid mit ihrem Kummer näherte ich mich einem ehrwürdigen Priester, der sich unter ihnen befand, und fragte nach der Ursache solcher Betrübnis. Mit einem tiefen Seufzer gab er zur Antwort: «Ach, sie haben wohl Ursache dazu!» und darauf fing er von neuem und noch inbrünstiger an zu flehen: «Komm, Maria, o komm zu uns zurück!». Als die Pilger in die Kirche eintraten und so weit vorgedrungen waren, dass sie den Eingang in das heilige Haus sehen konnten, ward ihr Geschrei und Ihr Schluchzen nur um so lauter. Ich versuchte, so gut ich konnte, ihren Kummer zu besänftigen, und ermahnte sie, bei Maria Trost zu suchen. Doch der Greis unterbrach mich mit den Worten: «Lass sie weinen, Vater, ihre Klagen sind nur zu begründet; was jetzt in Eurem Besitze ist, gehörte einst uns.» Zuletzt war ich genötigt, von meinem Ansehen Gebrauch zu machen, um Ruhe und Ordnung wiederherzustellen. Und in der Tat, so heiss war ihr Flehen, dass ich geneigt war zu fürchten, Gott werde ihre Bitte erhören.»

Zur Beherbergung der Pilger wurden in der Nähe des Heiligtums einige Häuser gebaut, die sich allmählich vermehrten; so entstand das Städtchen, welches vom lauretanischen Hause den Namen Loreto erhielt.*

---

* Im vorigen Jahrhundert veröffentlichten die Kamaldulenser in ihren Annalen fünf Aktenstücke, in welchen von einem Orte Loreto und einer daselbst der Mutter Gottes geweihten Kirche die Rede ist mehr denn 200 Jahre vor dem 10. Dezember 1294. Der Graf Leopardi von Recanati, welcher fürchtete, durch diese Aktenstücke werde der ganzen Geschichte des von ihm hochgeschätzten Heiligtums der Boden unter den Füssen weggezogen, versuchte im Jahre 1841 durch eine Reihe historisch-kritischer Abhandlungen den Nachweis zu liefern, dass das heilige Haus schon vor Erbauung der Kirche der Hl. Helena aus Nazareth (1) verschwunden und in der zweiten Hälfte des XII. Jahrhunderts in Italien angekommen sei: ein misslungener und unnötiger Versuch, wodurch er nur den Gegnern unserer Geschichte in die Hände gearbeitet hat. Die erwähnten Aktenstücke, ihre Echtheit vorausgesetzt, zwingen uns nicht einmal, das von Angelita festgestellte Datum der Ankunft des heiligen Hauses in Italien zu verschieben; denn es kann aus denselben in keiner Weise nachgewiesen werden, dass die Namen 'Loreto' und 'Mutter-Gottes-Kirche' mit unserem Loreto und unserem Heiligtum identisch sind. Wohl aber enthalten sie genügende Anhaltspunkte, dass damals in der Diözese Recanati ein Schloss oder eine Ortschaft Loreto mit einer Kirche – von einer Kapelle oder gar einem Domus Nazarena oder Lauretana vermelden die Akten nichts – bestanden haben mag, welche dann beide mit vielen andern das Schicksal geteilt haben, in jener anarchistischen Zeit spurlos zu verschwinden. Der Jesuitenpater Vogel bemerkt in seiner 'Geschichte der Kirchen von Loreto und Recanati', dass von 40 Kirchen der Diözese Recanati, welche im Jahre 1249 existierten, zu seiner Zeit (+1817) nur noch 13 oder 14 vorhanden gewesen seien. «Der grösste Teil der Schlösser, Dörfer und Kirchen ist derart zu Grunde gegangen, dass auch keine Spur mehr von ihnen übriggeblieben ist.» (S.72) Den Kritikern, welche das Datum der Ankunft des heiligen Hauses in guter oder böser Absicht verschieben wollen, sind bestimmte Grenze gesteckt, innerhalb deren sie sich bewegen müssen. Eine spätere Zeit, als das Jahr 1296 dürfen sie nicht annehmen, denn in diesem Jahre wurde dem Einsiedler Paul von Sylva jene unleugbare Erscheinung zu teil, sowie die Deputation nach dem heiligen Lande abgesandt. Sie dürfen aber auch nicht über das Jahr 1252 hinausgehen, weil König Ludwig der Heilige in diesem Jahre das heilige Haus noch zu Nazareth fand, aller Wahrscheinlichkeit nach nicht einmal über das Jahr 1270, in welchem mit dem Tode des Königs der letzte Kreuzzug endete. Nur innerhalb dieser Zeit kann das heilige Haus den Boden Palästinas verlassen haben, und wenn man das von Angelita festgestellte Datum seiner Ankunft in Italien nicht annehmen will, so muss man genügende Gründe für ein anderes beibringen. Letzteres ist

Auch die wohl jedem katholischen Christen bekannte «Lauretanische Litanei» hat von dem Orte Loreto den Namen erhalten. Dieselbe ist zwar nicht in Loreto entstanden, denn sie existierte schon im V. Jahrhundert; da sie aber in Loreto besonders im Gebrauche war, so mögen wohl viele Pilger sie hier zum erstenmal kennengelernt und in ihrer Heimat als «die Litanei von Loreto» nachgebetet haben. *
Heute kennt man in der ganzen katholischen Welt die Mutter-Gottes-Litanei fast nur noch unter dem Namen: «die Lauretanische Litanei».

Das ist die Geschichte der wunderbaren Übertragung des heiligen Hauses von Nazareth nach Tersato und von da nach Loreto. Die ganze Erzählung stützt sich auf die unzweifelhaftesten geschichtlichen Zeugnis-

aber bis jetzt nicht geschehen und dürfte auch für die Zukunft nicht möglich sein. Vgl. Milochau, «De l'Authenticite de la saint Maison de Lorette a l'occasion d'un pamphlet protestant», Paris 1881.

(1) Es muss richtig heissen: Vor Erbauung der Kirche durch die Kreuzfahrer.

---

*So Hutchison und nach ihm Northcote, ohne eine Stütze für ihre Behauptung anzugeben. Hutchison ist über der Ausarbeitung seiner Schrift 'Loreto und Nazareth' gestorben, und Northcote, an welchen ich mich brieflich mit der Anfrage wandte, auf welche Zeugnisse jene Behauptung sich stütze, antwortete mir, sein Manuskript sei nicht mehr vorhanden, doch habe er damals (sein Buch über die berühmten Gnadenorte erschien 1868) mit voller Überzeugung diese Notiz dem Pater Hutchison entlehnt. – Zwar scheinen die Verse «Vas spirituale, Vas honorabile, Vas insigne devotionis, Rosa Mystica», welche der Kirchensprache des XIII. und XIV. Jahrhunderts ganz eigen sind, eine spätere Komposition anzudeuten. Indessen, wie nachweislich die Verse «Auxilium christianorum» und «Sancta Maria, sine labe originali concepta» noch späteren Zeiten angehören, so können auch jene Verse der schon bestehenden Litanei eingefügt worden sein. Ebenso ist der Schluss unzulässig, dass das Konzil von Ephesus (431), welches den Ausdruck *Theotokos, Dei genetrix, Gottesgebärerin* dogmatisch fixierte, sich sicher auf diese Bezeichnung berufen haben würde, wenn die Litanei damals schon vorhanden gewesen wäre. Richtiger ist es, umgekehrt zu schliessen, dass nämlich dieser Titel, gerade so, wie 1854 «Sancta Maria, sine labe originali concepta», erst nach dem Konzil der Litanei eingefügt worden sei. Es ist zu bedauern, dass die beiden englischen Gelehrten keine Zeugnisse für ihre Behauptung angeführt und so den Verdacht nicht ausgeschlossen haben, dass sie dem Pater Quarti gefolgt seien, der die Entstehung unserer Litanei in durchaus unhaltbarer Weise in die apostolische Zeit versezt. Gleichwohl kann man ganz gut die Ansicht vertreten, dass die Mutter-Gottes-Litanei wenigstens älter ist als Loreto, und ich möchte vorläufig die Vermutung aussprechen, dass dieselbe im Orient entstanden und von den Karmelitern, deren Obsorge nach Tursellinus, Lib. 2. c. 5, das heilige Haus schon zu Nazareth und später auch zu Loreto anvertraut war, zuerst in Loreto gebetet und so im Abendlande bekannt geworden sei. Den Nachweis für die Probabilität dieser Vermutung, hoffe ich, an anderer Stelle liefern zu können.

se, bei deren Anerkennung es allerdings notwendig ist, zu gleicher Zeit ein Wunder mit in Kauf zu nehmen. Aber ist denn ein historisches Faktum deshalb weniger glaubwürdig, weil es auch noch durch ein Wunder bestätigt wird? Freilich, diese Geschichte kann nur von jenen dünkelhaften und unvernünftigen Menschen in Zweifel gezogen werden, welche die Scheu vor Wunder so weit treibt, dass sie lieber eine verbürgte historische Tatsache leugnen, als ein Wunder anerkennen.

Fünfter Abschnitt

Geschichte des heiligen Hauses seit seiner Ankunft in Loreto

Auch seit seinem Aufenhalte in Loreto hat sich in und an dem heiligen Hause noch viel Merkwürdiges zugetragen. Zur Vollständigkeit der Geschichte ist es nicht notwendig, und es wäre auch wohl kaum möglich, jedes Wunder, jedes dem heiligen Hause dargebrachte Geschenk anzuführen. Es genügt, wenn nur die wichtigsten Begebenheiten aus dieser Zeit hier mitgeteilt werden.

Als Beweis dafür, wie hoch jene vier armseligen Wände vom Schöpfer des Weltalls geschätzt wurden, verdient zunächst eine ausserordentliche Erscheinung erwähnt zu werden. Der schon genannte heilige Einsiedler Paul von Sylva(1), welcher ein fleissiger Besucher des heiligen Hauses war, beobachtete, dass jedes Jahr am 8. September ein grosses Feuer vom Himmel herabkam und das Dach des heiligen Gebäudes umgab. Es wurde ihm geoffenbart, der Grund hiervon sei, dass die seligste Jungfrau jenen Tag, als den Jahrestag ihrer Geburt, daselbst besonders gefeiert haben wolle. Man sagt, dies sei die Ursache gewesen, dass jener Tag als das besondere Fest zu Loreto gehalten wurde, anstatt wie früher der Jahrestag der Übertragung des heiligen Hauses.(2) Diese Flammen sah man während der folgenden zwei Jahrhunderte öfter. Im Jahre 1549, als Papst Paul III. starb, sahen einige Kapuziner-Patres die Kirche zu Loreto von Flammen umgeben, und als sechs Jahre später einer der Väter aus der Gesellschaft Jesu eben in der Kirche predigte, sah man wieder die Flammen herab-

(1) Der Autor (Joseph Sauren) spricht hier nicht von einem kanonisierten Einsiedler Paulus de Sylva. Im offiziellen Heiligen-Kalender ist Paulus de Sylva nicht zu finden. Vielmehr führte der Einsiedler ein solch heiliges Leben, dass man ihn für einen Heiligen hielt.

(2) Der 8. September wurde in Loreto nach dem Wunsch der Muttergottes als Hauptfest gefeiert. Der 10. Dezember als Jahrestag der Ankunft des heiligen Hauses wurde ausserdem noch Jahr für Jahr begangen, aber es kamen zu diesem letzteren Fest wegen der Jahreszeit bei weitem nicht so viele Gläubige zusammen.

kommen und auf dem heiligen Hause ruhen. Nach einiger Zeit umgaben sie die versammelte Gemeinde und zogen sich dann wieder in den Himmel zurück. Pater Riera war damals gegenwärtig und berichtet die Erscheinung in seiner Geschichte von Loreto. Zwei Jahre nachher predigte gerade einer der Väter, mehrere hörten Beichte und einige beteten in dem heiligen Hause, als man auf einmal eine himmlische Flamme wie einen Kometen am Firmamente leuchten und dann auf das Haus herabschweben sah, wo sie kurze Zeit blieb; dann umgab sie die im Schiffe versammelte Gemeinde und ruhte nachher auf jedem der Beichtstühle; endlich zog sie sich nach dem Bilde des Gekreuzigten hin, das in dem Hause aufbewahrt wird, und nachdem sie daselbst eine Weile geblieben war, verschwand sie.*

«Wer», sagt Pater Renzoli, «sieht nicht in dieser wunderbaren Gnade, dass der Hl. Geist durch den Glanz seiner Flammen die jungfräuliche Mutter an jener geheiligten Stätte verherrlichte, in welcher Er sie überschattet hat? Wer sieht nicht, dass dieselbe Gnade, welcher der heiligen Jungfrau selbst und den heiligen Aposteln im Abendmahlssale gewährt worden war, damals im Tempel der Jungfrau erneuert wurde? Wer sieht nicht ein, wie wohlgefällig ihr der heilige Dienst der Stellvertreter ihres göttlichen Sohnes ist, indem sie im Sakramente der Busse den grossen Schatz der Verdienste ihres Sohnes auspenden? Und was für ein sicheres Unterpfand, dass sie wirklich Verzeihung, Gnade und Rettung erlangen werden, bietet diese wunderbare Erscheinung allen denjenigen, welche zu den Füssen der Jungfrau kommen, um daselbst, wie die Schlange, die alte Haut ihrer Sünden abzulegen? Und endlich, wer sieht nicht in dieser wunderbaren Gunst die Fülle der Gaben, welche der Heilige Geist immer bereit ist, in diesem heiligen Hause mitzuteilen?»**

Obwohl das jetzt zu Loreto befindliche Haus ganz dasselbe ist, wie zur Zeit, als es daselbst vor beinahe sechs Jahrhundeten ankam, so sind doch in der Folge einige Veränderungen an demselben gemacht worden.

Bald nachdem das heilige Haus sich bleibend an seinem gegenwärtigen Platze niedergelassen hatte, beschlossen die Einwohner von Recanati, dasselbe mit einer dicken Mauer aus Ziegelsteinen zu umgeben, weil sie fürchteten, die ohne Fundamente auf der blossen Erde stehenden Wände möchten, dem Winde und dem Regen ausgesetzt, allmählich in Verfall

* «vgl. Tursellinus, lib. c. 15, 17.»

** «La santa casa illustrata e difesa. Impr. a Macerata 1697» geraten. Als aber diese Mauer vollendet war, fand man, dass sie die alten Wände gar nicht berührte, und im Laufe der Jahre trennte sich sich von diesen so weit, dass ein Knabe mit einer brennenden Kerze in der Hand leicht zwischen beiden hindurch gehen konnte,* und zwar hatte diese Trennung nicht etwa nur hier und da stattgefunden, sondern rings um das ganze Gebäude herum. Augenscheinlich wollte derjenige, der seine Wohnung auf Erden schon durch so viele Wunder verherrlicht hatte, durch dieses neue Wunder zeigen, dass Er keines menschlichen Beistandes bedürfe, um die Wände dieses Hauses zu stützen. Um diese Zeit wurden auch rings um das Heiligtum eine Anzahl Säulengänge zur Beherbergung der Pilger und über denselben Wohnungen für die Priester errichtet. Die prächtige Kirche, welche jetzt noch das Heiligtum umschliesst, ist um das Jahr 1468 vom Papst Paul II. begonnen worden.[1]

Eine überaus kunstreiche und kostspielige Veränderung liess **Papst Clemens VII.** im Jahre 1525 an der Aussenseite des heiligen Hauses vornehmen. Er befahl nämlich, die Ziegelmauer, welche rings um das Haus gebaut war, niederzureissen, an Stelle derselben eine andere zu errichten und diese mit kostbarem Marmor ** zu umkleiden. Auf diese Mauer stützt sich das gegenwärtige Dach des heiligen Hauses; der Papst, welcher fürchtete, das alte hölzerne Dach möchte einmal durch die Menge der Lampen, welche immer in dem Hause brannten, Feuer fangen, liess nämlich an die Stelle des hölzernen ein neues steinernes Dach setzen.

---

* «Zur Zeit, als Riera schrieb, von welchem Tursellinus diese Begebenheit erfuhr, lebten noch Leute, welche den Knaben zu wiederholten Malen zwischen den Mauern hindurchlaufen gesehen hatten. Tursellinus 1, 16.»

** «Den Plan zu dieser Marmorumhüllung liess schon Julius II. im Jahre 1510 durch den berühmten Bramante entwerfen. Sein Nachfolger Leo X. begann die Ausführung des Werkes, Clemens VII. brachte dasselbe seiner Vollendung nahe und liess, während die Künstler noch beschäftigt waren, die alte Mauer niederlegen, um der neuen, die ebenfalls durch einen kleinen Zwischenraum (siehe Plan) von den Wänden des heiligen Hauses entfernt ist, Platz zu machen. Unter Paul III. wurde das Werk so weit gebracht, dass es als vollendet betrachtet werden konnte (1538). Sein Nachfolger Clemens VIII. endlich hatte die Freude, die noch fehlenden Statuen und die ehernen Doppeltüren fertigstellen zu lassen. Die nähere Beschreibung dieser Marmorbekleidung folgt später im sechsten Abschnitt.»

[1] Vier achteckige Wachtürme, verbunden durch Mauern, umgaben im Viereck das Heilige Haus. Die erwähnten Säulengänge waren innerhalb dieser Mauern und längs derselben. Bei der Errichtung der Basilika wurden die Türme rund ummauert und in das Gotteshaus miteingebaut.

Bei Gelegenheit der Errichtung der neuen Mauer überzeugte man sich auch wieder, dass das heilige Haus ohne Fundamente auf der Oberfläche der frühern Landstrasse stand. Durch die Anlage eines Pflasters im Innern und die Aufführung einer Mauer ausserhalb war jene wunderbare Stellung in dem spätern Jahren nicht mehr sichtbar geblieben. Als jetzt der Architekt Nerucci, um der neuen Mauer eine grössere Stärke zu geben, tiefere Fundamente graben liess, sah man, dass die Wände des heiligen Hauses keine Grundlagen hatten; der Boden unterhalb war staubig und zerbröckelt, selbst Spuren eines frühern Zaunes waren dort erkennbar.[(1)] Angelita erwähnt die ganze Angelegenheit in seinem Werke, welches er dem Papste Clemens VII. widmete, und sagt unter anderem : «Wie viele auch immer – und es waren sehr viele – die Sache untersuchen wollten, fanden, dass das Gemach ohne Fundamente auf der Oberfläche der Strasse stand, deren ursprünglicher Staub noch vorgefunden wurde. *

Um dieselbe Zeit wurde noch eine andere grosse Veränderung an dem heiligen Hause gemacht, die, obschon für die Gläubigen sehr angemessen, doch ein so kühner Schritt war, dass nur einer, der die Autorität des Papstes besass, es wagen konnte, dieselbe zu befehlen. Bis zur Zeit Clemens VII. hatte das heilige Haus nur eine Türe, und zwar auf der Nordseite (siehe Plan I, t1, S. 261). Diese erwies sich jedoch als ungenügend, weil sie unter den Menschenscharen, welche hereinzukommen suchten oder das Haus verlassen wollten, viele Verwirrung verursachte. Überdies existierte der fragliche Eingang zu den Zeiten der Hl. Familie, «Es war der Eingang, der in die Grotte führte (Plan I, t1)» und die heiligsten Personen müssen häufig über seine Schwelle gegangen sein. Es war daher auch unziemlich, dass ein so geheiligter Ort der Schauplatz eines so unwürdigen Gedränges von seiten des Volkes wurde. Deshalb beschloss der Papst, die alte Türe zu verschliessen und drei neue Eingänge, (T1, T2, T3), wie sie in dem unter Leo X. begonnenen Marmorwerke schon vorgesehen waren, in die Mauern des Hauses zu brechen, nämlich zwei gegenüberstehende in der Nord- und Südmauer nach dem westlichen

---

(1) Gemeint sind die Überreste einer Hecke, welche die Landstrasse ehemals eingesäumt hatte.

* «Diese Tatsache fand abermals ihre Bestätigung zwei Jahrhunderte später unter dem Pontifikate Benedikt XIV. Fünf Bischöfe, vier Baumeister und drei Sachverständige waren dieses Mal zugegen und haben durch ein diesbezügliches Dokument, welches sämtliche Namensunterschriften trägt, jeden Zweifel über die Frage des Fundamentes beseitigt. S. Gaudenti, Storia della santa casa, pag. 122.»

Ende hin zum Ein- und Ausgehen für das Volk, und einen dritten am andern Ende der südlichen Mauer, der in den hinter dem Altare befindlichen Raum des Heiligtums führen sollte.

Seine Heiligkeit gab demgemäss Befehl, diese Eingänge zu machen. Aber bei der Ausführung seines Befehles kam etwas vor, was jedermann mit Furcht erfüllte. Da die Arbeiter aus Ehrerbietigkeit gegen das heilige Haus nicht den Mut hatten, Hand ans Werk zu legen, so unternahm Nerucci, der Architekt, es selbst, die geheiligten Mauern zu durchbrechen; er war aber mehr mit Vertrauen auf seine Kunst erfüllt, als mit Ehrfurcht vor dem heiligen Orte.

Kaum hatte er mit dem Hammer an die heilige Mauer geschlagen, als seine Hand verdorrte und ein seltsames Zittern seinen übrigen Leib befiel. Er wurde todbleich und ohnmächtig. Die Umstehenden fingen ihn in ihren Armen auf und trugen ihn nach seinem Hause, wo er acht Stunden lang ohne Besinnung und Bewegung lag. Als er endlich zu sich gekommen war, fing er an, sich wegen seiner Übereilung Vorwürfe zu machen und Unsere Liebe Frau um Verzeihung zu bitten. Nach seiner Wiederherstellung sandte er dem Papste einen Bericht über die Sache und fragte, was geschehen solle. Der Papst, welcher einsah, dass an dem Vorgefallenen mehr das allzu grosse Vertrauen des Architekten schuld war, als der Unwille der heiligen Jungfrau, drang in Nerucci, ohne Furcht ans Werk zu gehen, da es ihm von dem Statthalter Gottes befohlen sei. Zugleich aber bedeutete er ihm, dass er, um die heiligen Mauern zu durchbrechen, nicht allein mit Hammer und kühnem Mute bewaffnet, sondern auch durch Fasten und Andacht zur heiligen Jungfrau vorbereitet sein müsse, und dass er dann überzeugt sein dürfe, sein Unternehmen glücklich zu vollbringen. Aber nicht einmal die Vollmacht des Papstes konnte Nerucci, welcher jetzt ebenso furchtsam war, wie er früher mutig gewesen, bewegen, das Durchbrechen ein zweites Mal zu versuchen. Da jedoch der Papst darauf bestand, dass das Werk ausgeführt werde, bot sich ein Jüngling an, welcher im Vertrauen auf die Vollmacht des Papstes sich zur Ausführung des Werkes bereit erklärte. Er war ein Kleriker der Kirche und hiess Ventura Borino. Nachdem er drei Tage gefastet hatte, näherte er sich den heiligen Mauern mit einem Hammer, fiel auf die Knie nieder und redete das Haus also an: «O geheiligtes Haus der Jungfrau, berücksichtige meine Unschuld! Nicht ich schlage dich mit diesem Hammer, sondern Clemens, der Statthalter Gottes, welcher dich zieren und dem

Volke zugänglicher machen will. Möge der Mutter Gottes gefallen, was seinem Statthalter gefällt!» Nachdem er auf diese Weise gebetet hatte, schlug er an der bezeichneten Stelle an die Mauer. Die Arbeiter, welche auch gefastet hatten, folgten seinem Beispiele, und die drei Türen, wie sie jetzt vorhanden sind, wurden glücklich geöffnet. Zu derselben Zeit erweiterte man auch das schmale Fenster in der westlichen Mauer (Plan I, E) und brachte es beinahe in der Mitte derselben an, während es früher näher der Nord- als der Südmauer gewesen war.

Die durch Brechen der neuen Eingänge gewonnenen Materialien wurden teils verwendet, um den alten Eingang zu versperren, teils, um den heiligen Herd zu erweitern; das übrige wurde unter dem Pflaster vergraben. Zu gleicher Zeit wurde der Altar, welcher bisher in der Mitte der Südmauer stand, in seine jetzige Lage gebracht (A1); derselbe ist mit dem vorspringenden Schlusssteine ungefähr vier Fuss sechs Zoll lang und ganz von dem gegenwärtigen Altar umschlossen. Hinter dem Altare wurde der Sacro Camino oder der heilige Herd (K) bedeutend vergrössert und in seine gegenwärtige Form gebracht. Über demselben erhielt das Bild der allerseligsten Jungfrau, welches sich in dem heiligen Hause befand, als es in Tersato ankam, seinen Platz. Der Flur diese Teiles vom Hause, das heisst zwischen dem Altare und der östlichen Mauer, wurde erhöht, und da dieser Raum von dem übrigen Gebäude durch den Altarschrein getrennt ist, so bildet er eine Art Heiligtum.

Veränderungen am heiligen Hause und selbst Entwendungen des einen oder andern Steines duldete Gott jedesmal, wenn sie zum Vorteile des Hauses geschahen; dagegen liess Er es niemals ungestraft geschehen, dass jemand aus Andacht oder zu Privatzwecken auch nur ein Stückchen von einem Steine oder etwas Kalk von der Mauer heimlich mit sich fortnahm; ein solcher wurde so lange mit Krankheit heimgesucht, bis er seinen frommen Diebstahl wieder zurückerstattet hatte. Das bekannteste Beispiel dieser Art ist dasjenige, was sich mit dem Bischofe von Coimbra, Johann Suarez, zugetragen, der zwar mit Erlaubnis des Papstes selbst, aber zu einem Privatzwecke, einen Stein vom heiligen Hause zu sich genommen hatte. Dieser Bischof besuchte auf seiner Reise zum Konzil von Trient, welches damals seine Sitzungen hielt, auch das lauretanische Haus. Nachdem er dasselbe in Augenschein genommen und mit grosser Andacht verehrt hatte, nahm er sich vor, nach seiner Rückkehr in seine Heimat in Portugal eine der lauretanischen gleichförmige Kapelle zu erbauen. Um aber dieser Kapelle ein grösseres Ansehen zu geben, bat er den Papst um die Erlaubnis, nur einen einzigen Stein aus der wahren lauretanischen Kapelle für die in der Heimat zu errichtende herausnehmen zu dürfen. Zum nicht geringem Missvergnügen der Geistlichkeit von Loreto ward diese Erlaubnis erteilt. Franciscus Stella, der Sekretär des Bischofs, wurde mit der päpstlichen Vollmacht von Trient nach Loreto abgeschickt, um den Stein zu holen. Da in Loreto niemand wagte, Hand an das heilige Haus zu legen, so vollzog der Sekretär selbst mit grösster Ehrerbietigkeit den ihm aufgetragenen Befehl. Allein, was geschah! Franciscus Stella kam auf seinem Rückwege in grosse Lebensgefahren; der Bischof aber wurde, als er eben im Begriffe stand, den Stein in einer silbernen Umhüllung nach Portugal zu schicken von einem sehr heftigen, den Ärzten unbekannten Fieber ergriffen, so arg, dass man an seinem Aufkommen zweifelte. In dieser höchsten Not fiel ihm ein, die Mutter Gottes von Loreto möge wohl wegen des an ihrem Hause begangenen Raubes mit ihm unzufrieden sein, und diese Vermutung ward zur Gewissheit, als zwei heiligmässige Personen, denen Gott die Ursache dieser Krankheit geoffenbart hatte, ihn ermahnten, unverzüglich dem Heiligen Hause zurückzustellen, was er demselben, obschon nicht ohne Vorwissen des Papstes, entzogen hätte. Der Bischof entschloss sich sogleich, dem göttlichen Willen zu gehorchen, bat demütig Maria um Verzeihung und schickte zur Stunde den Franciscus Stella mit dem heiligen Steine wieder nach Loreto zurück. Kaum hatte dieser sich auf den Weg gemacht, da fing es auch schon an, mit dem Bischofe besser zu werden, und je mehr Franciscus sich Loreto näherte, desto mehr wich die Krankheit von dem Bischofe, bis er endlich zu eben der Zeit, da der Stein dem Vorsteher des heiligen Hauses eingehändigt wurde, vollkommen gesund vom Krankenbette aufstand. Hierüber hat der Bischof selbst dem Papste Bericht erstattet in einem Schreiben, welches noch heute in der Vatikanischen Bibliothek aufbewahrt wird. * Der Stein aber, in Silber eingefasst, befindet sich im Heiligen Hause zu Loreto ** als ewiges Andenken an dieses Ereignis und zur heilsamen Mahnung, dass niemand

* «Eine beglaubigte Abschrift dieses Schreibens befindet sich zu Loreto»

** «An der südlichen Wand, etwa 3,5 Fuss vom Boden und fast in gerader Linie mit dem Altartische.»

(1) Heute ist der betreffende Stein durch eine Eisenklammer gekennzeichnet. Die Silbereinfassung ist wohl bei der Plünderung durch Napoleon fortgekommen.

es wage, vom heiligen Hause auch nur das Mindeste zu entwenden. [1]

Wie zu Zeiten, als das heilige Haus zu Tersato und Loreto erschien, so sind auch in späteren Jahrhunderten noch wiederholt eingehende Nachforschungen und wissenschaftliche Untersuchungen bezüglich der Echtheit der Steine des Heiligen Hauses angestellt worden. Am Anfange des XVI. Jahrhunderts liess Clemens VII. die erzählten geschichtlichen Tatsachen aufs neue prüfen. Zu diesem Zwecke sandte er drei seiner eigenen Beamten, Männer von hohen Ansehen und grosser geistigen Begabung, nach Loreto, Tersato und Nazareth. Das Resultat war dasselbe, wie bei den frühern Untersuchungen; die Dimensionen der Kapelle zu Loreto und Tersato und der übriggebliebenen Fundamente zu Nazareth stimmten genau überein. Als neuer Beweisgrund kam aber diesmal noch hinzu, dass zwei Steine, welche einer von den drei Abgesandten aus Nazareth mit nach Italien gebracht hatte, in jeder Hinsicht den Steinen glichen, aus welchen das Heilige Haus erbaut war.

In den Anfang des XVII. Jahrhunderts fällt die schon erwähnte Entdeckung der wahren Fundamente des heiligen Hauses durch Pater Vendome und deren Vergleichung mit den Dimensionen des lauretanischen Hauses. Am Ende desselben Jahrhunderts wurde auf Veranlassung des Papstes Innozenz XII. die Geschichte des heiligen Hauses abermals der strengsten Prüfung unterzogen, und zwar mit demselben günstigen Erfolge.

Selbst in unseren Tagen noch, nämlich in den fünfziger Jahren, haben sich zwei durch Tugend und Wissenschaft gleich sehr ausgezeichnete Männer, der römische Prälat Bartolini und der englische Oratorianer Hutchison, an Ort und Stelle begeben und in Loreto und Nazareth die genauesten Untersuchungen und Messungen angestellt. Pater Hutchison hat die Überzeugung gewonnen, dass alle früheren Berichte in bezug auf die Lage und Dimensionen des heiligen Hauses vollkommen ihre Richtigkeit haben und das jetzt zu Loreto befindliche Haus jenes sei, welches die Hl. Familie zu Nazareth bewohnt hat.* Eine überaus interessante und wertvolle Entdeckung aber hat Bartolini bezüglich der Steine des heiligen Hauses gemacht. Da Monsignore Bartolini in Rom grosses Ansehen genoss, so war es ihm möglich, vom Hl. Vater Papst Pius IX. die Erlaubnis zu erhalten, den Mauern des heiligen Hauses etwas Gestein zu entneh-

---

* vgl. S. 42 ff. dessen Beschreibung des Heiligtums zu Nazareth

men, um es analysieren zu lassen. Eine solche Erlaubnis war wohl noch nie zuvor gegeben worden, und der Prälat benutzte sie in zweckmässiger Weise. Er verpackte sie in verschiedene Papiere, sowohl solche Steine, die er von Nazareth mitgebracht hatte, als auch zwei im Besitze des Kardinal-Vikars von Rom befindliche Steine des heiligen Hauses von Loreto und endlich einige Stücke, die er selbst den Mauern des heiligen Hauses entnommen hatte, und sandte alle dem Professor der Chemie an der Sapienza in Rom, damit er sie analysiere, ohne ihm jedoch mitzuteilen, zu welchem Zwecke, und woher die verschiedenen Steine stammten. Dieser unterwarf sie einer Analyse und berichtete, dass alle Stücke aus Kalkstein beständen und ein wesentlicher Unterschied zwischen ihnen sich nicht ergeben habe. Nun aber ist das Gestein in den Felsen bei Nazareth Kalkstein, während in der Umgegend von Loreto ein solches Gestein nicht zu finden ist. Das heilige Haus von Loreto ist demnach aus Steinen erbaut, welche ganz dieselbe Beschaffenheit haben, wie das Gestein in den Felsen zu Nazareth.

Da diese chemische Analyse einen unangreifbaren Beweis für die Identität des heiligen Hauses abgibt, so möge der Bericht, welchen der Professor der Chemie, Dr. Franz Ratti, dem Kardinal darüber abstattete, hier eine Stelle finden. Derselbe lautete:

Ew. Hochwürden und Gnaden werden sich erinnern, mir vor einiger Zeit mehrere kleine Exemplare von Mineralien geschickt zu haben, damit sie der chemischen Analyse unterworfen würden. Zwei dieser Exemplare, obwohl in gesonderte Papiere eingewickelt, waren mit den Buchstaben B.M.V. bezeichnet, während die anderen zwei zwar besonders eingewickelt waren, aber kein unterscheidendes Merkzeichen hatten.

Bei der Untersuchung der physichen Merkmale jedes der vier Exemplare schien es mir, dass nicht nur zwischen den zwei mit den nämlichen Buchstaben B.M.V. bezeichneten eine Ähnlichkeit war, sondern auch zwischen einem von beiden und einem von den anderen mit keinem unterscheidenden Merkmale und auf welches ich daher den Buchstaben X setze, während ich zu dem anderen, welches das Zeichen B.M.V. trug, den Buchstaben T hinzufügte. Das vierte Exemplar, das heisst jenes ohne Zeichen, habe ich mit dem Buchstaben Y versehen. Die zwei ersten sind etwas hart und graufarbig, während die anderen zwei mehr weich und von weisslicher Farbe sind.

Gebet zur heiligen Jungfrau von Loreto

O Maria, Unbefleckte Jungfrau, um Deines heiligen Hauses willen, das Engelshände auf die Höhen von Loreto übertrugen, wende Deine gütigen Augen uns zu. Um der heiligen Mauern, zwischen denen Du geboren wurdest und als Mädchen in Gebet und in der erhabenen Liebe lebtest, wegen der glücklichen Wände, die den Gruss des Engels hörten, der Dich nannte; «Gebenedeit unter allen Weibern», und die uns an die Menschwerdung des Ewigen Wortes in Deinem jungfräulichen Leib erinnern; um des heiligen Hauses willen, in dem Du mit Jesus und St. Joseph gelebt hast und das im Laufe der Jahrhunderte das heissersehnte Ziel so vieler Heiliger geworden ist, die in innigstem Glück seine heiligen Mauern küssten:
Gewähre uns die Gnaden, um die wir Dich demütig bitten und verhilf uns zum Glück, dass wir nach diesem Erdenleben Dir im Himmel den Engelsgruss wiederholen dürfen: «Gegrüsst seist Du Maria ... »
Heilige Jungfrau von Loreto, bitte für uns!
*(300 Tage Ablass).**
Imprimatur: Laureti, die 23. Jul. 1962
† Angelus Prinetto, Ep. us. Adriane.
Vic. Adm. Pontificiae

* Das Gebet kann als Gebetsbildchen bestellt werden beim St. Anna-Verlag, Gringsstrasse 7, D-53177 Bonn 2 (mit einer Farbdarstellung der wunderbaren Übertragung des heiligen Hauses).

Es ist wahr, dass, wenn der physische Charakter jedes der vier Exemplare sogfältig betrachtet wird, an jedem gewisse besondere Eigentümlichkeiten gefunden werden, die es von den übrigen unterscheiden. Dasjenige z.B. von den zwei graufarbigen und harten, welches mit den

Buchstaben B.M.V. bezeichnet ist, ist etwas dunkler an Farbe und ziemlich fester als das andere mit dem Buchstaben Y, welchem es sonst gleicht. **

Was die anderen zwei betrifft, so spielt das Weisse in jenem mit den Buchstaben B.M.V.T. bezeichneten Steine ein wenig ins Rote, die Körner sind sehr klein und sehr dicht beisammen; er besitzt kaum einige Härte, wie wenn er ein zu Pulver gemachtes in einem Seiher gesammeltes und getrocknetes chemisches Präparat wäre, während an dem mit dem Buchstaben Y bezeichneten Steine die Farbe etwas in das Gelbe spielt, die Körner aber etwas grösser sind und der Stein löcheriger und ein wenig härter ist. Allein, da diese Unterschiede an Härte, Dichtigkeit und Farbe sehr gering sind, und, wie es mich dünkt, zufällig, so bin ich der Ansicht, dass man von den vier mir geschickten Exemplaren gesagt werden kann, sie gleichen einander je zwei und zwei.

Die chemische Analyse eine Teiles von einem jeden der vier Exemplare hat ergeben, dass sie alle von derselben natürlichen Beschaffenheit sind. Alle bestehen aus kohlensaurem Kalk, kohlensaurer Magnesia und aus eisenhaltigem Ton. Wenn etwa in einem der Exemplare ein Unterschied in den Bestandteilen vorkommt, wie z.B. in dem mit den Buchstaben B.M.V. bezeichneten, in welchem sich etwas mehr Ton und Eisen findet, so ändert dieser Unterschied die Natur des Steines nicht und hängt von durchaus sekundären Bedingungen ab, von der zufälligen Anhäufung verschiedener Quantitäten der nämlichen Stoffe.

Nachdem ich so einen Auftrag, den ich von Ew. Hochwürden und Gnaden empfangen, erfüllt und den Teil der Mineralien, welcher nach der chemischen Analyse übrigblieb, zurückgegeben, habe ich die Ehre, mit tiefer Hochachtung zu zeichnen

Ew. Hochwürden und Gnaden
gehorsamster und ergebenster Diener
Dr. Franz Ratti

* «Aus dem Zusammenhang geht hervor, dass hier wahrscheinlich ein Versehen bezüglich der Zeichen stattgefunden hat. An Stelle des Buchstabens Y hätte der Buchstabe X gesetzt werden sollen, so dass die Untersuchung der Steine folgendes Resultat ergibt:
B.M.V. = X
B.M.V.T. =Y
Da nun B.M.V. = B.M.V.T., so kommt der mathematische Grundsatz in Anwendung: Ist jede von zwei Grössen einer dritten gleich, so sind sie unter sich gleich.»

Aber, könnte jemand einwenden, wenn das heilige Haus von Steinen aus Nazareth aufgeführt ist, dann hat man vielleicht diese Steine aus Nazareth kommen lassen, um in dem Häuschen dem frommen Volke eine Erinnerung an das Heilige Land vor Augen zu stellen. Darauf könnte man erwidern, dass, wenn dieses wirklich der Fall wäre, ohne Zweifel irgend eine Erinnerung von der Herbeischaffung der Steine sich erhalten haben würde; auch bliebe es ein psychologisches Rätsel, warum jene Leute das Häuschen ohne Fundamente errichtet haben sollten. Allein Bartolini ist auch diesem Einwurfe in anderer Weise schon zuvorgekommen. Er liess nämlich auch einen Teil des alten Mörtels, den er einer Wand des heiligen Hauses entlehnte, analysieren und mit solchem Mörtel verglichen, den er aus der Höhle zu Nazareth, aus der Synagoge daselbst, aus der Werkstätte des heiligen Joseph, aus dem Hause des heiligen Zacharias bei Jerusalem und von dem Jakobsbrunnen zu Naplus genommen hatte. Man fand, dass der alte Mörtel zu Loreto aus Kalk bestand, der mit einigen Stückchen vegetabilischer Kohle versetzt war, genau die natürliche Beschaffenheit des Mörtels aus den alten Gebäulichkeiten Palästinas und desjenigen, den man noch heute zu Nazareth anwendet. Dazu kommt, dass in Italien, wo vulkanische Substanzen in Hülle und Fülle vorhanden sind, die den besten Mörtel der Welt liefern, niemals ein solches Material, wie das in Palästina gebräuchliche, zu Mörtel verwendet worden ist, aus dem einfachen Grunde, weil man das minder Gute eben nicht weit herzuholen pflegt, wo man das Beste in der Nähe vorfindet. Es kann also das heilige Haus unmöglich auf italienischem Boden erbaut worden sein.

Wohl kein geschichtliches Ereignis ist so oft, so gründlich und allseitig erforscht und geprüft worden, wie die Übertragung des heiligen Hauses von Nazareth. Heute kann man auf das Heiligtum zu Loreto mit vollem Rechte die Worte anwenden: «Wenn die Menschen schwiegen, so würden die Steine reden.» Über 200 gelehrte Forscher haben über dasselbe geschrieben und dessen Echtheit übereinstimmend erwiesen.*

---

*Während des Druckes kommt uns eine Anmerkung in dem Woerlschen Reisehandbuche «Nach Jerusalem» S. 404 von Joh. Fahrngruber (vorm. Rektor des österr. Pilgerhauses zu Jerusalem) zu Gesicht, welche also lautet: «Die religiöse Sage hat sich des ehrwürdigen Gegenstandes bemächtigt und mit einem reizenden Kleide umhüllt. Nach dem Verluste der letzten Kreuzfahrerfestung in Palästina, nämlich Accon, im Jahre 1291 und dem höchst kläglichen Abzuge der christlichen Streiter sei auch das heilige Haus von Nazareth durch Engelshände fortgetragen worden, zuerst nach Tersato in Dalmatien, zuletzt nach Loreto bei Ancona in Italien. (siehe nächste Seite!)

In einem Briefe des Papstes Urban IV. 1261-1264, (er war früher unter dem Namen Jakob Pantaleon Patriarch von Jerusalem,) an König Ludwig IX. von Frankreich wird der schmerzliche Zustand der Christen des Heiligen Landes bei dem stetigen Vordringen des ägyptischen Sultans Bibars geschildert, und auch der gänzlichen Zerstörung der Verkündigungskirche in Nazareth gedacht (s. Annal. Baron. ad. a. 1263); von einer auffallenden wunderbaren Erhaltung des heiligen Hauses ist nicht die Rede. Ja wohl schon vom Jahre 1263 an war Nazareth ohne christliche Priester, ohne Gottesdienst, und es war somit jenes Jahr für eine wunderbare Übertragung des heiligen Hauses viel besser denkbar. Der Ort der Verkündigung in Nazareth wird jetzt in einer überkleideten Grotte gezeigt; das heilige Haus in Loreto aber wird sich damit schwer vereinigen lassen, und die Ansicht jener (auch Liévin zählt dazu), es sei der Standort der Hl. Jungfrau in der Felsengrotte zu Nazareth verblieben, und nur das angebaute Häuschen, in welchem der Erzengel Gabriel weilte, sei auf übernatürlichem Wege über Länder und Meere gebracht worden, ist denn doch fast zu wenig verständlich. Zudem erregt der Backsteinbau in Loreto Bedenken, indem man in Verlegenheit käme, aus den Ruinen des Heiligen Landes zusammen so viele Ziegelsteine aufzufinden, um ein kleines Haus fertig zu bringen, besonders wenn die Rede ist von gebirgigen, steinreichen Landstrichen. Es möchte überflüssig sein, subtile Messungen, Prüfungen, Materialproben hier in Loreto anzustellen.

In der Kreuzfahrerzeit wurde am Orte der Verkündigung auch das Haus des hl. Joseph angenommen (Daniel Phokas). Im XVI. Jahrhundet war die Ansicht noch so schwankend, dass beispielsweise Bonifatius von Ragusa von einer Kirche über dem Hause des Hl. Joseph verschieden von der Kirche der Verkündigung spricht und zugleich behauptet, dieses Haus des hl. Joseph sei nun zu Loreto in Italien! (De perenni cultu terrae sanctae, pag. 263.) Man muss aber doch annehmen, dass dieser Mann als Franziskaner, ja als Guardian des Berges Sion, durch neunjährigen Aufenthalt im Heiligen Lande wissen konnte um die Traditionen seiner Zeit. Übrigens sind die Wunder göttlicher Gnade ohne Mass, die Tröstungen des Glaubens, wie sie zahllosen Wallern nach dem Heiligtum zu Loreto zu teil geworden, wohl auch klar wie das Tageslicht!»

Anknüpfend an diese letzte Bemerkung sagen wir: «Das heilige Haus zu Loreto ist entweder das wirkliche Haus der Verkündigung aus Nazareth, oder ein schmählicher Betrug. Wenn nun auch angenommen werden darf, dass Gott selbst bei einem unverschuldeten Irrtum das Vertrauen der Gläubigen durch ausserordentliche Gnaden belohnt, so doch nimmermehr bei einem in raffiniertester Weise ins Werk gesetzten Betruge! – Es ist nicht nötig, auf die einzelnen Punkte dieser Anmerkung näher einzugehen, das sie alle in unserer Geschichte ihre Widerlegung finden. Nur die eine Bemerkung sei gestattet: Wenn man heute noch nach der Untersuchung Bartolinis von einem «Backsteinbau in Loreto» reden kann, so zeugt das doch hinlänglich von einer ungenügenden Kenntnis der Literatur unseres Gegenstandes, und die «subtilen Messungen, Prüfungen und Material-Proben» würden dem Verfasser dieses Artikels nicht mehr als überflüssig vorgekommen sein, wenn sie ihm näher bekannt gewesen wären.»

Wir bedauern aufrichtig, dass der Verfasser sich entschlossen hat, diese hier überflüssige an sich in keinem einzigen Punkte zu verteidigende Anmerkung dem Reisehandbuche einzufügen. Da Baronius zitiert ist, so verweisen wir ebenfalls auf Baronius, Annalen tom. 1. ad a. 9. §.1. und bezüglich der Stelle aus Bonifatius von Ragusa auf Quaresmius tom. 2. lib. 7. c. 4. peregr. 3. Siehe auch «Stimmen aus Maria-Laach», 1882, Heft 6, S. 102.

Diese Echtheit hat auch der Herr selbst bestätigt durch eine fortlaufende Reihe von Wundern. «Der Wunder, welche Gott in Loreto gewirkt hat, sind so viele», sagt der heilige Petrus Canisius*, «dass es nicht möglich ist, sie zu zählen. Sie sind so offenbar und berühmt, dass nur die Unverschämtesten sie zu leugnen wagen; sie sind so ausserordentlich und staunenerregend, dass selbst der gewandteste Redner sie nicht in erschöpfender Weise zu beschreiben und zu erklären vermöchte. Von nah und fern drängen sich Leute ohne Unterschied des Standes zu diesem Heiligtume. Sie legen der allerseligsten Jungfrau Gelübde ab oder erfüllen die bereits abgelegten, je nach ihren verschiedenen Anliegen; alle sind sie von demselben Beweggrunde beseelt, alle haben dasselbe Ziel im Auge, nämlich: ihre Verehrung oder ihre Dankbarkeit gegen die Mutter Gottes zu erkennen zu geben. Einige bringen derselben den Tribut ihres Dankes, weil sie fühlen, dass sie ihr nächst Gott ihre Rettung von schrecklichen Krankheiten und furchtbaren Gefahren zu Lande und zur See verdanken; dass sie von Gott durch ihre Fürsprache, als alles verloren schien, unerwartet Hilfe erlangten; oder dass sie zur Zeit der grössten Not, daheim und in der Fremde, unter Freunden und Feinden in vorhergesehenen und unvorhergesehenen Gefahren durch sie liebevoll beschützt und bewahrt wurden. Andere wiederum kommen, weil ihnen das Gelingen eines Lieblingsplanes sehr am Herzen liegt, weil sie ihren Lebensberuf ändern wollen, weil die Wucht schwerer Trübsal oder die Furcht vor drohenden Übeln sie niederbeugt. Die unzähligen Weihegeschenke aber, sowie die aufgehängten Danktäfelchen bezeugen genügend, dass ihre Gebete erhört wurden.»

Auch an Wundern ganz anderer Art, die noch erstaunlicher und gleich zahlreich sind, ist die Geschichte Loretos überreich. «Nichts ist gewöhnlicher», so fährt Canisius fort, «als dass Fremde, deren Seele in Sünden tot darniederlag und vielleicht seit einer Reihe von Jahren mit den schwärzesten Verbrechen befleckt war, in diesem Heiligtum zur Erkenntnis ihrer Schuld erwachen; dass sie sich dem Priester vorstellen und ihren elenden aussätzigen Zustand einem der erfahrenen Seelenärzte entdekken, mit denen die fürsorgende Liebe der Kirche diesen Ort so reichlich bedacht hat, damit alle diejenigen, welche ihrer bedürfen, von ihrer Hand den heilsamen Balsam der Busse empfangen. Nichts ist gewöhnlicher, als hier Personen zu sehen, welche soeben von allem Guten weit entfernt,

* De Deipara lib. 5. c. 25.

plötzlich zu Kindern Gottes werden, so dass Häretiker zu Christen, Verbrecher zu ehrlichen Leuten, Wölfe zu Schafen sich umgestalten. Solche, welche bis dahin in offener Feindschaft gegen Gott und ihre Nebenmenschen gelebt haben, kommen hierher und tragen jeden Gedanken an Neid, Hass, Zorn und Lieblosigkeit zu Grabe. Sie versöhnen sich mit ihrem Nächsten und büssen nicht selten sogar öffentlich ihre Sünden. Sie tragen ihre Schulden ab, vergeben denen, die ihnen etwas schuldeten, geben alles, was sie vielleicht auf unrechte Weise erworben hatten, wieder zurück und erfüllen mit einem Worte das ganze Gesetz der Liebe.»

Es ist unmöglich, alle Beispiele von wunderbaren Heilungen am Leibe und an der Seele im einzelnen anzuführen. Wie viele letzterer Art mögen bloss den Engeln des Himmels bekannt geworden sein! Zuerst pflegte man diese Wunder alle aufzuzeichnen, später aber, da sie täglich, ja so zusagen ununterbrochen vorkamen, wurde das regelmässige Aufzeichnen derselben aufgegeben. Bei Tursellinus zählte ich eine Auswahl von sechzig der auffallendsten Wunder, die auf das genaueste und umständlichste von ihm beschrieben sind. Um wenigstens eine Vorstellung von der unerhörten Grossartigkeit der zu Loreto gewirkten Wunder zu ermöglichen, sollen drei derselben etwas ausführlicher erzählt werden .*

Ein Priester aus Dalmatien, welcher der Himmelskönigin von Loreto ungemein zugetan war, wurde von den Türken gefangengenommen. Diese suchten ihn, teils durch Versprechen, teils durch Drohungen, zum Abfalle vom christlichen Glauben zu bewegen. Er aber wies ein so gottloses Ansinnen unter Anrufung der süssesten Namen Jesus und Maria beharrlich zurück. Hierüber gerieten die Türken in Wut und fragten den Priester, warum er diese Namen so oft ausspreche. Er antwortete: «Weil ich dieselben in meinem innersten Herzen trage». Hierauf drohten sie ihm, sie würden ihm das Eingeweide herausreissen, wenn er nicht augenblicklich Jesus und Maria verleugne. Allein der Priester erwiderte unerschrocken: «Das Eingeweide [1] meines Leibes könnet ihr mir nehmen, Jesus und Maria aber niemals!» Dann empfahl er sich der Mutter Gottes von Loreto und versprach, wenn sie ihm das Leben erhalten würde, eine Wallfahrt nach dem heiligen Hause zu machen. Darauf ergrimmten die Barbaren noch mehr, durchschnitten dem Priester wirk-

* S. Tursellinus lib. 2, 18; 3.18; 4.12

[1] Gemeint ist in erster Linie das Herz.

lich den Leib, rissen das Eingeweide heraus und gaben ihm, dem Halbtoten, daselbe in die Hand mit den Lästerworten: «Nun gehe eilends hin zu deiner Maria nach Loreto und bringe ihr das Eingeweide, worin du sie trägst!»

Kaum hatten die Türken den nach ihrer Meinung schon gestorbenen Priester verlassen, siehe, da ereignete sich ein unerhörtes, fast unglaubliches Wunder. Der Priester erhebt sich, fängt an zu gehen, legt in kurzer Zeit eine weite Strecke zurück, kommt nach Loreto, seine Eingeweide in den Händen tragend, erzählt die ganze Begebenheit und setzt durch seine Erscheinung alle Anwesenden in das grösste Erstaunen. Darauf empfängt er die heiligen Sakramente, verweilt noch eine Zeitlang andächtig im heiligen Hause und gibt dann als Martyrer seinen Geist auf. [1]

Wie könnte man ein solches Wunder glauben, wenn nicht die zuverlässigsten Zeugnisse dasselbe bestätigen? Für die Wahrheit dieser Begebenheit sind eingetreten eine grosse Zahl von Menschen, die den Priester mit eigenen Augen gesehen und seine Worte gehört hatten. Dafür sind eingetreten die Eingeweide selbst, die im heiligen Hause aufgehängt und noch viele Jahre hindurch von den Pilgern gesehen worden sind. Zur Zeit, als Tursellinus dieses Wunder beschrieb, lebten noch Leute, welche die Eingeweide gesehen hatten, als sie noch ganz frisch waren. Papst Paul III. liess dieselben entfernen, aber auf einer Gedenktafel durch ein Gemälde den dalmatinischen Priester darstellen, wie er die Eingeweide vor sich trägt; beigefügt ist dem Gemälde ein kleiner Bericht des wunderbaren Ereignisses.

Wenn die Mutter Gottes von Loreto zugunsten eines treuen Dieners und heiligmässigen Priesters ein solch erstaunliches Wunder, wie das eben erzählte, wirkt, so findet man das gewissermassen immer noch begreiflich. Was sollen wir aber dazu sagen, dass dieselbe Mutter Gottes sogar das Vertrauen eines Ungläubigen und geschworenen Christenfeindes, eines Türken, für den sie um ihre Hilfe angerufen wird, nicht zu Schanden werden lässt?

Im Jahre 1552 lag ein türkischer Pascha zu Konstantinopel an einem

---

[1] In der Basilika von Loreto findet sich eine Darstellung dieses Priesters in Pilgerkleidung mit einer klaffenden Wunde in der Brust, und zwar links am Eingang zur Schweizer Kapelle. Darunter kann man einer lateinischen Inschrift entnehmen, dass der (unverweste) Leib dieses Priesters im Jahre 1936 bei Grabungsarbeiten entdeckt worden sei und dass das Bild diesem ganz entspreche. Das Wunder hat sich nach Tursellinus zu der Zeit ereignet, da Papst Leo X. regierte (1513-1521).

Brust-Geschwüre tödlich krank darnieder; man erwartete jeden Augenblick sein Ende. Da trat ein frommer Christ, der sich unter den Sklaven befand, an das Krankenlager seines Herrn und erteilte ihm den Rat, er solle die Mutter Gottes von Loreto mit Vertrauen anrufen und ihr versprechen, ihm die Freiheit zu schenken, wenn er genesen würde. Darauf fällt der Sklave auf die Knie, ruft mit grosser Inbrunst die Hilfe Mariens an und veranlasst seinen Herrn, mit ihm die Worte auszusprechen. «Ich bitte die Mutter Gottes von Loreto um Hilfe!» In demselben Augenblicke bricht das Geschwür auf, und der Pascha ist gerettet. Sogleich erteilt er dem Sklaven die Freiheit und schickt ihn nach Loreto mit einem eigenhändigen Schreiben, in welchem er den Vorfall getreu geschildert und durch Namensunterschrift beglaubigt hat. Auch liess er eine Anzahl Geschenke als Zeichen der Dankbarkeit dem heiligen Hause überreichen, von denen die geeignetsten selbst zu ewigen Andenken aufgehängt wurden.

Eine noch grössere, weil mehr geistige als leibliche Wohltat hat die lauretanische Mutter einem sechzigjährigen Juden erwiesen. Dieser wohnte zu Nazareth, wo anfangs das heilige Haus gestanden. Eine geraume Zeit hindurch hatte er wiederholt den innern Trieb in sich verspürt, sich zum Christentum zu bekehren; allein die den Juden angeborene Hartnäckigkeit hielt sein Herz den göttlichen Einsprechungen gegenüber verschlossen. Endlich fügte es die Vorsehung Gottes, dass er von den Türken ergriffen und zu lebenslänglicher Gefangenschaft verurteilt wurde. Die körperlichen Leiden, die er im Kerker zu erdulden hatte, ohne Hoffung, jemals von denselben befreit zu werden, brachten ihn dazu, ernstlicher über sein Seelenheil nachzudenken. Er wandte sich an den wahren Messias und dessen heilige Mutter und bat den Sohn Gottes um Verzeihung wegen seines jahrelangen, hartnäckigen Widerstrebens gegen die dargebotene Wahrheit.

Hierauf erschien ihm in der Nacht Christus der Herr mit seiner heiligsten Mutter in Begleitung einer andern heiligsten Jungfrau, die ihm die Ketten von Händen und Füssen abnahm. Die Türen des Kerkers öffneten sich, der Jude wurde von Maria selbst bis zum nächsten Meereshafen geführt, wo ein kleines Fahrzeug bereit stand. Dieses befahl ihm die seligste Jungfrau zu besteigen und sprach zu ihm: «Jetzt bist du erlöst, vergiss meiner nicht! Siehe, ich habe dir die Möglichkeit verschafft, zu fliehen, und werde ich auch auf deiner Flucht nicht verlassen. Begib dich nach Loreto in Italien, dort lasse dich taufen, gehe darauf zum Marien-Altar und fasse einen ernstlichen Entschluss, fromm zu leben!» Der Jude erstattete seiner Retterin nach Kräften Dank, kannte sie aber noch nicht und begehrte zu wissen, wer sie sei. Sie antwortete ihm, sie sei die lauretanische Mutter und ihre Gefährtin die Hl. Lucia, worauf sie beide verschwanden. War das Wirklichkeit oder nur ein Traum, so fragte sich der Jude, nachdem die Erscheinung verschwunden war. Als er jedoch, völlig zum Bewusstsein zurückgekehrt, die Augen aufschlug und sah, dass er sich ohne Ketten, ausserhalb des Kerkers, in einem Schifflein auf freiem Meere befand, geriet er über eine solche seltsame Begebenheit ganz in Erstaunen. Dann hob er seine Hände gegen den Himmel und lobte den allmächtigen Gott, der dieses Wunder an ihm gewirkt hatte. Noch grösser aber wurde seine Verwunderung, als er merkte, wie das Schifflein, in dem er sich befand, ohne Ruder und ohne alle menschliche Mitwirkung mit unglaublicher Schnelligkeit auf dem Meere fortgetrieben wurde. Nach einer Fahrt von zwei Tagen landete er in Ancona. Eine grosse Menge Volkes, das mit Erstaunen wahrnahm, wie dieses kleine Fahrzeug ohne menschliche Hilfe auf den Wellen des Meeres sicher daherkam, sammelte sich am Ufer. Nachdem der Jude das Land erreicht und den Einwohnern von Ancona alles getreulich erzählt hatte, was ihm begegnet war, nahmen sie ihn mit unaussprechlicher Freude auf und wollten ihn nicht mehr von sich lassen. Sie begehrten, er solle in Ancona die Hl. Taufe empfangen und daselbst Wohnung nehmen. Allein er bestand darauf, nach Loreto zu gehen, weil die Mutter Gottes ihm befohlen hatte, in Loreto sich taufen zu lassen. Das geschah denn auch im Jahre 1560. Pater Riera, von dem schon die Rede gewesen, hat diese Geschichte aus dem Munde des Juden selbst vernommen.

Den Zeugnissen der Geschichte und den noch handgreiflicheren Zeugnissen so vieler und so erstaunlicher Wunder gegenüber, die Gott nicht zur Beglaubigung eines Irrtumes oder eines Betruges zu wirken pflegt, konnte auch die Kirche sich nicht gleichgültig verhalten. Selbstverständlich ist die Geschichte der wunderbaren Übertragung des heiligen Hauses kein Glaubensartikel und kann es niemals werden; sie ist indessen, wie aus dem bisher Mitgeteilten mehr als genügend hervorgeht, eine so überzeugend klar erwiesene Tatsache, dass nur der Verstand der Unverständigsten oder böswilliger Menschen sie noch in Abrede stellen kann. – Die Kirche hat deshalb zum Danke für die grosse Wohltat, welche

Gott für die Übertragung des Hauses der Christenheit des Abendlandes erwiesen, im Jahre 1669 ein eigenes Fest, das Fest der «Übertragung des hehren Hauses der Hl. Jungfrau Maria«, eingeführt und für die Feier desselben den 10. Dezember bestimmt. An diesem Tage verrichtet der Priester in der heiligen Messe sowohl, wie auch im Brevier hierauf bezügliche Gebete. In letzterem findet sich für diesen Tag eine eigene von Clemens VIII. angeordnete Lesung, welche die Geschichte des heiligen Hauses in ganz kurzer Form wiedergibt. * [(1)]

Obgleich nun die Kirche den Inhalt des Breviers nicht als Glaubenssache angesehen wissen will, so darf doch mit Sicherheit behauptet werden dass geschichtliche Ereignisse dadurch, dass sie im Brevier erwähnt werden, einen gewissen Grad von Glaubwürdigkeit erhalten. Niemals würde die Kirche, welche in dieser Beziehung die peinlichste Vorsicht anwendet, ihre Zustimmung zur Feier eines solchen Festes gegeben haben, wenn sie den Gegenstand des Festes nicht als eine über jeden vernünftigen Zweifel erhabene Tatsache angesehen hätte.

Welche Stellung der Apostolische Stuhl dem Heiligtum von Loreto gegenüber allzeit eingenommen hat, erhellt daraus, dass von den sechsundsechzig Päpsten die seit der Übertragung des heiligen Hauses den Stuhl Petri innehatten, fünfundvierzig auf die eine oder andere Weise die Geschichte desselben bestätigt haben. Einige taten es durch Ablässe und

---

* Siehe Bulle Innozenz XII.: «Sacrosancta Redemptionis humanae mysteria», und «das Römische Brevier».

(1) Hinsichtlich der Geschichte des liturgischen Festes der Übertragung des heiligen Hauses sei hier folgendes festgehalten: 1595 gestattete Clemens VIII. für Loreto eine liturgische Feier am 10. Dezember, dem traditionellen Jahrestag der Übertragung. – 1632 dehnte Urban VIII. dieses Fest auf die ganze Provinz Picenum aus. – 1669 lässt Clemens IX. in das römische Martyrologium die bedeutungsvollen Worte einfügen: «Am 10. Dezember in Loreto in den Grenzmarken Festfeier der Übertragung des heiligen Hauses der Gottesmutter Maria, in welchem Haus das Wort Fleisch wurde». – 1699 wurde von Innozenz XII. der Text für Messe und Brevier gutgeheissen, wo in der Festoration und in der 6. Lesung des Breviers die wunderbare Übertragung als geschichtliche Tatsache ausgesprochen wird. – 1725 dehnte Benedikt XIII. diese Festfeier auf Rom und den ganzen Kirchenstaat aus. 1728 gestattete er diese Festfeier für Venedig, und 1729 für alle Besitzungen des Königs von Spanien. – 1913 bleibt im Zuge der neuen Massnahmen der Ritenkongregation das Fest der Übertragung nur für das Picenum bestehen. – 1916 führt Benedikt XV. die Festfeier für ganz Italien und die dazugehörigen Inseln ein. Andere Diözesen und Orden können weiterhin das Fest für sich erbitten. (Aus: Clemens M. Henze, «Warum nach Loreto?», 1957, in der Schriftenfolge «Heiland»)

G.B. Tiepolo (18. Jahrhundert). Übertragung des Heiligen Hauses

andere Privilegien, andere durch Einführung oder Bestätiung neuer Lesungen im Brevier, wieder andere durch Wallfahrten, die sie selbst dahin machten, und einige sogar durch schriftliche Verteidigung der Geschichte selbst. Es würde zu weit führen, diese Auszeichnungen und Aussprüche alle einzeln anzugeben. Einige Päpste jedoch, die ausführlicher und bestimmter als die übrigen des heiligen Hauses gedachten, oder gar in eigener Person die wunderbare Hilfe der Gottesmutter in Loreto erfahren haben, darf ich nicht mit Stillschweigen übergehen.

Kurze Zeit nach der Ankunft des heiligen Hauses in Italien begann für die Päpste das sogenannte «Babylonische Exil». Clemens V. verliess im Jahre 1309 Rom, den Stuhl Petri und das Grab der Apostelfürsten, er verlegte seinen Sitz in einen Winkel des südlichen Frankreich, nach Avignon. Hier residierten die Päpste bis zum Jahre 1378, und als in diesem Jahre endlich wieder ein Papst zu Rom den Stuhl Petri bestieg mit Namen Urban VI., wählten die französischen Kardinäle einen Gegenpapst. So erlebte die Welt das traurige Schauspiel, zwei Päpste nebeneinander regieren zu sehen, ein Schisma, welches erst im Jahre 1417 durch die Wahl Martins V. sein Ende fand. Dass unter solchen Umständen die Päpste dem heiligen Hause nicht die Aufmerksamkeit schenken konnten, die es verdiente und in ruhiger Zeit auch erfahren hätte, liegt auf der Hand. Hierbei ist es höchst merkwürdig, dass der einzige Papst, der während dieser Zeit nach Italien kam, **Urban V.**, gerade auch Loreto besuchte.

Indessen wäre es weit gefehlt, wenn man annehmen wollte, die Päpste hätten, fern von Italien, des Geschenkes, welches der Himmel auf italienischen Boden gesetzt hatte, ganz vergessen. Auch von Avignon aus ermunterten sie die Gläubigen zur Verehrung des Heiligtums, und **Benedikt XII.** (1334 - 1342) verlieh sogar von hier aus einen Ablass allen denjenigen, welche mit erforderlicher Vorbereitung das Sanctuarium zu Loreto besuchen würden.

Ganz anders gestaltete sich jedoch das Verhältnis der Päpste zum heiligen Hause, als sie wieder ungestört in Rom residierten. Zunächst verdient Papst **Pius II.** (1458-1464) genannt zu werden. Dieser Papst wurde, schon vorgerückt an Jahren, auf seiner Reise nach Ancona von einem sehr heftigen Fieber befallen, gegen welches die ärztlichen Mittel erfolglos blieben. Da nahm er seine Zuflucht zur lauretanischen Jungfrau, die sich schon so oft als das «Heil der Kranken» erwiesen hatte. Sein Gebet war erhört, er erlangte seine Gesundheit wieder und sandte alsogleich zum Danke für diese Wohltat dem heiligen Hause von Loreto einen schweren goldenen Kelch, auf welchem eine von ihm selbst verfasste, dieses Wunder dokumentierende Inschrift eingraviert war. (1)

Pius II. starb im Jahre 1464 in Ancona. Zu jener Zeit wütete gerade in dieser Stadt die Pest und einer der Kardinäle, welche Pius begleiteten, Pietro Barbo, ein Venetianer und Kardinal von St. Markus, befand sich unter den an der Pest Erkrankten. Die wunderbare Herstellung der Gesundheit des verstorbenen Papstes war noch im frischen Andenken aller. Vertrauensvoll liess der Kardinal von St. Markus sich nach dem nur

(1) Pius II. hat den Kelch der Muttergottes von Loreto v o r seiner Abreise von Rom nach Ancona übersandt, um ihre Fürbitte um Heilung von Krankheit, die ihn an der geplanten wichtigen Reise hinderte, zu erflehen. Dies geht aus der Inschrift des Kelches hervor.

18 Meilen von Ancona entfernten Loreto bringen, um die Fürbitte der gebenedeiten Jungfrau, nicht sowohl für sich selbst, als vielmehr das Wohl der Kirche anzuflehen. Nachdem er aus einem sanften Schlummer, in welchen er während seines Aufenthaltes im heiligen Hause verfiel, erwacht war, fand er sich vollkommen hergestellt, und, was noch mehr ist, er hatte zugleich von der Hl. Jungfrau die Zusicherung erhalten, dass er auserwählt sei, der Nachfolger des abgeschiedenen Papstes zu werden. Er verliess des Heiligtum, ohne auch nur noch eine Spur von der tödlichen Krankheit an sich zu tragen, an welcher er doch noch eben so schrecklich gelitten hatte. Zum Danke für diese Wohltat entschloss er sich, über dem heiligen Hause eine der Heiligkeit des Gegenstandes würdige Kirche zu erbauen, welchen Entschluss er sofort dem Statthalter der Provinz Ancona mitteilte. Kurz darauf ward er zum Papste erwählt, nahm den Namen **Paul II.** an und begann unverzüglich den Bau des herrlichen Tempels, welcher gegenwärtig das heilige Haus umschliesst, und welcher noch für viele Zeiten ein grossartiges Denkmal der Frömmigkeit und Munifizenz seines Erbauers bleiben wird.*

In zwei Bullen spricht er sich über das heilige Haus von Loreto dahin aus, dasselbe sei nach der Versicherung von Personen, denen man Glauben schenken könne, durch eine Engelschar und die wunderbare Güte Gottes in Loreto niedergesetzt worden, und dieselbe gnadenreiche Jungfrau habe dort unzählige, grosse und erstaunliche Wunder gewirkt, «wie wir in eigener Person erfahren haben».

Julius II. (1503-1513) liess durch den berühmten Architekten Bramante der von Paul II. erbauten Basilika eine militärische Befestigung geben und überhaupt Loreto befestigen, so dass es allenfalls einen Angriff von seiten der Türken, der wegen der Nähe des Meeres leicht ausführbar war, abwehren konnte. Ebenso beauftragte dieser Papst denselben Bramante zur Anlegung jenes grossartigen Palastes, der sich dicht an die Kirche anschliesst und noch heute Gegenstand der Bewunderung ist.

Clemens VII. (1523-1534) sagt, dass zu seiner Zeit täglich zahlreiche

---

* So die meisten Geschichtschreiber. Das ist jedoch ein Irrtum; denn P. Vogel hat in seinem Werke: «De Ecclesiis Recanatensi et Lauretana Commentarius» nachgewiesen, dass nicht Papst Paul II., sondern Bischof Nikolaus von Aste der Urheber der Kirche ist. Tatsächlich hat aber der Papst das meiste zur Ausführung der Absicht des Bischofes beigetragen. Sein Gelübde wird demnach in dem Sinne aufzufassen sein, dass er sich entschlossen habe, den Bau der Kirche mit reichlichen Mitteln zu unterstützen.

und grosse Wunder hier geschehen wären. Wie schon erwähnt, liess dieser Papst auch die Geschichte des heiligen Hauses aufs neue prüfen und jene herrliche Marmorumkleidung zum grossen Teile ausführen.– Sein Nachfolger **Paul III.** (1534-1549) besuchte während seines Pontifikates zweimal das heilige Haus und sagt in einer Bulle: «Glaubwürdige Personen legten Zeugnis davon ab, dass es wirklich das Haus sei, in welchem das Wort Fleisch ward, um unter uns zu wohnen.»

Marcellus II., der im Jahre 1555 nur 21 Tage regierte, hatte als Kardinal in der Nähe des heiligen Hauses Wohnung genommen und liebte es, in demselben das heilige Messopfer darzubringen. Als er nun eines Tages nach dem Ableben des Papstes Julius III. wieder im heiligen Hause am Altare stand, erschien ihm während der heiligen Messe die allerseligste Jungfrau und offenbarte ihm, dass er zum Papste gewählt werden würde, was auch geschah. Diese Erscheinung hat er ausser vielen anderen auch dem Jesuiten Riera erzählt, von dem sie der Nachwelt schriftlich überliefert worden ist. Da er von der Mutter Gottes selber wusste, dass die Kardinäle ihn zum Papste wählen würden, so hatte er schon vor seiner Abreise nach Rom zum Konklave die weitgehendsten Pläne zugunsten des heiligen Hauses von Loreto entworfen, deren Ausführung jedoch durch den allzufrühen Tod dieses durch Heiligkeit und Gelehrsamkeit ausgezeichneten Papstes vereitelt wurde.

Pius V., der Heilige (1566-1572), liess das Bildnis des heiligen Hauses von Loreto, wie es von den Engeln in den Lüften getragen wird, dem sogenannten Agnus Dei (Wachsscheiben in Form von grossen Hostien) einprägen, welches dem Gebrauche gemäss beim Beginne eines jeden neuen Pontifikates (und somit auch des seinigen) geweiht zu werden pflegt. Die Umschrift dieser Abbildung lautete: «Vere domus florida, quae fuit in Nazareth! Wahrlich, ein blühendes Haus, das zu Nazareth war.»

Sixtus V. (1585-1590), aus der Picener Mark gebürtig, war mit grosser Liebe dem heiligen Hause zugetan. Er gab Loreto das Recht einer Stadt und zierte es mit einem Bischofsitze. Auch säuberte er die Gegend von Räubern und bot alles auf, um die nachteiligen Einflüsse der ungesunden Luft in der Umgegend von Loreto zu beseitigen.

Im Jahre 1592 liess **Clemens VIII.** folgende Inschrift am Fusse der östlichen Seite des heiligen Hauses oder vielmehr in die marmorne Einfassung desselben eingraben:

«Christlicher Pilger, der du eines frommen Gelübdes wegen hierher gekommen bist; was du hier vor Augen siehst, ist das heilige lauretanische Haus, durch göttliche Geheimnisse und glorreiche Wunder auf dem ganzen Erdkreise ehrwürdig. – Hier hat die heiligste Gottesgebärerin Maria das Licht der Welt erblickt. Hier ist sie vom Engel gegrüsst, hier ist das ewige Wort Gottes Fleisch geworden. Dieses Haus brachten die Engel zunächst von Palästina nach Dalmatien zur Stadt Tersato im Jahre des Heiles 1291 unter dem Papste Nikolaus IV. Drei Jahre später, zu Anfang des Pontifikates Bonifatius VIII., wurde es durch derselben Engel Dienst nach Picenum übertragen in die Nähe der Stadt Recanati und in den Hain dieses Hügels hingestellt, wo es, nachdem es im Laufe eines Jahres dreimal seinen Platz geändert, zuletzt hier nach Gottes Weisung seinen festen Sitz nahm, vor jetzt 300 Jahren. Seit der Zeit kam dieses heilige Haus auf die Kunde eines so unerhörten, staunensweren Ereignisses, welches die benachbarten Völkerschaften zur Bewunderung hinriss, sowie dann auch auf die Menge der Sünder, die seinen Ruf weithin verbreiteten, bei allen Nationen in hohe Verehrung. Seine Mauern stehen, durchaus von keinem Fundamente gestützt, nach Verlauf so vieler Jahrhunderte ganz unversehrt da. Papst Clemens VII. bekleidete es nach allen Seiten hin mit marmornem Schmucke im Jahre1534. Papst Clemens VIII. befahl, dass die kurze Geschichte der bewunderungswürdigen Übertragung auf diesen Stein eingeschrieben werde, im Jahre 1595. Antonius Maria Galla, der heiligen römischen Kirche Kardinal-Priester und Bischof von Osimo, Protektor des heiligen Hauses, trug Sorge, dass es geschah. – Du, o Pilger, verehre hier andachtsvoll die Königin der Engel und Mutter der Gnaden, auf dass du durch ihre Verdienste und Fürbitte bei ihrem süssesten Sohne, dem Urheber des Lebens, Verzeihung deiner Sünden, Gesundheit des Leibes und die ewigen Freuden erlangest!» [1]

Benedikt XIV. (1740-1758), dessen Gelehrsamkeit und strenge Kritik hinlängliche Gewähr für das Ansehen seiner Urteile bieten, erwähnt nicht allein die wichtige Tatsache der Übertragung des heiligen Hauses, sondern er verteidigt sie auch in gelehrter und scharfer Weise gegen alle diejenigen, die sie bestritten haben. Er führt alte Urkunden, eine ununterbrochene Überlieferung, die Erklärungen der Päpste, den allgemeinen Glauben der Christen und die fortwährenden Wunderwirkungen als Beweise für die Echtheit des lauretanischen Hauses an.* Wir kommen zu den Päpsten unserer Tage.

---

(1) Diese Worte haben wir zu Beginn des Buches bereits abgedruckt

*Vgl. dessen Werke: «De Servorum Dei Beatificatione et Beatorum Canonizatione» und «Commentarius de festis»

Im Jahre 1841 besuchte Papst **Gregor XVI.** das Heiligtum von Loreto. Am 13. September brachte er, um seiner Verehrung gegen die gebenedeite Jungfrau Genüge zu leisten, im heiligen Hause das unblutige Opfer des Neuen Bundes dar und spendete zur grössten Erbauung aller Anwesenden einer grossen Zahl von Gläubigen die Kommunion.

Der Name **Pius IX.**, unvergesslichen Andenkens, ist so innig mit Loreto verwachsen, dass sein Verhältnis zu diesem Heiligtum ein hervorragender und bedeutsamer Punkt in seiner Lebensbeschreibung bleiben wird. Es ist nicht zu viel gesagt, wenn man behauptet, dass Pius IX. der Mutter Gottes von Loreto nicht bloss seine Gesundheit und seine wiederholte Rettung aus Lebensgefahr, sondern auch seine Berufung zum Priesterstande und zur höchsten kirchlichen Würde verdankt, und dass die kindliche Liebe und hohe Verehrung, welche er zeitlebens gegen die allerseligste Jungfrau an den Tag legte, und die auf seinen ganzen Lebensgang fast wunderbar einwirkte und für die ganze Christenheit befruchtend wurde, neben der Anleitung und dem Beispiele seiner frommen Mutter im heiligen Hause zu Loreto grundgelegt und genährt worden ist.

Im Marienmonate des Jahres 1792, in der durch das heilige Haus gesegneten Provinz Picenum in der Stadt Senigallia, unweit Loreto, geboren, erhielt der nachmalige Papst Pius IX. in der heiligen Taufe die Namen Johannes Maria: schon lauter Umstände, in denen man nicht unklare Hindeutungen auf den künftigen Verehrer der lauretanischen Jungfrau erblicken kann. Der Mutter Gottes hatte die Gräfin Mastai* ihren jüngsten Sohn vollständig und feierlich geweiht. Vor dem Bilde der Schmerzensreichen warf sie sich eines Tages auf die Knie, hob den Knaben zu ihr empor und betete:

«O Maria, nimm ihn an Kindesstatt an, wie du seinen Schutzpatron, den Lieblingsjünger, angenommen, dir weihe ich ihn, dir überlasse ich ihn ganz!»

Und wie oft mag sie diese Widmung feierlich wiederholt haben, wie oft mag sie den Knaben selbst veranlasst haben, die Widmung auch seinerseits zu erneuern, wenn sie im Laufe der Jahre mit ihm nach dem nahen Loreto pilgerte und dort vor dem Gnadenbilde kniete!

Als Jüngling litt Pius IX. an einer schweren, in der Regel unheilbaren Krankheit, an der Fallsucht (Epilepsie), einem unübersteiglichen Hinder-

* S. Hülskamp, «Piusbuch»

nis für den Eintritt in den Priesterstand. Zwar waren die Anfälle seit einigen Jahren nicht mehr so zahlreich und heftig gewesen, wie früher, so dass der junge Graf die Hoffnung hegen durfte, dieses Hindernis mit der Zeit völlig beseitigt zu sehen. Allein nun stellten sich Zweifel bei ihm ein, ob er überhaupt zum Priesterstande berufen sei, und er enschied sich schliesslich für den Soldatenstand. Wegen der grossen Zahl der Anmeldungen für die Nobelgarde konnte er indes nicht sofort aufgenommen werden. Er wartete noch immer, als ein Ereignis eintrat, welches mit entscheidendem Gewichte in sein inneres und äusseres Leben eingriff.

Eines Abends wurde der freundliche Lehrer und Gespiele der armen Waisenkinder in der Anstalt Tata Giovanni vergebens erwartet. Er war auf der Strasse plötzlich niedergestürzt und wand sich in Krämpfen. Die Bewohner von Tata Giovanni, hiervon benachrichtigt, eilen ihm zu Hilfe. Rasch wird der Bewusstlose ins Haus und zu Bett gebracht, und lange dauert es, bis die Krämpfe aufhören und die Besinnung zurückkehrt. So heftig war seit Jahren kein Anfall mehr gewesen. Das war ein Donnerschlag für den Jüngling, der sich für gesund und stark genug gehalten hatte, um Soldat werden zu können. Von der Kandidatenliste der Nobelgarde wurde er auf Verlangen des Fürsten Barberini sofort gestrichen; jede andere Laufbahn schien jetzt, wo man an eine stete Wiederkehr der Krankheit glauben musste, nicht minder abgeschnitten. Was in solcher Not beginnen? Der Unglücksfall war dem Papste Pius VII. zu Ohren gekommen. Dieser liess den geknickten Jüngling zu sich rufen, redete ihm Trost und Hoffnung ein und wies ihn an seine mächtige Schutzpatronin, die allerseligste Jungfrau. Unverzüglich machte er sich auf den Weg zur Gnadenmutter von Loreto. Hier wirft er sich im heiligen Hause auf die Knie, fleht in inbrünstigem Gebete die lauretanische Mutter um ihre Hilfe an und verspricht, sich ganz dem Dienste ihres göttlichen Kindes zu widmen und ihr Lob zu verkünden alle Tage seines Lebens, wenn sie ihm die Gesundheit seines Leibes und die Stärkung seines Willens erbitte. Er fühlte es, als er sich vom Gebete erhob, dass dasselbe erhört worden sei.[1]

---

[1] Die Heilung des Papstes Pius IX. in Loreto stellt einen hagiographischen Zankapfel dar: Während die einen Geschichtsschreiber vehement eine Heilung in Loreto ansetzen, sprechen sich ebenso qualifizierte Biographen für eine Heilung in Mugnano del Cardinale (St. Philomena) aus.

Den historischen Tatsachen scheint folgendes am nächsten zu kommen: Der kranke Jüngling Giovanni flehte ungefähr gegen Ende des Jahres 1816 die Muttergottes in

Freudigen Herzens eilte er nach Hause und erzählte den Eltern, wie die lauretanische Mutter ihm die Gesundheit versprochen. Die Krankheit nahm in der Tat immer mehr ab und war bald verschwunden. Aber auch er hielt seine Versprechen; denn sofort nach seiner Erhörung hatte er das geistliche Gewand angelegt und sich die vier niederen Weihen erteilen lassen. Er wurde Priester, dann Bischof und Kardinal, und am 16. Juni 1846 Papst.

Im Revolutionsjahre 1848 musste Pius IX. aus seiner geliebten Stadt Rom nach Gaeta fliehen. Die Flucht gelang trotz der strengsten Bewachung seines Palastes und der überall aufgestellten Häscher. Dass die Rettung glücklich durchgeführt wurde, erscheint fast als ein Wunder. Die lauretanische Mutter hatte ihr Kind beschützt.

An einem April-Nachmittage des Jahres 1855 befand sich der Hl. Vater mit noch 120 anderen Personen in einem Saale des Pfarrhauses von San Agnete. Da fängt plötzlich der Fussboden an zu wanken; der Balken, auf welchem derselbe ruht, bricht unter furchtbarem Gekrach entzwei, und rascher, als es sich aussprechen lässt, stürzt alles, was im Saale ist, fast ohne Ausnahme in die Tiefe. Balken und Stühle, Steine und Mörtelstücke fielen auf die Herabstürzenden nieder, und über ihnen wirbelte im nächsten Augenblicke eine fast erstickende Staubwolke empor. Über 20 Fuss tief war der Sturz gewesen, und doch war von den 120 Personen keiner getötet, keiner gefährlich verwundet. Nur kleinere Verletzungen, allerdings in grosser Zahl, hatten stattgefunden, der Papst selbst war ganz unversehrt geblieben.

«Das ist ein Wunder!» rief er aus, als er hörte, dass niemand auch nur ein Glied gebrochen hatte. Noch im Fallen hatte der heilige Vater ausgerufen: «Unbefleckte Jungfrau, steh' uns bei!» Und die Unbefleckte stand den Gefährdeten wunderbar bei; sie gewährte die grosse Macht ihrer Fürbitte und schützte den, der sich im heiligen Hause zu Loreto zeitlebens ihrem Schutze übergeben hatte.

Das sind nur einige von den vielen Wohltaten, welche die lauretanische Mutter ihrem Schützling in leiblicher und geistiger Beziehung erwiesen.

Loreto um Heilung an und wandte sich wohl in dieser Zeit anlässlich einer Pilgerreise auch an die heilige Philomena und bat um ihre Fürsprache. Bereits am 5. Januar 1817 empfing er die niederen Weihen. Am 10. April 1818 die Priesterweihe. Eine mögliche Dankwallfahrt des Neupriesters nach Mugnano könnte für das Jahr 1818 anzusetzen sein.

Nicht leicht wird sich aber auch unter ihren Kindern eines finden, welches sich für die empfangenen Wohltaten dankbarer erzeigt hätte, als Pius IX. Nicht bloss unterhielt er persönlich bis zu seinem Tode eine zärtliche Andacht zur allerseligsten Jungfrau, nicht bloss war sein Mund stets voll des Lobes und der Dankbarkeit gegen dieselbe, als Papst hat er auch zur Beförderung und Ausbreitung der Marienverehrung unter den Gläubigen des ganzen katholischen Erdkreises mehr getan, als irgend einer seiner Vorgänger. Ja, es hat den Anschein, als ob sie beide, Mutter und Kind, fort und fort miteinander gewetteifert hätten: jene in der Spendung von Wohltaten, dieses in der Verkündigung ihres Lobes und in immer neuen und grösseren Ehrenbezeugungen. Im Jahre 1854 hat Pius IX. das Dogma von der «Unbefleckten Empfängnis der allerseligsten Jungfrau Maria» verkündet und dadurch in der Tat ihrer Ehrenkrone einen der glänzendsten Edelsteine eingeflochten. Das geschah freilich auf inständiges Bitten der Bischöfe und Gläubigen des ganzen katholischen Erdkreises; allein der heilige Vater hat es eingestanden, dass sie mit ihren Bitten seinem längst gehegten persönlichen Wunsche zuvorkämen, da ihm selbst, von frühester Jugend an nichts so lieb und wert gewesen, als mit besonderer, kindlicher Andacht die allerseligste Jungfrau zu verehren und alles zu befördern, was ihr zum Preis gereichen und ihre Verehrung mehr und mehr verbreiten könne». Wo aber hatte er angefangen, Maria zu verehren und zu lieben, wo hatte er ihr versprochen, alles zu befördern, was ihr zum Preis gereichen könne? Im heiligen Hause zu Loreto. Es war ihm wahre Herzenswonne, durch die Verkündigung des Dogmas von der Unbefleckten Empfängnis der Mutter Gottes von Loreto danken zu können.

Auch in schriftlichen Dokumenten hat Pius IX. seine Dankbarkeit und zugleich seinen Glauben an die Echtheit des lauretanischen Hauses ausgesprochen. Einige Wochen nach seiner Thronbesteigung übersandte er dem Heiligtum von Loreto das Brustkreuz und den Ring, welche er als Bischof getragen, mit einem Schreiben, in welchem es heisst:

«Es dränge ihn, ein öffentliches Zeugnis von dem Eifer und der Andacht abzulegen, welche er von seiner Jugend an für die seligste Jungfrau gehegt habe, und er wünsche, dieses möge niedergelegt werden in dem hehren und heiligen Gebäude, welches durch ein unerhörtes Wunder ungeheure Strecken weit über Meer und Land, von Galiläa nach Italien gebracht und durch Gottes Güte vor vielen Jahren in dem

Kirchenstaate niedergesetzt worden sei, wo es durch so manche Wunder und durch einen ungeheuren Zustrom von Gläubigen berühmt geworden; denn wie zuverlässige Denkmäler bezeugten, sei in demselben die seligste Jungfrau von dem Engel begrüsst und durch Überschattung des Hl. Geistes die Mutter Gottes geworden.»

In einem Breve vom 26. August 1852 bestätigt er mit der ganzen Liebe seines Herzens dem heiligen Hause und der lauretanischen Kongregation alle von den früheren Päpsten verliehenen Ablässe und geistlichen Gnaden, und erteilt der genannten Kongregation, sowie ihrem jeweiligen Präfekten unter gewissen Bedingungen die Vollmacht, Kirchen und Kapellen allerorten dem Heiligen Hause von Loreto einzuverleiben und an den Ablässen desselben teilnehmen zu lassen. Im Eingange des Breve wird in der rührendsten Weise der Erhabenheit des heiligen Hauses gedacht, als des ersten unter allen der heiligen Jungfrau geweihten Heiligtümern; dann heisst es unter anderm:

«Wir rühmen uns, in jener glücklichen Provinz von Picenum geboren zu sein, die mit einem solchen Geschenke des Himmels begünstigt worden, und in diesem erhabenen Heiligtume betend, haben wir die augenfälligen Wunderzeichen und die klaren Erweisungen der Macht und Güte Gottes an diesem heiligen Orte gesehen.»

Seit seiner Thronbesteigung hatte Pius IX. nicht mehr nach Loreto zu dem Gnadenbilde der Mutter Gottes pilgern können; und doch hatte er sich alle die Zeit so sehr darnach gesehnt und die Wallfahrt so lange schon gelobt. Vor vierzig Jahren hatte die Fürbitte der allerseligsten Jungfrau ihm die Gesundheit des Leibes und der Seele wiedergeschenkt; in den Schreckenstagen des November 1848 hatte sie ihn aus den Händen der Rebellen gerettet; im Pfarrhause von San Agnete hatte sie ihn noch einmal in drohender Lebensgefahr augenfällig und fast wunderbar beschützt: jetzt wollte er nicht länger warten, die langgehegte Sehnsucht zu stillen. Am 4. Mai des Jahres 1857 unternahm er die Wallfahrt und kam am 14. desselben Monats in Loreto an. Er las in der «Santa Casa» die heilige Messe, teilte an viele Pilger die heilige Kommunion aus und verehrte darauf das bekannte Gnadenbild, dem er so vielen Dank schuldete. Welch ein Unterschied zwischen dem Glanze dieser Pilgerfahrt und der bescheidenen vor vierzig Jahren! Jetzt kniete der Statthalter Christi vor dem Gnadenbilde, umgeben von Kardinälen und Bischöfen, königlichen Prinzen und hohen Generalen; vor vierzig Jahren hatte hier ein einfacher Jüngling gekniet, dem man es nicht ansah, dass er in seinem Wappen eine Grafenkrone führte: in so dürftigem Aufzuge kam er an, so betrübt und fast verzweifelnd war seine Miene. Doch, in einem waren sich die Beter gleich: auch der über alle Menschenkinder hoch erhobene Greis hatte sich die Unschuld und die Demut, die Milde und die Gottinnigkeit des kranken Jünglings bewahrt. Eine schöne goldene Lampe und ein reich mit Brillanten verzierter Kelch im Werte von etwa 20 000 Talern, welche Pius IX. bei diesem seinem letzten Besuche dem Heiligtume widmete, sind auch den spätesten Geschlechtern die sprechenden Zeugen seines Glaubens und seiner Dankbarkeit.

Das ist Pius IX. in seinen Beziehungen zum heiligen Hause und zur Mutter Gottes von Loreto. Man wird dieses längere Verweilen bei ihm in der Sache selbst begründet finden.

Auch der glorreich regierende Hl. Vater **Papst Leo XIII.** war von derselben gläubigen Gesinnung gegen das heilige Haus zu Loreto erfüllt.* Im Sommer des Jahres 1876 unternahm er als Kardinal, begleitet von seinem Sekretär Marzolini und dem Kanonikus Calai, eine Wallfahrt nach Loreto, wo er am 27. August im heiligen Hause zelebrierte. Es war das ein Tag von ganz besonderer Andacht und Erhebung für den treuen und unermüdlichen Verehrer der seligsten Jungfrau; und da dieses Jahr zugleich das dreissigste seiner bischöflichen Wirksamkeit zu Perugia war, so erhielt diese Wallfahrt noch den besonderen Charakter der Danksagung für den Segen, den der Himmel ihm in seinem oberhirtlichen Amte bisher hatte zuteil werden lassen. Dass aber der Glaube des Papstes Leo XIII. bezüglich des heiligen Hauses kein anderer ist, als der des Kardinals Joachim Pecci, geht aus der Jubiläums-Enzyklika vom 12. März 1881 hervor, in welcher es heisst:

«Ausserdem ermahnen wir alle, frommen Sinnes Wallfahrten zu unternehmen zu den Heiligtümern der Himmelsbewohner, wie solche in verschiedenen Gegenden in besonderer Verehrung zu stehen pflegen; in Italien nimmt unter denselben einen besonderen Rang ein das hochheilige Haus der Jungfrau Maria zu Loreto, an welches die Erinnerung der heiligsten Geheimnisse sich knüpft.»

Klarer und entschiedener, als es in den mitgeteilten Dokumenten geschehen, hätten sich die Päpste zugunsten des heiligen Hauses nicht aussprechen können. Mit der ganzen Autorität, welche die höchste

* S. Dr. Anton de Waal, «Leobuch».

kirchliche Würde verleiht, sind sie allzeit für die Echtheit des lauretanischen Heiligtums eingetreten und haben durch ihr eigenes Bespiel die Wallfahrten der Gläubigen zu dieser heiligen Stätte gebilligt und gefördert.

Das Heilige zieht gleichsam instinktmässig das Heilige an sich. Darum sehen wir im Laufe der Jahrhunderte auch die Heiligen nach Loreto pilgern und ihren Glauben an die Echtheit des heiligen Hauses öffentlich bekunden. Sehr viele unter ihnen waren von der zärtlichsten und liebevollsten Andacht zum heiligen Hause erfüllt und erhielten daselbst ausserordentliche Gnaden und Erleuchtungen. *

So empfing der Hl. **Franziskus Xaverius**, während er dort die heilige Messe las, die Eingebung, sich der Bekehrung des Orients zu widmen.

Der Hl. **Franziskus de Borja** litt an Fieber, als er eine Wallfahrt nach Loreto unternahm; sowie er sich dem heiligen Hause näherte, wurde das Fieber immer schwächer, und es verschwand gänzlich im Augenblicke, wo er den Gnadenort erreichte.

Der Hl. **Jacobus de Marchia** wurde hier im Alter von dreiunddreissig Jahren für immer von schrecklichen Versuchungen befreit, von denen er stets schwer angefochten gewesen war.

Der Hl. **Gaetano da Tiene** kam zweimal mit der ausdrücklichen Absicht hierher, seinen neuen Orden unter den Schutz der Gottesmutter zu stellen.

Der Hl. **Franziskus Caracciola** brachte zwei Nächte in diesem Heiligtume zu und erhielt die Gewissheit von der Verherrlichung seines Gefährten zugleich mit der Ankündigung seines nahen Todes. Der Hl. **Petrus von Alcantara** konnte nicht ohne unaussprechlich süsses Entzücken von dem heiligen Hause reden.

Der Hl**. Joseph von Cupertino** sah in einem Gesicht Engel über demselben aufsteigen und mit Gaben beladen wieder herabsteigen.

Der Hl. **Alexander Sauli**, der Apostel von Corsica, der Hl. **Camillus von Lellis**, der Hl**. Joseph von Calasanza**, – sie alle legen Zeugnis ab von den Gaben und Gnaden, die sie an dieser himmlischen Quelle geschöpft haben. Häufige Wallfahrten zu dem heiligen Hause bildeten eine Lieblingsandacht des Hl. **Karl Borromäus**.

Der Hl. **Stanislaus Kostka** besuchte Loreto auf seiner Flucht aus

* Vgl. Northcote, «Berühmte Gnadenorte».

Polen nach Rom, und als er hier betete, empfand er zuerst jene Flammen himmlischer Liebe, von denen nachher sein Herz verzehrt wurde.

Der Hl. **Aloisius** war durch ein Gelübde seiner Mutter, noch ehe er geboren war, verpflichtet worden, dies Heiligtum zu besuchen, und als er das Gelübde löste, verbrachte er fast einen ganzen Tag auf den Knien (!) in dem heiligen Hause und empfing so unausprechliche Tröstungen von Gott und Unserer Lieben Frau, dass er bei der Erinnerung daran später immer wieder in Tränen zerfloss.

Der ehrwürdige **Olier**, Gründer des Seminars von St. Sulpice in Paris, bekehrte sich in diesem Heilgtume vollständig zu Gott.

Der Hl. **Franz von Sales** ging zu Fuss von Rom nach Loreto, und kaum hatte er das heilige Haus betreten, als er gleichsam von einer Flut frommer Empfindungen hingerissen wurde, so dass er die durch die Gegenwart von Jesus, Maria und Joseph einst geheiligten Mauern wiederholt küsste. Er empfing hier die Sakramente der Busse und der heiligen Eucharistie, wonach er in liebende Seufzer ausbrach und ausrief: «Dieses also sind deine Wohnungen, o schöne Braut des ewigen Königs! Hier also, o göttlicher Liebhaber, pflegtest du zu verweilen und "durch die Gitterfenster zu schauen"! Hier wurdest Du, mein Bruder!» Dann erneuerte er das Gelübde der Jungfräulichkeit, welches er früher in Paris abgelegt hatte.

Vielleicht den grössten Tribut von Liebe und Andacht entrichtete jedoch dem Gnadenorte von Loreto der am 8. Dezember 1881 heilig gesprochene **Benedikt Joseph Labre**. Seine Wallfahrten zu dem heiligen Hause waren so häufig, sein Verhalten in dem Heiligtum so erbaulich, dass er der Heilige von Loreto genannt wurde. Als er Loreto zum erstenmal besuchte, ward er so ergriffen, dass er nicht satt werden konnte, das heilige Haus zu betrachten und zu verehren und immer wieder in Tränen zerfliessend mit zärtlicher Liebe jene heiligen Mauern zu küssen. Elf Jahre nacheinander pilgerte er nach Loreto, und sein Herz wurde dadurch stets zu innigerer Liebe zu Maria entflammt.

Noch eine grosse Zahl anderer Heiliger könnte aufgeführt weden, welche im Laufe der Zeiten Loreto besuchten, aber an den angegebenen erkennen wir vollkommen, mit welchen Gesinnungen die Heiligen das heilige Haus betrachteten.

Nur eben erwähnt sei schliesslich noch, dass auch **Könige und Königinnen** zu Loreto in der irdischen Wohnung des Königs Himmels und der Erde knieten, und dass unter den überaus zahlreichen und kostbaren Weihegeschenken auch solche prangten, die aus den entferntesten Ländern, wie aus dem indischen Königreiche Siam, weit im Osten von Asien, und aus der amerikanischen Stadt Lima nach Loreto gesandt wurden.

Der Glaube an das lauretanische Heiligtum ist heute fast allgemein in der ganzen Christenheit, seine Geschichte dem gewöhnlichen Sagenkreise entrückt durch unwiderlegliche Beweise für seine Echtheit. Es steht fest, dass das Häuschen, welches nunmehr beinahe sechshundert Jahre hindurch in Loreto verehrt wird, dasselbe ist, in welchem die heilige Familie zu Nazareth gewohnt hat. Als solches haben dasselbe anerkannt und verehrt die glaubwürdigsten Geschichtsforscher und Gelehrten, die Päpste und Heiligen dieser sechs Jahrhunderte, und der Himmel selbst hat den Glauben der Christenheit durch die auffallendsten Wunder bestätigt. Weit zahlreicher als einstens nach dem fernen und unsichern Palästina, strömten deshalb auch während der letzten Jahrhunderte bis auf diesen Tag die Gläubigen nach Loreto; sein Heiligtum ist heute unzweifelhaft das besuchteste in der ganzen katholischen Welt. Welcher fromme Katholik sollte auch nicht das Verlangen in seinem Herzen bergen, mit eigenen Augen die heilige Stätte zu schauen, wo «Das Wort Fleisch ward», innerhalb dieser ehrwürdigen Wände sich jene Zeit zu vergegenwärtigen, wo Jesus, Maria und Joseph hier zusammen wohnten, an diesem ewig denkwürdigen Orte zu beten, zu betrachten und Unsägliches zu empfinden!

Zu den Glücklichen, welche dieses Verlangen haben befriedigen können, gehört auch der Schreiber dieser Zeilen. Seine Beobachtungen und Erlebnisse in Verbindung mit der Beschreibung des heutigen Zustandes des heiligen Hauses sollen den Schluss dieser Geschichte bilden.

Mein Besuch in Loreto

An die heilige Jungfrau zu Loreto.

Unde mihi insolitus praecordia concutit horror
Et perfusa metu trepidat velut icta Deo mens?
Fallor, an hoc facit ipse locus, stimilosque paventi
Subjecit, atque animum praesentia numinis urget?
O coelo dilecta domus postesque beati,
Quos ego jampridem tota mihi mente cupitos,
Nunc primum, veteris voti reus, advena viso:
Salvete, adspectique mihi feliciter este.
Vosne per aethereas Judaeae a finibus oras
Aligerum, mandante Deo, vexere manipli?
Hic virgo genitura Deum, genitricis ab alvo
Prodiit, et blandis mulsit vagitibus auras.
Hic quoque virginei servata laude pudoris
Sancta salutifero tumuerunt viscera foetu.
Ille opifex cunctorum, illa aeterno unica proles
Aequa Patri, ille homini primaeva ab origine lapso
Spem coelo vitamque ferens, hac lusit in aula
Parvulus, et sanctae blanda obtulit oscula matri.
Quaenam igitur Regum sedes, quae templa per orbem
Huic se ausint conferre loco? ter et amplius omnes
Ante alias felix Piceni littoris ora:
Cui Solymos spectare domi, cui munere divum
Fas calcare domi est pedibus vestigia Christi.
En ego jam supplex procumbam atque oscula figam
Parietibus sanctis, spargamque hoc pulvere crines.
Adspice me superis e sedibus, adspice, Virgo,
Postratum, atque imo gemitus ex corde cientem
Et pectus tundentem, et fletibus ora rigantem:
Neu quanquam culpis adopertum turpibus arce
Adspectu me Diva tuo, si pectore toto
Te veneror, si te dubiis in rebus ad unam
Confugio, teque auxilium Sanctissima posco.

Poenitet ex animo vitae me Diva prioris,
Poenitet, et meritas horret mens conscia poenas.
Quod nisi tu casto pendentem ex ubere natum.
Concilias, placasque mihi, quo tendere cursum,
Quove malis fessam tentabo advertere puppim?
At tu, namque soles, placida dignare querelas
Aure meas, et ades lapsis mittissima rebus.
Certe equidem tota pendentes Aede tabellas
Adspicio, quae te miseris praesto esse loquuntur.
Hic, te animo spectans, torrentem viscera febrim
Depulit: ille hyadas tristes, hoedumque cadentem
Spectavit tutus, vertentibus aequora ventis:
Et duce te patrias enavit salvus ad oras.
Criminis ille reus falsi, sub judice duro,
Dum mortem expectat tenebroso carcere clausus,
Munere Diva tuo, detecta fraude, revisit
Uxorem et natos, exoptatumque parentem.
O ego nunc morbis multo gravioribus aeger,
Naufragiumque timens longe exitiosius illo,
Et jampridem animum peccati compede vinctus,
Si possim morbis liber, vinctisque solutus
Fluctibus et ventis laceram subducere puppim:
Quas tibi laetus agam grates, dum vita manebit?
Te cum luce nova sparget sol aureus orbem,
Te reginam, quoties abscondet opaca polum nox,
Et tua praecipuo venerabor numina cultu.

Muretus.

*(Die deutsche Übersetzung findet sich am Anfang.
Siehe «Mein Besuch in Loreto»!)*

Als Pilger in Loreto

Es war spät in der Nacht, welche den fünften Mai vom sechsten des Jahres 1877 trennte, als ich mit meinen drei Reisegefährten, die gleich mir von Sehnsucht brannten, das heilige Haus zu sehen, in Loreto ankam. Einstens waren Maria und Joseph von diesem selben Hause ausgegangen und hatten sich auf den Weg nach Behlehem begeben, und auch damals war es schon spät in der Nacht, vielleicht dieselbe Stunde, als sie in Bethlehem ankamen. Wir fanden zwar noch eine Herberge, aber eine über alle Begriffe schlechte und schmutzige. Im Vergleich zu jenem Stalle indes konnte sie immer noch fast als ein Palast betrachtet werden, und diese Erwägung stellte uns dann auch rasch zufrieden.

Das Dunkel der Nacht hinderte uns, aus der Ferne die schöne Lage Loreto's in Augenschein zu nehmen; dazu bot sich uns erst Gelgenheit an Ort und Stelle und bei unserer Abfahrt.

Das Städtchen Loreto liegt am Abhange eines Hügels an der östlichen Küste von Italien, eine Stunde vom Meere entfernt und sechs Stunden südlich von Ancona. Die Umgegend ist gleichsam ein Paradies von Fruchtbarkeit. Die Einwohner des Städtchens, etwa 8 000 an der Zahl, meist arme Leute, finden ihren Lebensunterhalt durch Verkauf von Devotionalien, Rosenkränzen, Medaillen etc., vielfach auch durchs blosses Betteln. Oben hoch auf dem Hügel erhebt sich die prächtige Kathedrale mit ihrer grossen Kuppel und ihrem Glockenturm. Ungleich anderen Kirchen erscheint dieses Gebäude einer Burg ähnlich durch die Festungswerke, mit denen es einst versehen worden ist, um die Angriffe der Seeräuber abzuwehren, welche das in der Kirche befindliche Heiligtum wohl gern geplündert hätten. Wegen ihrer hohen Lage kann man die Kathedrale vom Meere aus in weiter Entfernung sehen und ihr klangreiches Glockengeläute vernehmen. Das Städtchen verdankt bekanntlich seine Entstehung dem heiligen Hause und hat ausser der das letztere umschliessenden Kathedrale und dem mit dieser in Verbindung stehenden apostolischen Palaste keine anderen Sehenswürdigkeiten. Was könnte denn auch dem christlichen Pilger noch interessant und sehenswert erscheinen an einem Orte, wo vielleicht die heiligste Reliquie, der ehrwürdigste Gegenstand auf der ganzen Erde – das heilige Kreuz allein ausgenommen – aufbewahrt wird.Dass wir selbst die wenigen Stunden, die uns zur Nachruhe vergönnt waren, mit grosser Ungeduld zubrachten, wird man erklärlich finden.

Sobald der Morgen graute, waren wir schon auf dem Wege zur Kirche. Rasch ging es durch die links und rechts mit Buden besetzte Strasse, und nach wenigen Minuten lag der Tempel vor unseren Augen, der das ersehnte Heiligtum birgt. Beim Eintritt in die Kirche erblickt man unter der Kuppel ein freistehendes, rechtwinkliges, nicht sehr hohes, anscheinend aus weissem Marmor aufgeführtes Gebäude. Doch die Pracht des Marmors an der Aussenseite täuscht uns nicht, wir wissen, dass wir vor der wirklichen Hütte von Nazareth stehen, deren äussern Schmuck nur diese Marmorwände bilden. Wir werfen einen Blick in das Innere – es war nicht möglich, sofort einzutreten, weil der kleine Raum schon mit Andächtigen gefüllt war, – vier kahle, rauhe armselige Wände bieten sich unseren Augen dar. Der Ehrenposten an der Türe erinnerte mich unwillkürlich an den Engel, der mit flammendem Schwerte den Eingang zum Paradiese bewachte. Ich muss gestehen, es war mehr wie eine heilige Scheu, eine gewisse Furcht war es, die mich im ersten Augenblicke ergriff, so dass es mir fast angenehm war, durch die im heiligen Hause befindlichen Andächtigen am Eintreten gehindert zu sein.

Als Priester in Amt und Würde, so dachte ich, wächst mir vielleicht der Mut! Darum begab ich mich unverzüglich in die Sakristei, und nach einer verhältnismässig kurzen Zeit von nur zwei Stunden, eine zweistündige Wartezeit ist in Loreto, wo in der Sancta Casa von morgens früh bis 12 Uhr ununterbrochen heilige Messen gelesen werden, kaum in Anschlag zu bringen – wurde es mir gestattet, die priesterlichen Gewänder anzulegen und dann den Weg zum heiligen Hause anzutreten, um in demselben das heilige Opfer darzubringen. Einer meiner Reisegefährten, ein braver Laie, freute sich wie ein Kind, dass er mir bei der heiligen Messe dienen durfte. Diesmal machten der Ehrenposten und die Gläubigen ehrfurchtsvoll Platz, und ich überschritt nicht ohne grosse Bewegung die heilige Schwelle. Im Innern herrscht ein geheimnisvolles Halbdunkel, nur die auf dem Altare brennenden Kerzen und die silbernen Lampen, welche vor dem Mutter-Gottes-Bilde hinter dem Altare brennen, verbreiten einiges Licht. Ich stehe als Priester in dem ehrwürdigsten Raume, den der Erdkreis kennt, am Altare.

Was ist die heilige Messe an dieser Stätte? Beim Staffelgebet bekennt der Priester jedesmal, gleichviel in welcher Kirche und an welchem Altare er sich befindet, seine Sündhaftigkeit und gänzliche Unwürdigkeit, das heilige Opfer des Neuen Bundes darzubringen. Mit welcher Gewalt werden jene Gefühle ihn bestürmen an diesem Orte! Man glaubt in der Tat, es würde einem zugerufen, wie einst dem Moses aus dem brennenden Dornbusche: «Ziehe deine Schuhe aus, denn der Ort, wo du stehst, ist heiliges Land!» – «Salve, sancta parens», «Gegrüsset seist du, Hl. Gottesgebärerin», so beginnt der Priester hier die heilige Messe. Meinen wir nicht, aus dem Halbdunkel die Gestalt des Erzengels Gabriel auftauchen zu sehen und jene gnadenreichen Worte zu hören, die er hier sprach: «Ave, Maria», «Gegrüsset seist du Maria!» – Das Evangelium in dieser Messe enthält die Unterredung des Engels mit der allerseligsten Jungfrau, als er ihr die Botschaft brachte, dass sie die Mutter Gottes werden sollte. Diese die Erlösung des Menschengeschlechtes entscheidende Unterredung fand innerhalb dieser Wände statt, hier sprach die Hochgebenedeite: «Siehe, ich bin eine Magd des Herrn, mir geschehe nach deinem Worte», hier «ist das Wort Fleisch geworden». Und damit dieses anbetungswürdigste aller Geheimnisse dem Opfernden ja recht zum Bewusstsein komme und während der ganzen Handlung gegenwärtig bleibe, ist an dem Altaraufsatze auch noch mit grossen, goldenen Buchstaben geschrieben: «Hic Verbum Caro Factum Est», «Hier ist das Wort Fleisch geworden». – Nachdem der Priester beim Offertorium die allerseligste Jungfrau noch einmal mit den Worten des Engels, und zwar ganz mit denselben Ausdrücken: «Ave, Maria, gratia plena», «Gegrüsset seist du, Maria, voll der Gnaden etc.» angeredet hat, nimmt die heilige Messe unter den gewöhnlichen Gebeten ihren Fortgang. Der wichtigste Moment im heiligen Opfer, die Wandlung, tritt ein. Plötzlich ist alles lebendig geworden in unserer Umgebung. Die Wände der Hütte von Nazareth schauen wieder dieselben Persönlichkeiten wie einstmals! Auf dem Altare thront derselbe Jesus, der hier wohnte; Maria, seine Mutter, ist zugegen, und Engelscharen umgeben Ihn ehrfurchtsvoll und huldigen Ihm als ihrem Könige. Und wir Unwürdige befinden uns mitten in dieser heiligsten Gesellschaft in dem wirklichen Häuschen von Nazareth. Von ehrfurchtvollem Schauder ergriffen, will man ausrufen: «Herr, gehe hinweg von mir, denn ich bin ein sündiger Mensch!» Doch nein, Er schaut uns liebevoll an und freut sich, dass wir Ihn in seinem elterlichen Hause besucht haben. Wir dürfen uns mit Ihm unterhalten: Also hier verlebtest du deine Kinderjahre? Hier warst Du deinen Eltern untertan? Hier gingst Du Maria, deiner Mutter, zur Hand in der Verrichtung von häuslichen Arbeiten? Hier sassest Du mit deinen Eltern zu Tische, hier betetest Du mit ihnen und pflegtest himmlische Unterhaltungen. Jesus antwortet: «Ich will in dein Herz einkehren und dort zu dir reden!»

An diesem Orte ist die heilige Messe das Band, welches die altersgraue Vergangenheit mit der Gegenwart verbindet; was wir ehrfurchtsvoll lesen, als längst verflossen, vor vielen Jahrhunderten geschehen, das wiederholt sich hier. Die Wandlung findet hier statt an der Stelle, wo der Allmächtige einst aus dem reinstem Herzblute der Jungfrau den Leib für seinen Eingeborenen bildete, der uns hier geistiges Leben und einst ewige Seligkeit vermittelt.

Die Gläubigen, denen ich während der heiligen Messe die Kommunion reichte, rührten mich durch ihre ausserordentliche Andacht. Sie alle waren sichtlich ergriffen und von der Überzeugung durchdrungen, dass sie sich hier bei der heiligen Kommunion mit Jesus in seinem elterlichen Hause vereinigten.

Die heilige Handlung war vollendet. Die halbe Stunde, welche ich darauf verwendete, gehört zu den glücklichsten meines Lebens. Nachdem das Zelebrieren der heiligen Messen aufgehört hatte, konnten wir am Nachmittage das Innere und Äussere des heiligen Hauses genau in Augenschein nehmen.

Wer, ohne vorher belehrt worden zu sein, vor die Sancta Casa hintritt, der ahnt nicht, dass er vor der armen Hütte von Nazareth steht: ein Kunstwerk ersten Ranges bietet sich dem Beschauer dar. Die armseligen Wände sind, wie schon angedeutet, in der ersten Hälfte des XVI. Jahrhunderts mit einer prachtvollen Umhüllung von weissem carrarischen Marmor umgeben worden. Diese Umhüllung umschliesst das Heilige Haus nach allen vier Seiten hin, jedoch ohne die heiligen Wände zu berühren. Wie man durch einen Riss in der südlichen Mauer vermittelst eines brennenden Wachsstockes bemerken kann, ist zwischen beiden noch ein Zwischenraum von ungefähr einer Hand Breite. Die Länge der Marmorwände beträgt ungefähr 50, die Breite und Höhe fast 30 Fuss. * Je sechs korinthische Säulen schmücken die Langseiten, je vier die Vorder- und Hinterseite. Die Flächen des Marmors an allen vier Seiten

* Die Dimensionen des heiligen Hauses selbst findet man verschieden angegeben. Die einen nahmen das Mass im Innern, die andern im Äussern, wieder andere begnügten sich

sind mit Skulpturen in erhabener Arbeit geziert, welche die verschiedenen Übertragungen des Heiligtums, Szenen aus dem Leben Mariens, sowie Begebenheiten, die auf das Geheimnis der Menschwerdung Bezug haben, darstellen. Auf der Nordseite sieht man die Geburt und die Vermählung Mariens; auf der Westseite die Verkündigung, den Besuch Mariens bei Elisabeth und die Szene, wie Maria und Joseph zu Bethlehem sich einschreiben lassen; auf der Südseite über der ersten Türe die Geburt Christi, über der zweiten die Anbetung der Weisen, auf der Ostseite oben den Tod Mariens, darunter die verschiedenen Übertragungen des heiligen Hauses. Diese Reliefs gehören zu dem Vollendetsten, was an Bildhauerarbeit in Italien gefunden wird. Ausserdem ziehen sich an der Marmorbekleidung zwei Reihen ebenso kunstvoll gearbeiteter Statuen rings um das heilige Haus herum. Dieselben stehen in Nischen zwischen den korinthischen Säulen. Die untere Reihe bilden zehn Propheten, welche die Menschwerdung vorherverkündigt, die obere zehn Sibyllen, welche ebenfalls von der Ankunft des Welterlösers geweissagt haben.

Es ist allgemein bekannt, dass die Propheten des Alten Bundes immer und immer wieder auf den im Paradiese verheissenen Erlöser und auf das Weib hinwiesen, welches der Schlange den Kopf zertreten werde. Weniger dürfte bekannt sein, dass auch im Heidentum Reste dieser Uroffenbarung mehr oder weniger rein sich erhalten haben. Besonders waren es heidnische Jungfrauen, die, in strenger Enthaltsamkeit lebend, manches vom Welterlöser und der allerseligsten Jungfrau vorherverkündeten. Diese prophetischen Jungfrauen wurden von den Heiden **Sibyllen** genannt (Sibylle = Gottes Ratschluss). «Ich bin der Meinung», sagt Petrus Canisius *, «dass die Sibyllen, die allerseligste Jungfrau betrachtend, mit heisser Sehnsucht nach ihr verlangten und sie als Mutter unseres Herrn innigst verehrten.» Der heilige Augustinus bediente sich ihrer Weissagungen zur Verteidigung der christlichen Wahrheit gegen die Heiden.**

mit einer ungefähren Angabe. Die verschiedenen Angaben bezüglich der Dicke erklären sich einfach aus dem Umstande, dass die Wände nicht überall gleich dick sind. Auf mein Ersuchen hatte der hochwürdige Herr Hyacinth Fudzinski, augenblicklich Apostolischer Pönitentiar in Loreto, die Gefälligkeit, das Heilige Haus im Innern nochmals auszumessen. Derselbe teilte mir mit, dass die Länge 9,52 Meter, die Breite 4,10 Meter betrage.

---

* De Deipara, cap. 7. Vgl. Dr. Lüken, «Die sibyll. Weissagungen», Würzburg, 1875.

** Augustinus contra Faustum Manichaeum lib. 13, 15.

Es ist im höchsten Grade auffallend, mit welcher Klarheit und Genauigkeit die heidnischen Sibyllen von dem Erlöser und seiner Mutter geweissagt haben, und überaus geistreich der Gedanke, ihre Aussprüche mit denen der Propheten am Hause der Menschwerdung selbst zusammenzustellen. Sie sind in folgender Ordnung daselbst angebracht. Angefangen auf der Nordseite des heiligen Hauses und von da weiter gehend zur Westseite usw. sehen wir:

• In der ersten Nische oben die **hellespontische Sibylle**, neben ihr in goldenen Buchstaben ihre Weissagung:

«Eines Tages, als ich betrachtete, sah ich eine Jungfrau, die wegen ihrer Keuschheit zu einer ausgezeichneten Ehre erhöht war. Der Allerhöchste hat sie dieses Geheimnisses für würdig erachtet; sie wird der Welt einen Sprössling gebären, der vom Glanze strahlet, denn Er wird wahrhaft der glorreiche Sohn des Herrn des Donners sein und die Welt im tiefsten Frieden regieren».

Unter ihr steht der Prophet **Isaias**, der also weissagt:

«Siehe, eine Jungfrau wird empfangen und einen Sohn gebären, und sein Name wird sein Emanuel!» Is. 7,14.

• In der zweiten Nische die **phrygische Sibylle**, deren Weissagung lautet:

«In dem Schoss einer Jungfrau wollte Gott selbst seinen Sohn herabkommen lassen, welchen der Engel dieser erhabenen Jungfrau ankündigen wird.»

Unter ihr spricht der Prophet **Daniel**:

«Die siebzig Wochen sind abgekürzt worden, damit die Missetat zerstört werde und der Heilige der Heiligen die Salbung empfange.» Dn. 9. 24.

• Dann folgte die **tiburtinische Sibylle**, welche verkündet:

«Ich konnte die Hl. Jungfrau zeigen, deren Schoss im Lande Nazareth denjenigen empfangen wird, der, Gott im Fleische, sich auf den Feldern Bethlehems sehen lassen wird.»

Der Prophet **Amos** fügt hinzu:

«An jenem Tage werde ich das Zelt Davids errichten.» Amos 9,11.

• An vierter Stelle verkündet die **Sibylle Lybiens**:

«Der Tag kommt, wo der Fürst der Ewigkeit, die erfreute Erde erleuchtend, die Verbrechen der Menschen tilgen wird. Er wird allen Gerechtigkeit widerfahren lassen. Der Hl. König, welcher zu allen Zeiten lebt, wird im Schosse der Königin der Welt ruhen.»

Unterhalb sitzt tief gebeugt **Jeremias**, nachsinnend über die Prophezeiung:
«Der Herr hat auf der Erde ein neues Wunder geschaffen, ein Weib wird einen Mann in ihrem Schosse tragen.» Jer. 31,22.

• Weiterhin erblickt man die **Sibylle von Delphi**, welche zugleich Sohn und Mutter verherrlicht:
«Empfangen im Schosse der Jungfrau, wird Er ohne einen sterblichen Vater geboren werden.»

Unter ihr verkündet **Ezechiel**:
«Ich will meinen Schafen einen einzigen Hirten erwecken, der sie auf die Weide führen wird.» Ezech. 34,23

• Es folgt die **Sibylle von Erythräa**, die also spricht:
«Ich sehe den Sohn Gottes, der vom Himmel herabkam... eine erhabene Jungfrau aus der Hebräer Stamm wird Ihn geben der Welt... Er wird eine Jungfrau zur Mutter haben.»

Unter ihr prophezeit **Zacharias**:
«Siehe, ich lasse den Aufgang erscheinen, meinen Diener, siehe den Mann, der Aufgang ist sein Name.» Zach 3,8. 6,12.

• Die **cimmerische Sibylle** weissagt darauf:
«Im zarten Alter, schön von Angesicht, wird eine Jungfrau den König der himmlischen Herrschar mit ihrer Milch nähren.»

David mit der Harfe in der Hand fügt bei:
«Ich werde Ihn von der Frucht deines Leibes auf deinen Thron setzen.» Ps. 131.

• Es schliesst sich die **persische Sibylle** an mit der Prophezeihung:
«Geboren von einer jungfräulichen Mutter, wird der wonnevolle Fürst sitzen auf einem Eselsfüllen; Er, der Einzige, kann Heil bringen den Gefallenen... jener grosse Gott wird von einer Jungfrau geboren werden!»

Der Prophet **Malachias** spricht darauf:
«Es wird sich erheben die Sonne der Gerechtigkeit.» Mal. 4,2.

• Weiterhin sprich die **samische Sibylle**:
«Siehe, bald werden kommen die Tage, welche verscheuchen die schwarzen Finsternisse...Die Menschen werden mit ihren Händen den glorreichen König der Lebendigen berühren können, den eine fleckenlose Jungfrau tragen wird in ihrem sterblichen Schosse.»

Moses erklärt nebenan:
«Der Herr wird dir aus deinem Geschlechte einen Propheten erwecken, gleich mir.» V. Mos. 18,15.

• Zuletzt spricht die **Sibylle von Cumä** also:
«Demütig in allem, wird der Sohn Gottes eine keusche Jungfrau zur Mutter wählen.»

Und der Prophet **Balaam** verkündet:
«Es wird ein Stern in Jakob aufgehen, und von Israel wird sich ein Sprössling erheben!» IV. Mos. 24,17.

An diesem Meisterwerke haben folgende Künstler gearbeitet: Andrea Sansovino, Francesco Sangalli, Reinero da Monte Lupone, Domenico Lamia, Nicolo de Bericoli, Biaggio Bandinellì, Mosca Fiorentino, Giovanni della Porta und dessen Bruder Tommaso, Girolamo Lombardi und dessen Bruder Aurelio, nebst drei Bildschnitzern und verschiedenen Baumeistern.

Unter edelmütiger Verzichtleistung auf jede irdische Belohnung haben diese Bildhauer nur die Ehre beansprucht, ihre Kunst im Dienste der hochgebenedeiten Gottesmutter verwerten zu dürfen. Gleichwohl hat die Errichtung dieser Marmorwände, wie aus den Rechungsbüchern hervorgeht, noch 22.000 Dukaten in Gold gekostet, wobei die zwanzig Statuen und die vier * ehernen Türen, die fast ebensoviel gekostet haben, nicht eingeschlossen sind. Über den vier Türen sind folgende vom Kardinal Bembo verfassten Inschriften angebracht.

• **Über der ersten Türe** auf der südlichen Seite:
Sanctior haec aedes: quidni? sacra principe Petro,
Verbum ubi conceptum, nataque virgo parens.
Heiliger und hehrer kein Haus! – Dies weihte der Fürst der Apostel,
Hier ward empfangen das Wort, hier seine Mutter geboren.

• **Gegenüberliegende Türe auf der nördlichen Seite**:
Nullus in orbe locus praelucet sanctior isto;

* Das heilige Haus selbst hat nur drei Türen, die vierte (Plan II. : T4) führt bloss durch die Marmorwand zu einer Treppe, auf welcher man zum Gewölbe gelangt.

Quaque cadit Titan, quaque resugit aquis.
Nirgends auf Erden erstrahlet ein Ort so heilig, wie dieser,
Wo auch die Sonne sich neigt, wo aus den Fluten sie taucht.

• **Zweite Türe** auf derselben Seite:
Templa alibi posuere patres: sed sanctius istud
Angelicae hic turmae, Virgo, Deusque locant.
Tempel erbauten auch anderswo unsere Väter; doch heil'ger
Dieser, den Engel gebracht, Gott und Maria zur Ehr'.

• **Gegenüberliegende Türe auf der südlichen Seite**:
Illotus timeat quicemque intrare sacellum:
In terris nullum sanctius orbis habet.
Nimmer sollst unreinen Herzens es wagen, dies Haus zu betreten;
Ist ja auf Erden kein Ort heil'ger als dieser bekannt.

Das Innere des heiligen Hauses bietet im stärksten Gegensatz zu der prachtvollen und kostbaren äusseren Umkleidung ein Bild vollständigster Armut. Von dem wahren Hause Mariä sieht man jetzt noch die vier Wände, die ohne jeglichen Verputz oder Schmuck die nackten Steine zeigen. Diese Steine sind nicht, wie man ihres rötlichen Aussehen wegen wohl vermuten könnte, Ziegelsteine, sondern kleine, unregelmässig geformte, durchschnittlich 1 Fuss lange und 2 bis 5 Zoll dicke Bruchsteine von dem Tuff, welcher sich bei Nazareth findet. Die Wände sind von Alter und Rauch geschwärzt, von den Andächtigen an vielen Stellen glatt geküsst. Das frühere flache, hölzerne Dach des Hauses, welches aber auch höchstwahrscheinlich nicht das ursprüngliche Dach war, ist durch ein steinernes, auf den Marmorwänden ruhendes Gewölbe ersetzt worden.[1]

Bei derselben Gelegenheit wurde das Türmchen auf dem Dache entfernt, die beiden Glöcklein aber wurden im Heiligtum selbst oben links hinter dem Altare an dem Marmordache befestigt. Einige Balken aus dem Dache, welches das heilige Haus bedeckte, als die heilige Familie zu Nazareth noch darin wohnte, sind bei der spätern Aufführung eins neuen hölzernen Daches mit zur Verwendung gekommen; bei der eben

[1] Vor dem genannten Gewölbe hatte das heilige Haus eine gewölbte hölzerne Kassettendecke in blauer Farbe und mit goldenen Sternen. Diese ist höchstwahrscheinlich in Tersato anstelle des ursprünglich flachen Daches angefertigt worden.

Papst Johannes XXIII. betet im heiligen Haus am 4. Oktober 1962. Es gibt Beobachter, die in der ostentativen Reise des Papstes, kurze Zeit nach der Streichung des Festes der Übertragung des heiligen Hauses aus dem Mess-Kalender, einen stillen Protest sehen.

genannten Entfernung dieses Daches wurden sie jedoch ausgesondert und über die Mauern quer durch das heilige Haus gelegt. Diese Balken sind von Zedernholz, wie es sich nur im heiligen Lande findet, und besondern merkwürdig ist, dass dieselben noch vollständig frisch und fest erhalten sind, trotz ihres Alters von bald 2 000 Jahren. Die ursprüngliche Türe an der Nordseite (Plan I, S. 261: t 1) ist gegenwärtig vermauert; dieselbe ist noch erkennbar an der Oberschwelle und einem

Pfosten, welche eingemauert sind. Statt dieser einen besitzt das heilige Haus jetzt drei Türen (T1, T2, T3), nämlich gegen die beiden Enden der südlichen Mauer hin je eine und eine am Ende der nördlichen Mauer. In der westlichen Wand sieht man das einzige kleine, vergitterte Fenster (E), darüber ein breites hölzernes Kreuz, auf welchem die Figur unseres Herrn gemalt ist; der Hl. Lukas soll sie gemalt haben.*

So ziemlich in der Mitte steht der Altar (A 1); er birgt denjenigen Altar, den, wie schon erzählt, der Überlieferung nach der Hl. Petrus selbst konsekriert und zur Feier der heiligen Geheimnisse benutzt hat. Unten in der Wand hinter dem Altare befindet sich der sogenannte heilige Herd (K), «il sacro Camino», welcher der heilige Jungfrau für die Zubereitung der Speisen gedient haben soll. Es ist jedoch durch die Untersuchungen Hutchisons mehr als wahrscheinlich geworden, dass dieser kein wirklicher Feuerherd war, da man Kamine nach abendländischen Begriffen im Innern der orientalischen Häuser überhaupt nicht findet, sondern viel eher von einer ursprünglichen Türe herrührt, die später bei der Umwandlung des heiligen Hauses in eine Kirche teilweise, d.h. nicht in der ganzen Dicke der Wand, vermauert wurde. Der nach innen offen gebliebene kleine Raum kann ganz gut zur Aufstellung einer Lampe oder zum Anzünden der Holzkohlen für das Weihrauchfass benutzt worden sein, wodurch die Stelle jenes rauchgeschwärzte Aussehen erhielt, das zu der Annahme führte, hier habe zur Zeit der heiligen Familie der Kamin gestanden die jetzige Gestalt erhielt derselbe beiden unter Clemens VII. vorgenommenen Veränderungen. (1)

Über dem sacro Camino steht in einer Nische das uralte Muttergottes-Bild mit dem Jesuskinde. Es ist 2 Fuss 8 Zoll gross, aus Zedernholz geschnitzt, von Alter und Rauch geschwärzt, mit kostbaren Kronen geziert, umkleidet mit Goldstoffen, auf denen zahlreiche kleine und grosse blitzende Edelsteine, Gold- und Silberschmuck befestigt sind, –

* Das Bild gehört nachweislich einer spätern Zeit an.

(1) Die Ostmauer des Heiligen Hauses ist nach Aussage der archäologischen Wissenschaft ein mittelalterliches Bauwerk. Sie wurde also in Loreto errichtet, vermutlich sehr bald nach Ankunft des Heiligen Hauses dort. Demnach muss auch der heilige Kamin in Loreto gebaut worden sein. Nach der Überlieferung kam das heilige Haus, von dem wir mit Sicherheit sagen können, dass es in Nazareth v i e r Mauern hatte, o h n e die östliche Mauer (die Mauer des heiligen Herdes) in Loreto an. Letztere ist vermutlich in Tersato geblieben. Vorbild für den Bau des heiligen Kamins und des Dachkamins war sicherlich das Heiligtum der Muttergottes von Tersato.

Gaben frommer Verehrer, im Werte von einer Million Francs. Als die Franzosen im Jahre1797 des Heiligtums von Loreto sich bemächtigten und die dort von der Frömmigkeit der katholischen Welt niedergelegten unermesslichen Schätze an Juwelen, Gold, Silber und anderen Kostbarkeiten raubten, da legten sie auch Hand an dieses ehrwürdige Muttergottes-Bild. Sie schleppten es mit sich nach Paris, wo es ungefähr vier Jahre lang, nicht als ein Gegenstand der Verehrung, sondern als eine künstliche «Statue aus irgend einem morgenländischen Holze, der ägyptisch-jüdischen Schule angehörig», behandelt wurde. Auf dringendes Verlangen von Papst Pius VII. sandte Napoleon I. dasselbe nach Rom zurück, und im Dezember des Jahres 1802 wurde es wieder in Loreto an seinem Platze aufgestellt. *

In dem Raume zwischen dem Altare und der östlichen Wand zeigte man uns eines von den drei irdenen Schüsselchen, die sich bei der Übertragung des heiligen Hauses in einem kleinen Schranke vorfanden und allem Anscheine nach der heiligen Familie zum Gebrauche gedient haben (Plan I, S. 261: N 2). Dieses Schüsselchen ist aus Ton verfertigt und in Messing eingefasst; es gleicht vollkommen den Gefässen, welche noch heute in Palästina im Gebrauche sind. Wir durften dasselbe küssen und unsere Andachtsgegenstände hineinlegen.

Der marmorene Boden der Kirche ist rings um das heilige Haus herum ausgehöhlt (1); das führt von den Andächtigen her, die in ihrer Pietät gegen das Heiligtum es für notwendig erachten, dasselbe auf ihren Knien zu umkreisen. – Die jährlich herbeiziehenden Pilger rechnet man auf gut 300 000. In der Santa Casa werden jährlich wenigstens 3 000 heilige Messen gelesen, in der Kirche und Santa Casa zusammen über 13 000. **

Für den Altar im heiligen Hause und für den Annunziata-Altar (A 2), der ausserhalb vor dem Fenster des heiligen Hauses, also an der westlichen Wand errichtet ist, besteht das Privileg, dass die letzte heilige Messe mit dem Benedicamus Domino der Vesper beginnen kann. Alle vierzehn Tage werden durchschnittlich 7 000 Kommunionen am Sakraments-Altare ausgeteilt, im heiligen Hause täglich nie weniger als 15 oder 20,

---

* Diese Statue, deren Anfertigung ebenfalls dem Hl. Lukas zugeschrieben wird, lässt wenigstens uaf ein sehr hohes Alter schliessen. Wenn der Hl. Lukas nach der Tradition Maler gewesen ist, so folgt daraus nicht, dass er nicht auch Bildhauer gewesen sein könne.

(1) Gemeint ist die marmorne Stufe rings aussen um das heilige Haus.

** Nach einer Mitteilung des Herrn P. Fudzinski in Loreto

häufig 50 bis 200. Die Zahl der Kommunionen ist bedeutend grösser an Muttergottesfesten und in den Monaten Mai und September, wo die meisten Pilger nach Loreto strömen. So empfingen in der ersten Hälfte des September 1863 nach Milochau 40 000 Personen die heilige Kommunion. Hiernach beträgt die Zahl der jährlichen Kommunionen circa 150 000.

Die das heilige Haus umschliessende, einer Burg ähnliche Basilika ist, wie früher erwähnt, unter Paul II.* begonnen und unter Sixtus V. 1587 vollendet worden. Drei eherne Tore mit schönen Basreliefs, Begebenheiten aus dem Alten Testamente darstellend, führen in diesen herrlichen Tempel. Hieronymus Lombardi hat sie auf Veranlassung des Kardinals Gallus gegossen. Nach dem Urteile einiger Kunstkenner sollen sie an Schönheit den berühmten Türen an dem Baptisterium zu Florenz nicht nachstehen, von denen Michelangelo behauptete, dass sie verdient hätten, die Türen des Paradieses zu sein. Ebenso ist die marmorne Fassade mit den kunstvollsten Bildhauerarbeiten geschmückt. Über dem mittleren Tore steht in einer Nische die ebenfalls von Lombardi aus Erz gegossene Statue der heiligen Jungfrau, welche der im heiligen Hause ganz ähnlich ist. Die Kirche hat die Form eines lateinischen Kreuzes und ist dreischiffig. In der Mitte erhebt sich die majestätische Kuppel, unter welcher das heilige Haus steht. Die Seitenschiffe enthalten neunzehn Kapellen, welche teils vergoldet, teils bemalt und mit künstlicher Stukkatur verziert sind. Die Altarbilder sind sämtlich von Mosaik. Das Gewölbe des Haupschiffes hat Signorelli im XV. Jahrhundert mit herrlichen Fresken bemalt. An den Pfeilern liest man auf Marmortafeln in den verschiedensten Sprachen die Geschichte der wunderbaren Übertragungen des heiligen Hauses.

Links an die Basilika schliesst sich der Apostolische Palast, dessen erster Grundriss von dem berühmten Bramante herrührt. Dieser wahrhaft fürstliche Palast ist ein herrliches Werk der Architektur damaliger, wie aller übrigen Zeiten. Er ist im Rundbogenstil erbaut und umgibt die Kirche mit zwei Flügeln, die in der Mitte einen schönen viereckigen Platz bilden.

Auf diesem Platze vor der Kirche erhebt sich in kolossaler Grösse die Bronze-Statue Sixtus V., welche der Kardinal Gallus in Verbindung mit

---

*Vgl. die Anmerkung auf S. 181

den Bewohnern Loretos und der Picener Mark diesem um die Stadt und das Land hochverdienten Papste gesetzt hat. [1] Aus derselben Zeit stammt auch der schöne, marmorne Springbrunnen, den acht Standbilder von Erz zieren.

Von einem Platz westlich des Apostolischen Palastes aus gewährt die Umgegend ein wahrhaft entzückendes Bild. Rechts sieht man die Wogen der Adria in einer Entfernung von einer halben Stunde, links auf steiler Höhe erhebt sich Recanati, vor uns unten am Abhange grünen Feigen-und Maulbeerbäume, in dem lang hingestreckten Tale ranken Weinreben wie Festgewinde von Baum zu Baum. Da, vor uns liegt der Hügel, auf dessen Spitze das Städtchen Castelfidardo gebaut ist; gerade an seinem Abhange, am Flüsschen Musone, war es, wo am 18. September 1860 jene blutige Schlacht stattfand, in welcher eine mutige Schar päpstlicher Zuaven, von der Übermacht der Piemontesen erdrückt, den Heldentod für Papst und Kirche starben.

Dem Besucher Loretos wird von den freundlichen Ordensgeistlichen auch die Schatzkammer gezeigt. Wenn deren heutige Reichhaltigkeit unseren berechtigten Erwartungen nicht enspricht, so hat das seinen Grund darin, dass die Franzosen im Jahr 1797 den grössten Teil der Wertgegenstände, die sich im Laufe der Jahrhunderte sowohl in der Schatzkammer, als im heiligen Hause angesammelt hatten, geraubt haben. [2] Der Schatz in Loreto war so beträchtlich, dass seinesgleichen auf der ganzen Erde nicht mehr gefunden wurde. In einem Anhange der Geschichte des Tursellinus findet sich eine kurze Angabe der hervorragendsten Geschenke, von einem Kanonikus des heiligen Hauses, Namens Petrus Raulus Raphael, aus dem Jahre 1715. Diese füllt 36 Octavseiten in ganz kleinem Druck. Am Ende desselben Jahrhunderts braucht Murri 37 grosse Quartseiten, ebenfalls klein gedruckt, um nur die seltensten und merkwürdigsten Gegenstände aufzuzählen. Ein sonst kirchenfeindlicher Schriftsteller* beschreibt am Ende des XVII. Jahrhunderts den Schatz Loretos in folgender Weise:

«Der Schatz wird in einem geräumigen Saale aufbewahrt, siebzehn grosse Schränke mit Doppeltüren stehen längs den Wänden. Das Gewölbe,

---

[1] Diese Statue wurde im Zuge der Renovierung der Fassade der Basilika (1990-1992) entfernt. Sie soll an einem anderen Platz wiederum aufgestellt werden.
[2] Die Schatzkammer wurde im Jahre 1972 wiederum von Unbekannten gänzlich ausgeraubt.
* Misson «Nouveau Voyage d'Italie. La Haye 1694, lettre 19'.

wie auch die Gesimse, sind mit Skulpturen bedeckt und reich vergoldet; die Decke ist mit kostbaren Gemälden von den berühmtesten Meistern Italien geschmückt, die allein schon für einen ausserordentlichen Schatz gelten und sehr grossen Wert besitzen. Die Geschenke aus Silber, wie Nachahmungen von Gliedern, welche die heiligste Jungfrau geheilt hat, Kronleuchter, Lampen und andere Geschenke von diesem Metall wurden nicht einmal gewürdigt, in den Schränken aufgewahrt zu werden; sie standen durcheinander auf langen breiten Tischen von kostbarer Arbeit, die teils längs den Wänden, teils in der Mitte des Saales aufgestellt waren. Die Schränke waren nur mit reinen Goldsachen und wertvollen Edelsteinen angefüllt, oder mit Vasen und Schmucksachen, die kostbarer sind als Gold. Ich werde nicht ins Detail eingehen, denn das übertrifft jede Einbildungskraft. Um die Art und Weise zu begreifen, wie hier in der Schatzkammer der heiligsten Jungfrau zu Loreto sich so viele Reichtümer aufgehäuft haben, muss man sich erinnern, dass alle Völker, dass alle Fürsten und Staaten, welche den Papst als ihren kirchlichen Oberhirten anerkennen, hierhin während vier Jahrhunderten diese Schätze zusammentragen und sich dabei gegenseitig zu überbieten suchen.»

Im heiligen Hause hingen vor dem Madonnenbilde hinter dem Altare 23 Lampen aus massivem Golde, 47 silberne in dem andern Teile des heiligen Hauses, 24 ausserhalb vor dem Altare der Verkündigung und rings um die heiligen Mauern herum. Im ganzen brannten 94 Lampen Tag und Nacht, ohne diejenigen mitzuzählen, die vor den 19 Altären der Kirche aufgehängt waren, und ohne einen silbernen Kronleuchter von 80 Pfund.

Aus Gold und Silber waren die Gitter an den Türen gearbeitet, zwölf Kinderstatuetten aus reinem Gold, eine grössere Anzahl aus Silber hingen rings um die Nische herum, in welcher das Madonnenbild steht. Eine dieser goldenen Kinderstatuetten, ein Geschenk Ludwigs XIII., war 24 Pfund schwer; das Kind lag auf einem Kissen, welches ein silberner Engel trug, der über 300 Pfund wog. Zwei goldene Kronen, mit Diamanten besetzt, Geschenk desselben Königs, zierten das Haupt der heiligen Jungfrau und des Jesuskindes. Die Statue war geschmückt mit kostbaren Edelsteinen, Perlen und Kleinodien von dem grössten Wert; der Altar war mit solchen Wertgegenständen im wahren Sinne des Wortes bedeckt. Die heiligen Mauern, welche den Kamin umgaben, verschwanden unter den Votivtafeln und Geschenken, welche gewürdigt wurden, diesen Ehrenplatz zu erhalten. Ich fürchte beinahe, durch Aufzählung dieser wenigen Gegenstände den Glanz des lauretanischen Schatzes eher vermindert, als erhöht zu haben: So kostbar und zahlreich waren die Geschenke, dass eine genaue Beschreibung derselben ein ganzes Buch füllen würde. Indessen nach dem Mitgeteilten dürfte der Leser sich doch eine ungefähre Vorstellung von jenem fast unermesslichen Reichtume bilden können.

Und alle diese Kostbarkeiten sind in den Revolutionsjahren von den Franzosen weggeschleppt und vergeudet worden: nur wenige wurden gerettet, einige später wieder dem Schatze einverleibt.

Allein auch in unserem Jahrhundert (1) ist die Dankbarkeit gegen die lauretanische Mutter noch nicht erstorben. Freudigen Herzens brachten und bringen die Pilger wieder, wie ehedem, der Helferin in der Not ihre Gaben dar. Das heilige Haus hat wieder seine kostbaren Lampen; die Statue mit ihren Diamanten, Perlen, goldenen und silbernen Schmucksachen scheint nichts von ihrer früheren Zierde verloren zu haben. Eine goldene Krone mit kostbaren Steinen schmückt wieder das Haupt der Jungfrau und des Kindes. In der Schatzkammer sind 69 Schränke mit Weihegeschenken gefüllt. Es sind meistens heilige Gefässe und Schmucksachen jeglicher Art. Neben den Opfergaben der Päpste stehen diejenigen der Könige. Von besonderem Wert sind drei goldene Kelche von Pius VII., Pius VIII. und Pius IX. Pius VII. hatte die Freude, dem heiligen Hause im Jahre 1804 jene berühmte orientalische Perle aus dem alten Schatze wieder zurückzustellen, die einst ein christlicher Fischer in den indischen Gewässern fand, und auf welcher merkwürdigerweise das Bild der heiligsten Jungfrau und des Jesuskindes abgeprägt war.

In unseren Tagen wird das Heiligtum von Loreto mit seinen Schätzen und Einkünften von der Piemontesischen Regierung verwaltet. Das gestiftete Einkommen zur Bestreitung der Unterhaltskosten für das heilige Haus uns seine zahlreichen Dieser beträgt 380 000 Francs; gleichwohl überstieg im Jahre 1863 die Mehrausgabe die Einnahme um 500 000 Francs. Der Grund dieses ungeheuren Defizits liegt teils in der besonderen Verwaltung, teils in den spärlichen Gaben der Gläubigen, die ihr Geld nicht gern kirchenfeindlichen Verwaltern anvertrauen. Erst dann werden wir den Schatz Loretos sich wieder mehren sehen, wenn die Knechtung der Kirche in Italien ihr Ende erreicht haben wird.

Die Zeit unseres Aufenthaltes in Loreto haben wir fast ausschliesslich

---

(1) Der Verfasser spricht vom 19. Jahrhundert.

für die Besichtigung und Verehrung des wunderbaren Heiligtums verwendet. Bald hatten wir die heilige Stätte liebgewonnen. Wie man hier den englischen Gruss und die lauretanische Litanei betet! Es kam die Zeit, dass wir Abschied nehmen mussten vom heiligen Hause und von der Mutter Gottes von Loreto.

Die Trennung ist uns schwer geworden. Noch ein letztes Ave Maria – dann erhoben wir uns von unseren Knieen und verliessen das heilige Haus mit Dank gegen Gott und seine heilige Mutter für das uns zuteil gewordene Glück und mit der festen Überzeugung, dass «hier nichts anderes ist, als das Haus Gottes und die Pforte des Himmels».

Basilika von Loreto, nach einem alten Stich

Teil IV

Anhang

Lauretanische Orte in den deutschsprachigen Gebieten

Kaplan Gottfried Melzer

Seinen Engeln hat Er befohlen

(Über zwei weitere Übertragungen durch Engel)

Das Wunder von Genazzano

Sossau, das bayrische Loreto

Bibliographie

Papst Johannes Paul II. bittet um Hilfe
der Königin des Himmels,
der «Virgo Lauretana», für sein Pontifikat.
(8. September 1979)

Loretokirchen in den deutschsprachigen Gebieten

Bewertung der Loreto-Kapellen:
Im Rahmen der vorliegenden Zusammenstellung haben wir einzelne Loreto-Kapellen besucht. Die Angaben der übrigen Loreto-Kapellen fussen auf den Quellen von Sauren und anderen Autoren.
Bei gewissen Loreto-Kapellen haben wir eine Bewertung vorgenommen, die sich vor allem auf die originalgetreue Nachahmung des heiligen Hauses von Loreto, sowie auf die innenarchitektonische Note stützt.

(–): *bedingt sehenswert; es handelt sich um eine Loreto-Kapelle, die nur dem Namen nach an Loreto erinnert oder durch eine Restauration ihren ursprünglichen Loreto-Charakter weitgehend verloren hat.*

(–+): *bedingt sehenswert; das Heiligtum weist keine besondere Loreto-Beziehung auf, ist aber wegen der schmucken Ausführung (Altar, Fresken etc.) sehenswert.*

(+): *sehenswert*

(++): *sehr sehenswert*

Deutschland

• **Bilk bei Düsseldorf:**
Eine dem lauretanischen Hause genau nachgebildete Kapelle hat in der Rheinprovinz noch in Bilk bei Düsseldorf bestanden. Errichtet im Jahre 1686 von Herzog Johann Wilhelm und von Jesuiten bedient, war sie ein besuchter Wallfahrtsort, bis sie im Jahre 1812 bei Umgestaltung der um dieselbe erbauten Kirche niedergelegt wurde.

• **Bühl in Bayern:**
In der Nähe von Immenstadt liegt Bühl am Alpsee, das eine Loreto-Kapelle aufweist.

Im Sommer 1665 war Leopold Wilhelm, der Sohn des regierenden Grafen Hugo von Königsegg-Rothenfels, von einer Reise aus Italien zurückgekehrt. Als er eines Tages zu Schiff über den See bei Bühl fuhr, fiel ihm plötzlich die Ähnlichkeit der Lage der einen Kapelle am Hügel mit der der Gnaden-Kirche zu Loreto auf. Als der alte Graf dies gehört hatte, entschloss er sich, zu Ehren der seligsten Jungfrau von Loreto hier eine neue Kirche zu bauen. Im Frühjahr 1666 wurde das alte Gebäude abgetragen, und schon am 8. September folgenden Jahres konnte der erste Gottesdienst in der neuen Kirche gehalten werden. Am 9. Mai 1670 weihte der Bischof von Konstanz das neue Heiligtum ein.

Der grosse Andrang von Pilgern verlangte einen Anbau. Im Jahre 1716 wurde die Kapelle vergrössert: die Loreto-Kapelle erscheint heute als Chor der St. Anna-Kapelle.

• **Holtum bei Wegberg (Bistum Aachen):**
«Obgleich die Akten über die lauretanische Kapelle daselbst, wahrscheinlich bei einem grossen Brand im 18. Jahrhundert, verloren gegangen sind, so kann doch noch ein für unseren Zweck vollkommen genügender Bericht über dieselbe erstattet werden». So schrieb Joseph Sauren. Seine Angaben stimmen mit den heutigen nicht überein.

Gemäss dem Zeugnis von Sauren ist die lauretanische Kapelle in Holtum im Jahre 1667 erbaut und im Jahre 1791 renoviert worden:

«Die lauretanische Kapelle zu Holtum ist, wie die Inschrift auf einer an der Kapelle angebrachten Tafel besagt, im Jahre 1667 erbaut und im Jahre 1791 renoviert worden. Dieselbe hat grosse Ähnlichkeit mit dem heiligen Hause in Loreto, und scheint bei ihrer Erbauung ein Plan des letzteren vorgelegen zu haben. Die Dimensionen in Länge, Breite und Höhe sind fast dieselben, wie bei dem heiligen Hause. Der Altar steht in einer kleinen Entfernung vor der östlichen Wand, in dieser sieht man in einer Nische über dem Altar das Muttergottes-Bild, ebenfalls eine Nachahmung des lauretanischen. In der gegenüberliegenden westlichen Wand befindet sich das vergitterte Fenster, die Wände sind rötlich angestrichen (Backstein-Imitation). In der südlichen Wand, ungefähr am westlichen Ende, ist eine Eingangstüre, ungefähr in der Mitte der Türe zu Sakristei. In der nördlichen Wand führt eine Türe in die 1757 angebaute St. Josephs-Kapelle. Auch der Riss in der südlichen Wand ist nicht vergessen worden.

Nach Aussage der ältesten Leute in Holtum ist die Kapelle von jeher aus der ganzen Umgegend von zahlreichen Andächtigen besucht worden, und dass diese die lauretanische Mutter nicht vergeblich angerufen, davon zeugen eine Menge von Weihegeschenken, als ebensoviele Zeichen der Dankbarkeit für empfangene Gnaden, wie goldene Kreuze, Ketten, Ringe etc. Im Jahre 1867 ward das Jubelfest des zweihundert-jährigen Bestandes der Kapelle mit grosser Feierlichkeit und unter ausserordentlicher Beteiligung des gläubigen Volkes begangen. (...) Im Jahre 1882 war während der Oktav von Mariä Heimsuchung der Zudrang des Volkes ungewöhnlich stark. Sechs Priester haben täglich von vier bis neun Uhr abends Beichte gehört, und mehr als zweitausend Gläubigen ist die heilige Kommunion ausgeteilt worden. Bei der Schlusspredigt waren über viertausend Zuhörer gegenwärtig.»
(Quelle: Joseph Sauren, Das heilige Haus zu Loreto und die Lauretanischen Gnadenorte, Einsiedeln, 1883)

Nach einem neueren Zeugnis wurde eine erste Kapelle in Holtum im Jahre 1644 erbaut, welche schon 30 Jahre später ein undichtes Dach aufwies, sodass die alte

Kapelle abgetragen und neu ein Loreto-Kirchlein errichtet wurde.

- **Freiburg i.B. (Loretoberg):**

Die Kapelle steht auf dem Loretoberg im südlichen Teil der Innenstadt.
Im Sommer 1644 zog der bayrische Feldmarschall von Mercy mit der ligistischen Armee über den Schwarzwald vor die Stadt Freiburg, welche von den Schweden unter Oberst Kanoffski besetzt war. Am 20. Juli desselben Jahres rückte der französische Marschall Vicomte von Turenne mit einem Teile des französischen Heeres von Breisach zum Entsatze der Stadt heran, während von Mercy sein Lager auf der Ebene zwischen Haslach, Merzhausen, Uffhausen, St. Georgen bis an die Dreisam mit Verschanzungen deckte. Schon war der Hauptsturm angeordnet. Da übergab Kanoffsky am 28. Juli Stadt und Schloss, nachdem ihm ein ehrenvoller Abzug zugesichert worden war. Am 1. August kam der Herzog von Enghien, der grosse Condé, berühmt als Sieger von Nocroy, im Lager von Turenne an. Zwischen diesen beiden Feldherren und dem Feldmarschall von Mercy fanden nun am 3. und 5. August am Schlierberge blutige Schlachten statt. Besonders heftig war der Kampf am 5. August. Dreimal war der Sturm der Franzosen auf die Verschanzungen der Bayern abgeschlagen worden. Dabei gab Turenne das seitdem berühmt gewordene Kommando «encore mille» (= noch tausend Mann). Am Tage der Schlacht war ein grosser Teil der Bevölkerung von Freiburg in inständigem Gebet um einen glücklichen Ausgang des Kampfes im Münster versammelt. Sie gelobten eine Wallfahrt zu Maria-Kirchhofen, und nach erlangtem Sieg ward der Beschluss gefasst, zum Danke für die Errettung der Stadt aus dieser grossen Gefahr zu Ehren Mariens eine Kapelle in der Form des heiligen Hauses von Loreto zu erbauen.

Wie die in der Kapelle angebrachte bronzene Gedenktafel besagt, waren es der Bürger und Stadtrat Christoph Mang, dessen Sohn, der Kanonikus des benachbarten St. Margarethenstiftes in Waldkirch, Franz Xaver Mang, und andere Bürger der Stadt, welche die Loreto-Kapelle im Jahre 1657 errichten liessen. Diese Kapelle wird auch «La chapelle de Notre-Dame de mille» zur Erinnerung an das Kommando von Turenne genannten.

Das Gebäude auf dem Schlierberge besteht aus drei Teilen. Der Mittelbau ist die eigentliche Loreto-Kapelle, der westliche die St. Anna Kapelle und der östliche die nach Ausweis der Akten schon vor dem Jahre 1673 durch den Professor Dr. Joh. Augustin Wild erbaute St. Josephs-Kapelle.

- **Oggersheim in der Pfalz:**

Die Loreto-Kapelle in Oggersheim, in der Nähe von Mannheim, verdankt ihre Entstehung dem Erbprinzen des Herzogtums Sulzbach, Joseph Karl Emmanuel, Pfalzgraf am Rhein.

Dieser Fürst war, wie so viele andere aus dem Hause Wittelsbach, ein eifriger Verehrer der allerseligsten Jungfrau. Um die Andacht zu ihr unter seinen Landeskindern zu mehren, beschloss er, ein Kirchlein, dem heiligen Hause von Nazareth ähnlich, in seinem Lande zu bauen.

Er selbst suchte den für eine Wallfahrtskirche geeigneten Platz und gelangte dabei nach Oggersheim. Still und abgeschlossen liegt der Ort und lädt zur Andacht ein. Hier legte der Pfalzgraf selbst im Jahre 1729 den Grundstein.

Während des Baues erwarb Karl Emmanuel Ablässe, Privilegien und Reliquien für denselben vom Heiligen Vater. In Loreto selbst liess er eine Statue anfertigen, genau nachgebildet dem dort verehrten Gnadenbilde.

Leider sollte der fürstliche Erbauer sein Werk nicht mehr vollendet sehen. Er starb, als das Kirchlein nahezu fertig war. Durch seinen Tod trat eine Verzögerung ein, und erst 1733 konnte das Kirchlein eingeweiht werden. An Mariä Verkündigung übertrug man feierlich das in Loreto angefertigte Marienbild in das neue Gotteshaus, zu welchem bald aus nah und fern Andächtige in grosser Menge wallfahrteten.

Über diese kleine Kapelle liess später die Tochter des Erbauers, die Kurfürstin Elisabeth von der Pfalz, eine stattliche Kirche bauen. Sie übergab dieselbe und mit ihr die Sorge für die geistlichen Bedürfnisse der Pilger den Jesuiten, für die sie neben der Kirche ein geräumiges Haus herstellen liess.

Als dieser Orden aufgehoben wurde, traten die Kapuziner an ihre Stelle. Aber auch diese blieben nicht lange. Die Revolution mit all ihren Greueln kam auch über die Pfalz, und die Kirche von Oggersheim wurde geplündert, die Kapuziner wurden verjagt und so die ganze Wallfahrt für längere Zeit vernichtet. Der edle König Ludwig I. stellte das Kloster und die Wallfahrt wieder her. Im Jahre 1843 zogen in das friedliche Gebäude, das seit langer Zeit Kaserne gewesen, von neuem die armen Söhne des heiligen Franziskus ein.

• **Ellwangen, Muttergottes auf dem Schönenberg:**

Die Entstehung des marianischen Heiligtums auf dem Schönenberg fällt in die stürmische Zeiten des Dreissigjährigen Krieges. Der damalige Fürstprobst des adeligen Chorherrenstiftes von Ellwangen, Johann Jakob Blarer, hatte nämlich zwei Jesuiten in das Schloss berufen, damit sie mit ihm an der Wiederbelebung des katholischen Glaubens in der Gegend arbeiteten. Diese frommen Ordensmänner, P. Anreiter und P. Hefelin, suchten den göttlichen Segen auf ihr Werk besonders dadurch herabzuziehen, dass sie die Verehrung der allerseligsten Jungfrau möglichst beförderten. Sie fassten unter andem den Entschluss, eine Muttergottes-Kapelle zu errichten.

Bei einem Spaziergange auf den unfern Ellwangens gelegenen Schönenberg, am 12. August 1638, kam beiden gleichzeitig der Gedanke, hier sei der rechte Ort für die Ausführung ihres Vorhabens. Am folgenden Tage bezeichneten sie die Stelle mit einem einfachen tannenen Kreuze, in dessen Mitte sie eine Öffnung machten für ein an dem Platze gefundenen Mutttergottes-Bild – das jetzige Gnadenbild. Dasselbe besteht aus schwarzbrauner Tonerde und ist drei Zoll hoch. Es stellt Maria mit dem göttlichen Kinde auf dem Arme dar und trägt die Aufschrift: «Mariae Lauretanae», d.h. Mariä von Loreto zu Ehren. Um das Kreuz herum steckten sie mit Tannenästen ein Viereck von der Länge und Breite der Kapelle zu Loreto ab.

Der so Mariä geweihte Ort wurde bald von Landleuten der Umgegend besucht, und da ihre Bitten vielfach in auffallender Weise Erhörung fanden, so mehrte sich das Vertrauen und die Zahl der Wallfahrer. Vielfach legten sie als Dankopfer für empfangene Gnaden kleine Geldspenden in die Spalten des Kreuzes, in welchem sich das heilige Bild befand.

Am 24. Februar 1639 hatten die Opfergaben die Summe von drei Gulden erreicht. Nun entschlossen sich die zwei Jesuiten, mit diesem Gelde ihrem Vorhaben gemäss eine hölzerne Kapelle zu bauen, um die Pilger vor den Unbilden der Witterung zu schützen. Der Fürstprobst schenkte den Platz und das Holz, und schon am 24. März desselben Jahres war der Bau nach dem Massen der Kapelle zu Loreto aufgeführt. Das Kreuz war bis über das Gnadenbild in der Kapelle eingeschlossen. Der Querbalken und der Oberarm aber ragten über dem Dache empor. Tags darauf, am Feste Mariä Verkündigung, wurde von einer grossen Volksmenge die erste Andacht abgehalten und die Lauretanische Litanei gesungen. Einen Monat später feierte der Fürstpropst selbst in der Kapelle das erste heilige Messopfer.

Kaum war ein halbes Jahr seit der Vollendung der Kapelle verflossen, als man den Bau eines grösseren, steineren Kirchleins in Angriff nehmen musste. Allein nach wenigen Jahren genügte auch dieses nicht mehr, und schon im Jahre 1651 fand die Einweihung des dritten grösseren Baues statt.

Die beiden Stifter des Wallfahrtsortes führten nun verschiedene Andachten ein, an denen das Volk nach dem frommen Beispiele des Fürstpropstes Johann Jakob sich fleissig beteiligte. Letzterer liess, da der Raum noch immer zu beschränkt war, noch zwei Kapellen erbauen, eine zu Ehren der heiligen Eltern Mariä, Joachim und Anna, die andere zu Ehren der heiligen Barbara (später zu Ehren des heiligen Johannes des Täufers und seiner Eltern Zacharias und Elisabeth). Beide Kapellen wurden am 6. Juni 1652 eingeweiht. Die Gedächtnisfeier wurde aber auf das Fest der heiligen Anna verlegt. Deshalb pilgerten alljährlich am 26. Juli zahlreiche Prozessionen auf den Schönenberg, wo man an diesem Tage einen von Klemens IX. verliehenen vollkommenen Ablass gewinnen kann.

Der zweite Nachfolger von Johann Jakob, Fürstpropst Johann Christoph, genas in seiner Jugend infolge eines Gelübdes seiner Mutter und einer Wallfahrt auf den Schönenberg von schwerer Krankheit. In seiner Erhebung zum Fürsten von Ellwangen sah er einen Wink, die Verehrung unserer lieben Frau auf dem Schönenberg nicht nur selbst mit allem Eifer zu üben, sondern auch alles zu tun, was in seinen Kräften stand, um die Wallfahrt zu fördern.

Er war es daher, welche den schon lange bestehenden, Plan, auf dem Schönenberge eine grosse Wallfahrtskirche zu bauen, zur Ausführung brachte. Am 16. Juni 1682 legte er den Grundstein, und nun begann die Arbeit nach dem Plane des Baumeisters Michael Thumm von Bregenz. Nach drei Jahren war der Rohbau vollendet. Erst seinem zweiten Nachfolger, Ludwig Anton, Pfalzgrafen und Grossmeister des Deutschordens, gelang es, die Kirche zu vollenden. So stand nun endlich das Gotteshaus da als eine Zierde der Gegend, als eine Gnadenstätte für zahllose Pilger. Doch die Freude dauerte nicht lange. Am 22. April 1709 schlug der

Blitz in einen der beiden Türme. Bald stand der Dachstuhl in Flammen. Ein Dachreiter stürzte zusammen und durchschlug das Gewölbe. Die Gnadenkapelle samt den Seiten-Kapellen blieben verschont – doch war die Verwüstung so gross, dass der Chronist schreiben konnte: «*Auf solche Weise ist das herrliche Gebäu, welches mit langer Müh und viel Unkosten aufgeführt worden, innerhalb zwei Stunden mehrteils zu Boden gefallen, und konnte man ohne grösste Betrübnis nicht ansehen jenen Ort, an dessen Beschauung vorhero die Augen und Gemühter sich wundersam erlustigt hatten*». Bereits einige Jahre später war der Wiederaufbau vollendet.

Im Jahre 1833 (Sauren: 1830) wurde aus den umliegenden kleinen Ortschaften eine neue Pfarrei Schönenberg gebildet. Seit 1919 betreuen Redemptoristen-Patres den Wallfahrtsort.

- **Köln (St. Maria in der Kupfergasse): (++)**

Im Juli 1630 (inmitten des Dreissigjährigen Krieges) erhielten sechs vertriebene Karmeliterschwestern in Köln Asyl. Nach einem fünfjährigen Provisorium richteten sie sich klösterlich ein. In den Jahren 1660-1666 wurde der alte Neuenahrer Hof niedergelegt und an dessen Stelle das jetzt noch bestehende Klostergebäude errichtet. Bald zählte man 20 Schwestern.

Es war um das Jahr 1636, als die Chorschwestern, wenn sie des Abend nach abgesungener Mette in ihre Klosterzellen zurückkehrten, zu wiederholten Malen deutlich vernahmen, wie an jener Stelle mit lieblichen Stimmen die lauretanische Litanei gesungen wurde. – Um dieselbe Zeit bemerkte einmal ein Franziskanerpater von ferne her, gerade über dem bezeichneten Gebäude, drei wie Sterne glänzende Lichter. Höchst erstaunt über diese seltsame, ihm unerklärbare Erscheinung, jedoch völlig von deren Wahrheit überzeugt, machte er dem Kloster davon Mitteilung. Die Dienerinnen Gottes glaubten in dieser Begebenheit einen neuen Beweis dafür erblicken zu sollen, dass es in der Absicht Gottes liege, diesen Ort in besonderer Weise auszuzeichnen. Später, nach Erbauung der lauretanischen Kapelle, hat man dieses Gesicht dahin ausgelegt, dass jene drei Lichter die drei heiligsten Personen Jesus, Maria und Joseph bedeutet hätten, die im heiligen Hause zu Nazareth wie drei Weltsterne geleuchtet, nunmehr aber auch an dieser Stätte verehrt werden wollten, um den Sündern das Licht ihrer Gnadenstrahlen mitzuteilen.

Das Gnadenbild der Schwarzen Muttergottes wird seit 1675 verehrt, und in diesem Jahr wurde auch die Gnadenkapelle, eine Nachbildung der Wallfahrtskapelle in Loreto, geweiht. Die Kirche und Kapelle wurden 1942 zerstört. Der Wiederaufbau erfolgte in den 60-er Jahren.

- **Kobel bei Augsburg:**

In der Nähe von Augsburg liegt das schmucke Loreto-Heiligtum in Kobel. Sie wurde vom Patrizier Karl von Langenmantel im Jahre 1602 erbaut. 1728 wurde an die Kapelle ein Langhaus und die heutige Beichtkapelle angebaut. Im Jahre 1747 wurde zusätzlich ein Mesnerhaus gebaut.

- **Landshut / Franziskanerkirche:**

Die Loretokapelle wurde 1624 eingeweiht von Fürstbischof Veit Adam von Freising. Friedrich von Eckher, der Stifter der Kapelle, empfing nach dem Tode seiner Frau die Priesterweihe, trat später in den Orden der Kapuziner ein. Friedrich von Eckher vermachte dem Orden seinen Besitz.

Ab 1628 lebten die Kapuzinerinnen im ehemaligen Schloss, die Loretokapelle wurde zu einem kleinen Wallfahrtsort. Eine bewegte Geschichte erlebte der Wallfahrtsort, besonders während der Säkularisation. Die heutige Klosterkirche wurde 1840 erbaut und 1922 erweitert.

- **Oberstdorf im Oberallgäu** *(sog. «Lorettokapellen»)*:

Die Loretokapelle stammt aus dem Jahre 1657. Der Rokoko-Altar wurde vom Füssener Bildhauer Anton Sturm geschaffen und gilt als einer der schönsten im Oberallgäu.

Pfarrer Georg Mayr (1642-81) und späterer Dekan, ahnte nach den schweren Kriegsjahren des Dreissigjährigen Krieges, was die Menschen brauchten, um ihr strapaziertes Seelenheil zu retten. Er war es, der 1643 die zehn Kreuzwegstationen von der Pfarrkirche zu der kleinen, mit gotischen Fresken versehenen Appachkapelle, erbaut ca. 1482 und heutigen Auferstehungskapelle bauen liess, weil nur er wusste um ihre Not, Abbitte bei Buss- und Wallfahrtsgängen leisten zu wollen.

Schon bald aber zeigte es sich, dass diese Kapelle zu klein war und man beschloss, eine grössere zu bauen. Die Grundsteinlegung für die Kapelle Maria Loretto fand am 4. April 1657 statt bei deren Bau dann die Steine der ehemaligen heimenhofischen Burg am Himmelschrofen verwendet worden seien. Interessant ist auch, dass die zwei Rotmarmorstufen die zum Altar führen, aus einem Marmorbruch des heimischen Traufbachtales stammen, für die eigens an der Brücke des Traufbaches, kurz vor Spielmannsau eine Steinsäge installiert wurde.

Die Kapelle zeichnet sich im Äusseren durch ein schindelgedecktes, achtkantiges Kuppeldach aus und einer kleineren Kuppel des Chors, das mit einem Türmchen und Zwiebeldach endet. An der Strassenseite wurde das sogenannte Schöpfle angebaut mit einer Pyramidenspitze. Im Innern ist die steinerne Kuppel bemalt und mit Stukkaturen versehen und ein schönes Schmiedeeisengitter trennt den Ostchor mit dem Hochaltar gegen den Kapellenraum.

Die Kapellenweihe fand am 22. August statt und ein Jahr später spricht man schon von einer Wunderheilung, wie das älteste Votivbild erkennen lässt. Michael Bracks totes Kind erlangte am 6. Tage von der Mutter Gottes allhier das Leben, und nachdem es getauft wurde, verstarb es wieder.

Hochsaison hatten nun die Wallfahrer und die Prozessionen hatten ihre Blütezeit. Nicht nur vom Walsertal, sondern auch vom weiten Vorarlberg kamen sie. Die Lechtaler, so zeigt ein Bild im Innern der Kapelle, kamen in einem sehr heissen Sommer 1665 mit einem Kreuz von 4,35 m Länge, um den Regen zu erbitten, den sie, bevor sie heimkamen auch erhielten. Zur Bewirtung und Aufnahme der vielen Pilger war ein grosses Haus vonnöten, eine Herberge, das heutige Benefiziathaus.

Es wurde schon 1661 erbaut in dem zuerst der Messner wohnte. Kurze Zeit später wohnten dann Benefiziaten darin.
(Quelle: Zeitung «Heimatblatt», Oberstdorf)

• Ramsau bei Haag: (+)
In Ramsau, an der Strasse zwischen Altötting und München in der Nähe von Haag gelegen, befand sich seit 1414 ein Kloster der Augustiner, deren Kirche dem heiligen Nikolaus von Tolentino geweiht war. Herzog Albrecht VI., der Leuchtenberger, ein Bruder des grossen Marienverehrers Kurfürst Maximilian von Bayern, liess in der Nähe des Klosters eine «holdselige, schöne, zur Andacht reizende» Kapelle bauen, welche derjenigen ganz ähnlich sein sollte, «so die Engel über das Meer nach Loreto getragen». Dies steht im Stiftsbrief vom 20. März 1629. Die Einweihung der Loretokirche erfolgte am Fest Mariä Verkündigung, den 25. März 1629. Der jährliche grosse Wallfahrtstag in Ramsau war am Hauptfest der dort bestehenden Erzbruderschaft «Maria vom Trost» (Schutzengelfest). An diesem Tag strömten mehrere tausend Pilger aus der Umgebung in die Loretokapelle, so dass manchmal 10 - 15 Beichtväter notwendig waren. Aber auch sonst fanden sich alljährlich aus vielen Pfarreien Wallfahrtszüge ein.

Ein besonderer Ehrentag in der Geschichte der Loreto-Kirche in Ramsau war der Besuch Papst Pius VI. am 26. April 1782 anlässlich seiner Rückreise von Wien über München nach Rom. Kurfürst Karl Theodor von München war bis Haag gereist und fuhr dem Papst am anderen Morgenn bis Ramsau entgegen. Auch der Fürstbischof von Freising, Ludwig Joseph, fand sich hier ein. Ramsau war damals an der Grenze der Diözese Freising. Der Kurfürst und der Fürstbischof brachten hier an der Bistumsgrenze dem Papst die erste Huldigung dar.

Im Zuge der Säkularisierung wurde 1802 das Kloster aufgehoben. Die Klosterkirche und drei Viertel des Klosters wurden 1825 abgebrochen. Die Loretokapelle wurde nur durch das Dazwischentreten der damaligen Wirts- und Mesnereheleute Matthias und Cäcilia Bischof vor dem Abbruch bewahrt. Die Loretokapelle wurde zur Expositurkirche der Pfarre Kirchdorf bestimmt. Da sie zu klein war, wurde die Kirche auf Staatskosten erweitert und erhielt die heutige, etwas südländisch wirkende äussere Form.

Im Kirchenführer «Ramsau bei Haag» findet sich ein sehr schönes Bild der Übertragung des heiligen Hauses. Die Loretokirche ist sehenswert, allein wegen des wunderschönen Loretobildes, das dort zu sehen ist (Übertragung des heiligen Hauses). Die Loretokapelle, die grössenmässig dem heiligen Haus entspricht, ist nach dem Umbau der Kirche im 19. Jhdt. Presbyterium geworden.

• Thyrnau (Loretokapelle):
In der Nähe von Passau liegt Thyrnau, das eine Marienkapelle besitzt. Diese wurde 1699 durch Fürstbischof Johann Philipp vergrössert. Später nannte man die Marienkapelle «Loretokapelle».

• Weiler (Gemeinde Osterberg):
Im Jahre 1674 erbaute man dort eine Loretokapelle, wo früher eine Johanneskapelle stand. Das Wallfahrtspatrozinium ist Maria von Loreto, Patron blieb Johannes Baptista. Die Kapelle ist dem heiligen Haus von Loreto nachgeahmt.

• Wolfegg:
Ca. 40 km nördlich von Lindau am Bodensee liegt Wolfegg, das seit 1668 eine Loretokapelle besitzt. Seit dem Jahre 1707 brachte man das heute noch verehrte Gnadenbild in die Kapelle.

Österreich und Deutsch-Südtirol:

• Burgenland:
In der Nähe von Eisenstadt in Burgenland befindet sich die Wallfahrtskirche «Maria Loretto». Der Freiherr Rudolf von Stotzingen hatte 1644 von einer Wallfahrt nach Loreto in Italien eine Kopie des Gnadenbildes mitgebracht, die er zunächst in seinem Schloss zu Seibersdorf aufstellte. Bald danach beschloss er, an der Stelle, wo sich eine von den Türken 1529 zerstörte Johanniskapelle befand, eine Kapelle ähnlich dem heiligen Haus von Loreto zu errichten. Am 8. September 1644 wurde die Gnadenstatue in feierlicher Prozession, begleitet von 4 000 Gläubigen, in die neue Loretokapelle übertragen. Der fromme Freiherr von Stotzingen liess bereits im folgenden Jahr ein Kloster für die Serviten errichten, die er zur Betreuung der zu Tausenden zählenden Wallfahrer berufen hatte.

Ein neuer Grundherr, Graf Franz Nadasdy, liess infolge eines Gelübdes in schwerer Krankheit eine Kirche bauen, die am 2. Juli 1659 feierlich eingeweiht wurde. Gegen 20 000 Gläubige hatten daran teilgenommen. Die durch die Einfälle der Türken zerstörte Kirche und Gnadenkapelle wurde wieder aufgebaut. Im 18. Jahrhundert erlebte «Maria Loretto » eine Blütezeit. Es wurde ein hochberühmter Wallfahrtsort.

Die Wallfahrt wird heute von den Oblaten der Jungfrau Maria betreut. Jedes Jahr kommen weit über 100 000 Wallfahrer nach «Maria Loretto», darunter viele Kroaten und Ungarn.

• Dornach: (+)
In Maria Dornach im Mölltal in Kärnten befindet sich, angebaut an die Wallfahrtskirche, eine Loretokapelle.

• **Grein und andere:**
Einige Loretokapellen befanden sich in Oberösterreich:
in **Grein** (1784 zerstört bei der Profanierung des Klosters)),
in **Maria Bründl** bei Freistadt (aus Holz gebaut, 1732 abgebrochen),
in **Schörfling am Attersee** (1787 durch einen Brand zerstört) und
in **Steyr** (1789 beim Umbau in ein Theater zerstört). In Steyr war die Loretokapelle angebaut an die Kirche der Zölestinerinnen. Die Marienstatue blieb beim grossen Brand von 1727, der auch die Loretokapelle heimsuchte, unversehrt. – Die heutige Marienkirche der Jesuiten in Steyr dürfte ursprünglich eine Loretokirche gewesen sein, denn am Triumphbogen der Kirche sieht man eine Mariä-Verkündigungs-Darstellung und südlich vom Presbyterium kann man eine Kapelle betreten, die die ungefähren Ausmasse einer Loretokapelle aufweist.

• **Graz:**
Eine sehr schöne und zur Andacht stimmende Loretokapelle befindet sich in Graz (Steiermark) in der Kirche der Barmherzigen Brüder.

• **Gutau: (–)**
In Gutau im Mühlviertel (Oberösterreich) befindet sich eine Loretokapelle, die aber keine Loreto-Architektur aufweist.

• **Kalditsch und andere Orte im Südtirol:**
In Südtirol stehen Loretokapellen in **Kalditsch bei Neumarkt**, in **Klausen** in der Kirche des aufgelassenen Kapuzinerklosters, in **Salurn** und in **Buchenstein**, das zum ladinischen Sprachgebiet gehört. In Bozen stand ein Loretokirchlein, das im 2. Weltkrieg durch Bomben zerstört und leider nicht wieder aufgebaut wurde.

• **Klobenstein: (++)**
Im Tiroler Unterland bei Klobenstein befindet sich in wildromantischer Bergeinsamkeit bei einem gespaltenen grossen Felsstein eine Wallfahrtskirche, daneben angebaut eine Loretokapelle. Sehenswert wegen der wunderschönen romantischen Lage. Klobenstein ist ein heute noch besuchter Wallfahrtsort.

• **Lambach: (–)**
Im Benediktinerstift Lambach (Oberösterreich) kann man neben der Stiftskirche eine Loretokapelle besuchen, die sehr grosse Ähnlichkeit mit dem heiligen Haus von Loreto aufweist. Der Schlüssel zur Loretokapelle ist an der Klosterpforte erhältlich.

• **Lesachtal:**
In der Wallfahrtskirche Maria Luggau im Lesachtal befindet sich neben dem Presbyterium eine Loretokapelle ohne die typische Loretoarchitektur. Das Loreto-Gnadenbild aber ist in Farben gefasst. Es dürfte also eine sehr frühe Kopie des

Gnadenbildes von Loreto sein, aus der Zeit stammend, da die Farben der Gnadenstatue in Loreto noch erkennbar waren. Später wurde es ja durch den Rauch der vielen Kerzen und Öllampen geschwärzt. Maria Luggau wurde anfangs des 16 Jahrhunderts erbaut. Die Kirche befindet sich in Kärnten, nahe an der Grenze zu Osttirol.

• **Linz: (–)**

Die Jesuitenkirche in Linz (Oberösterreich) wird «Alter Dom» genannt, weil sie bis zur Errichtung des neuen Mariendomes dem Bischof von Linz als Kathedralkirche diente. Vom Innern dieser Kirche gelangt man in die Gnadenkapelle, die man an dem Loretobildnis über dem Altar sogleich als Loretoheiligtum erkennt. Über dem Eingang der Gnadenkapelle stehen die Worte: «Geh in das Haus deiner Mutter». Besondere Ähnlichkeit mit dem heiligen Haus von Loreto ist – ausser der Gnadenstatue – nicht vorhanden.

Die Kapelle ist zugleich auch dem heiligen Johannes von Nepomuk geweiht. Dieser heilige Märtyrer des Beichtgeheimnisses wurde schon früh von der Gesellschaft Jesu als besonderer Schutzpatron gegen die schweren Verleumdungen, denen dieser Orden ausgesetzt war, erwählt.

• **Lockenhaus (Burgenland):**

Bereits 1336 befand sich in Lockenhaus ein Franziskaner-Kloster, zu dessen Kirche die Gläubigen in Scharen wallfahrteten. Nach der Zerstörung durch die Türken wurde 1656 der Grundstein für einen Neubau gelegt. Die heutige Barockkirche besitzt drei Gnadenbilder:

1. Das Bild der Mutter vom guten Rat auf dem Hochaltar. 2. Der barocke Marienaltar, das Prunkstück der Kirche, umschliesst eine Muttergottesdarstellung im ungarischen Krönungsornat, als Siegerin über die Türken und grosse Herrin Ungarns. 3. In der dreischiffigen Krypta befindet sich die «Schwarze Madonna» von Loreto.

• **Mils: (– +)**

Die Annakirche am Friedhof der Pfarrkirche von Mils bei Hall in Tirol dürfte ursprünglich eine Loretokirche gewesen sein. Daran erinnert der Name dieser Kirche (nach der Überlieferung hat die heilige Anna das Kind der Verheissung im heiligen Nazareth-Haus geboren). Die Kirche hat weiters zwei Eingänge (einer davon zugemauert) nebeneinander (wie dies für Loreto in der Frühzeit der Wallfahrt kennzeichnet war). Das Gnadenbild der Pfarrkirche Mils ähnelt sehr stark dem Bildnis der Madonna von Loreto. Mils war bis zu dem grossen Brand (Ende des 18. Jhdts.) ein bedeutender und vielbesuchter Wallfahrtsort.

Die Kirche ist sehr sehenswert wegen der herrlichen gotischen Ölberggruppe (Veit Stoss zugeschrieben), die dort aufgestellt ist. Besondere Ähnlichkeit mit dem heiligen Haus von Loreto ist nicht vorhanden.

• **Neuberg bei Mürzzuschlag:**
An der Nordseite der ehemaligen Zisterzienserkirche wurde bereits im 15. Jahrhundert eine Loretokapelle angebaut. Die Statue der Muttergottes von Loreto zeigt sich dort noch in ihrer ursprünglichen Fassung (farbig bemalt, noch nicht bräunlichschwarz).

• **Pfarrkirchen:**
Im Mühlviertel (Oberösterreich) befindet sich auf dem Friedhof in Pfarrkirchen neben der Pfarrkirche Mariä Himmelfahrt eine Loretokapelle, die um 1700 errichtet worden ist.

• **St. Lorenzen im Pustertal: (– +)**
Südlich von St. Lorenzen im Pustertal steht auf einer lieblichen Anhöhe am Ausgang des Gadertales die Loreto-Wallfahrtskirche Maria Saalen. (Südtirol)

Sehr lohnendes Ziel eines Ausflugs oder einer kleinen Wallfahrt; keine Ähnlichkeit mit dem heiligen Haus von Loreto.

• **Salzburg: (+)**
In der Kirche «Maria Loretto» des Anbetungsklosters der Kapuzinerinnen in der Stadt Salzburg befinden sich eine Loretokapelle und ausserdem eine Nachbildung der Gnadenkapelle von Altötting und Maria Einsiedeln. Das Kloster und die Kirche wurden in der Zeit des 30-jährigen Krieges erbaut, und zwar aufgrund einer Stiftung eines Adeligen namens Ludwig Friedrich Grimming von und zu Niederrain, der im Kapuzinerkloster zu Regensburg die Ordensgelübde abgelegt hatte, und durch eine Stiftung der Grafin Katharina von Lodron. Am 1. Februar 1637 wurde das Bild Maria-Loreto in die Loretokirche übertragen, und am 26. April 1637 wurde die Kirche von Fürsterzbischof von Salzburg, Paris Lodron, feierlich eingeweiht.

Seit dem Jahre 1650 ist das Kloster «Maria-Loretto» im Besitz jenes berühmten, wundertätigen Jesuskindleins (Loreto-Jesulein genannt), welches von einer Frau Gräfin von Oettingen der Oberin des Klosters in Ensisheim, Maria Euphrasia, zum Geschenk gemacht worden war, und das der Guardian des dortigen Kapuzinerklosters, P. Chrysostomus Schenk, von ihr erbat. Dieser hielt die Jesuleinfigur in hohen Ehren und wurde darob «Christkindlpater» genannt. Er erlangte durch seine Verehrung grosse Gnaden. Mehrmals ward ihm das Jesulein, nachdem es durch Missgeschicke zerbrochen oder beschädigt worden war, auf wunderbare Weise wiederhergestellt. Und als es ihm nach einer Verleumdung durch seine Mitbrüder von seinem Obern abgenommen wurde, kehrte es auf geheimnisvolle Weise wieder zu ihm zurück. Nach dem Tode von P. Chrysostomus und der Klosterschwester Maria Euphrasia kam das Jesulein-Bildnis nach «Maria-Loretto» in Salzburg, wo es bis zum heutigen Tag in hohen Ehren gehalten wird. Das Kindlein, aus Elfenbein geschnitzt, befindet sich auf einem ihm zu Ehren im Jahre 1731 errichteten Altar, in einem zierlich geschmückten Tabernakel, wo es noch immer fortfährt, den Notleidenden und Bedrängten grosse Gnaden zu erteilen.

Die Kirche «Maria-Loretto», die im 2. Weltkrieg durch einen Bombenangriff teilweise zerstört, aber wiederaufgebaut wurde, ist heute mehr denn je ein religiöser Mittelpunkt für die frommen Gläubigen aus der Stadt Salzburg und seiner Umgebung.

Die Wallfahrtskirche ist sehr sehenswert und ein besuchter Ort der Frömmigkeit, auch wegen des dort immer ausgesetzten Allerheiligsten, und wegen des berühmten Loretto-Jesulein.

• **Schlägl:**
Im Prämonstratenserkloster Schlägl im Mühlviertel (Oberösterreich) befindet sich eine Loretokapelle, circa um 1700 erbaut, die heute Ausstellungsraum ist.

• **Sillian**: (– +)
Neben der Pfarrkirche in Sillian (Osttirol), die ehemals eine vielbesuchte Wallfahrtskirche war, steht die sogenannte Annakapelle, die eigentlich ein Loretoheiligtum ist. Über dem Altar befindet sich ein sehr schönes Bild von der hl. Mutter Anna mit dem Kind Maria, darunter sieht man die Statue der Gottesmutter von Loreto. In einer Seitennische befindet sich eine Lourdesgrotte. Die Annakapelle wird von den Gläubigen sehr eifrig besucht.

• **St. Andrä: (– +)**
Die wohl schönste Loretokirche Österreichs mit einer wundervoll gegliederten Fassade steht in St. Andrä im Lavanttal in Kärnten. Die Kirche war früher die Bischofskirche des heute nicht mehr bestehenden Bistums Lavant. Die eigentliche Loreto-Gnadenkapelle befindet sich rückwärts links in der Kirche.

Die Kapelle weist keine besondere Ähnlichkeit mit dem heiligen Haus auf.

• **St. Jakob am Thurn: (+)**
Eine sehr schöne, zur Andacht stimmende Loreto-Gnadenkapelle findet man in St. Jakob am Thurn , in der Nähe von Hallein (Salzburg). Stifter dieser Kapelle war ein General der Kaiserin Maria Theresia, Josef Anton Graf von Plaz, hiesiger Thurnherr, der nach seiner glücklichen Heimkehr aus 36 blutigen Schlachten und verschiedenen Feldzügen aus Dankbarkeit für den ihm von der Muttergottes zuteil gewordenen Schutz diese Gnadenstätte erbauen liess. Das Gnadenbild kam aus Loreto, wo es mit dem Original berührt worden war. Die Weihe vollzog am 21. Juli 1754 im Auftrag des Fürsterzbischofs Graf von Schrattenbach dessen Dom-Dekan Erbtruchsess und Graf von Zeill.

Das Herz des frommen Stifters dieser Gnadenstätte und grossen Wohltäters der dortigen Bevölkerung wurde nach seinem Wunsch in einer zinnernen Urne vor den Altarstufen beigesetzt.

Die mit einer vielbewunderten Dachung und einem entzückenden Türmchen versehene Loretokapelle ist in ihrem Innern dem Heiligtum von Loreto nachgebaut. Über den Wänden aus rohen Steinen wölbt sich einen Sternenhimmel. Den prächtigen Rokoto-Altar, der von einem sehr schönen barocken Eisengitter eingeschlossen ist, schuf Cassian Singer aus Kitzbühel.

• **St. Leonhard am Forst** (Niederösterreich):
In diesem Pfarrdorf, 17 km südlich von Melk gelegen, kann man eine schöne, an die Pfarrkirche angebaute Loreto-Kapelle besichtigen, die dem in Loreto befindlichen heiligen Haus ganz ähnlich ist.

• **Steinhaus:**
In Steinhaus im Ahrntal (Südtirol), einem Nebental des Tauferertales, das sich von Bruneck südwärts erstreckt, steht eine Loretokirche. .

• **Sterzing:** (+)
In der Nähe von Sterzing (Südtirol) befindet sich an der Brennerstrasse ein altes Loretokirchlein. Unzählige Pilger zogen in früheren Jahrhunderten auf der Brennerstrasse in den Süden, um zu den berühmten heiligen Stätten der Christenheit zu gelangen, besonders zu den Apostelgräbern in Rom, nach Loreto und nach Santiago de Compostela in Spanien.

• **Steyr:** (++)
In der Nähe von Steyr (Oberösterreich), der alten Eisenstadt, befindet sich die Wallfahrtskirche Christkindl, die besonders in der Weihnachtszeit von vielen aus nah und fern besucht wird. Neben der Wallfahrtskirche steht eine Loretokapelle, die 1876 erbaut und vom heiligmässigen Bischof Rudigier eingeweiht worden ist.

Die Wallfahrtskirche birgt als Wallfahrtsstatue eine sehr kleine Darstellung des Christkindes aus Wachs über dem Tabernakel mit einem prachtvollen Altar (geschnitzt). Die Loretokapelle daneben war lange gesperrt, ist zur Zeit renovierungsbedürftig.

• **Thaur:** (++)
In der Pfarre Thaur (Nordtirol) steht neben der Bundesstrasse, die von Hall nach Innsbruck führt, ein Loretokirchlein. Der fromme Tiroler Landesfürst Erzherzog Ferdinand II. hatte es auf Bitten seiner Gemahlin erbaut.

• **Walpersdorf:**
Eine Loreto-Kapelle findet sich im Loreto-Exerzitienheim in Walpersdorf bei Herzogenburg (Niederösterreich).

• **Wien:** (+)
Eine Loretokapelle ist in Wien in der Augustinerkirche. In dieser dankte König Sobieski nach dem grossen Sieg über die Türken bei Wien (1683) der Muttergottes für ihre wunderbare Hilfe.

Sehr sehenswert wegen der historischen Bedeutung dieser Loretokapelle.

• **Winnebach:**
Nahe der italienischen Grenze, in Winnebach (Südtirol), steht an der Pustertaler Staatsstrasse ein vom Volk vielbesuchtes Loretokirchlein. Der heiligmässige Pfarrer Alois Simon Maass, der lange Jahre in Fliess wirkte, hatte in Winnebach seinen ersten Seelsorgeposten inne und hat wohl oft in diesem Kirchlein gebetet.

Schweiz

• **Achenberg:**
Die Loretokapelle in Achenberg bei Klingnau (Kanton Aargau), über deren Bau wenig bekannt ist, entstand 1662. Im gleichen Jahr wurde ihr die St.Josephskapelle angebaut.

• **Biberegg: (++)**
Auf dem Familienbesitz in Biberegg (Kanton Schwyz), in der Nähe von Rothenturm baute Landammann Wolf Dietrich Reding von Biberegg 1678 eine Loretokapelle, die allerdings nur in ihrem Innern dem heiligen Hause von Loreto gleicht. Abt Augustin Reding von Einsiedeln legte 1678 den Grundstein und sein Nachfolger Raphael von Gottrau benedizierte die Kapelle 1693. Die Konsekration erfolgte am 3. November 1701 durch Weihbischof Konrad Ferdinand Geist von Konstanz. Die Stiftungsurkunde für die Kapelle und die Pfründe zu Biberegg ist erhalten. Sie stammt aus dem Jahre 1679.

In Biberegg wurde die Einführung der Bruderschaft der «Letzten Ends-Gnade» am 15. August 1783 feierlich errichtet.

Wichtiger noch als die Einführung der Bruderschaft der «Letzten Ends-Gnade» war für Biberegg die ***Vereinigung und Gleichstellung der hiesigen Loreto-Kapelle mit dem heiligen Hause oder der Basilika zu Loreto*** in Italien. Diese Vereinigung und Gleichstellung der Kapelle zu Biberegg mit der berühmten Wallfahrtskirche zu Loreto wurde unter Papst Pius VII. durch ein besonderes päpstliches Privilegium (3. Februar 1807) ausgesprochen und für alle künftigen Zeiten für gültig und in Kraft bestehend erklärt. Es ist daher seit dieser Zeit eine Wallfahrt nach Biberegg mit den ***ganz gleichen Ablässen, Gnaden und geistlichen Vorteilen und Früchten verbunden, wie eine Wallfahrt nach Loreto in Italien selbst.***

«So klein der Ort Biberegg ist, hat er doch eine sehr bedeutsame Geschichte hinter sich, die tief in das frühere Mittelalter zurückgreift. Seit unvordenklichen Zeiten nämlich stand am Platz der jetzigen Kapelle und Pfrundwohnung eine Burg mit einem sehr festen Turm. Diese Burg, auf dem Höhepunkte zwischen dem Zürchersee und dem Land Schwyz, genau auf der Wasserscheide zwischen dem Limmat- und dem Reussgebiete gelegen, hatte die Bestimmung, die Strasse und den Verkehr zu

schützen. Es war dies in jenen Zeiten des früheren Mittelalters notwendig, weil damals teils fremde Horden, teils Raubritter die Wege unsicher machten. Die Landstrasse, welche durch Biberegg führte, und von welcher noch deutliche Spuren wahrnehmbar sind, war allerdings nur ein rauher Reit- und Saumweg, aber gleichwohl eine sehr wichtige Verkehrsstrasse. Sie bildete nämlich die einzige Verbindung zwischen Einsiedeln und der Umgebung des Zürchersees einerseits, mit Schwyz, dem Vierwaldstättersee und dem St. Gotthard anderseits. Die Burg zu Biberegg mit ihrem Besitze an Grundeigentum, der sich bis an die Lezemauer beim «Rothen Turm» und abwärts bis nach Sattel erstreckte, bildete zugleich die Grenze zwischen der alten Grafschaft Lenzburg und der Grafschaft Rapperswil oder deren Schirmvogtei Einsiedeln.»
(entnommen der Kleinschrift J. Betschart, Schloss und Kapelle zu Biberegg, Biberegg, 1882).

Nachstehend ein schönes Gebet der Bruderschaft von Biberegg:
«Heilige lauretanische Mutter! Du bist die Mutter der schönen Liebe. So siehe denn mit den Augen deiner Barmherzigkeit dein Pflegkind an, wie ich, mit Sünden beladen, um deine mütterliche Hilfe flehe. Ach! Erwirb mir durch deine und deines Bräutigams Fürbitte die Gnade, mein Leben zu bessern, besonders aber die letzte Endesgnade, durch Jesus Christus, deinen Sohn, unsern Herrn. Amen»

• **Berg Sion: (+)**
Die Loretokapelle, die auf dem Berg Sion thront, befindet sich in der Nähe von Uznach (Kanton St. Gallen).

• **Bernau:**
Eine Loretokapelle steht auch in Bernau, von deren Baujahr und Baumeister, sowie dessen Verehrung nichts Näheres vorliegt.

• **Buochs-Ennerberg:**
Die Kapelle wurde 1712 von Ritter Johann Jakob Achermann auf seinem Landgut errichtet zur Erinnerung an das siegreiche Treffen bei Sins, 20. Juli 1712. (Nidwalden)

• **Bürglen: (++)**
Am Ausgang des Dorfes (Klausenstrasse) befindet sich eine schmucke Loreto-Kapelle, die unmittelbar bei der Bushaltestelle «Loreto» liegt. Die Kapelle wurde 1659 gebaut und 1889 renoviert. Sie wurde 1661 zu Ehren der heiligen Apostel Simon und Judas geweiht und hatte eine eigene Pfründe. Sie birgt im Innern interessante Wandgemälde nach dem Vorbild des heiligen Hauses in Loreto, während das Äussere der Kapelle ganz einfach gehalten ist.
(Quelle: Rudolf Henggeler, Helvetia Sancta, Einsiedeln, 1968)
Die Kapelle wurde in neuerer Zeit (1959 und 1988) wieder renoviert und zählt heute zu den schönsten Loreto-Kapellen der Schweiz. Nicht nur die Wände und das sternenbesäte Dach, sondern vor allem die dem heiligen Hause nachgebildeten Fresken lassen den Pilger die Schönheit und Schlichtheit des heiligen Hauses

nachfühlen. Die Fresken wurden zum Staunen aller anlässlich der Renovation im Jahre 1959 entdekct und freigeleg; sie zeigen den Besuch des heiligen Ludwig im heiligen Haus, von dem wir wissen, dass er der letzte Pilger im heiligen Haus in Nazareth war, von dem wir einen schriftlichen Eintrag haben.

Regelmässig finden in dieser Kapelle Loreto-Feiern statt, die vom Loreto-Gebetskreis durchgeführt werden. Kontaktadresse: Loreto-Gebetskreis, Antonius Zgraggen, im Bohl, CH-6424 Lauerz

- **Charmey:**

Eine Kapelle, die unserer lieben Mutter von Loreto geweiht ist, findet sich in Charmey, Fribourg.

- **Grandvillard:**

Eine weitere Kapelle von Loreto ziert die Gegend von Grandvillars im Kanton Freiburg.

- **Hergiswald:** (++)

Um die Mitte des 15. Jahrhunderts befand sich eine Waldbrudersiedlung hier am Fusse des Pilatus. Mit Erlaubnis Innozenz VIII. vom 16. Mai 1489 liess sich hier der ehemalige Laienbruder Johann Wagner von Riedlingen aus dem Karthäuserkloster Ittingen als Einsiedler in einer Höhle nieder. Gutwillige Leute bauten ihm 1496 ein Bethäuschen und 1503 eine grössere Kapelle, die 1504 zu Ehren Marias, sowie anderen Heiligen geweiht wurde.

Der fromme Einsiedler starb am 19. Mai 1516 im Rufe der Heiligkeit. An seinem Grab nahm man Wohlgeruch und Lichterglanz wahr. Viele Gläubige fanden hier Erhörung in ihren Nöten, so dass die Kapelle bald zu klein wurde. So erbaute man 1620 eine neue Kapelle, die am 21. November 1621 geweiht wurde. Im Jahre 1648 erfolgte der Bau einer Loretokapelle, die 1651 mit der Kirche verbunden und 1662 geweiht wurde. Infolge dieses Baues trat die Verehrung der Hl. Familie und der heiligen Hausgenossen Christi in den Vordergrund.

- **Lichtensteig:** (++)

Die Stadt, eine Gründung der Toggenburger Grafen, kam später mit dem Toggenburg an die Abtei St. Gallen. Hier gründete der sanktgallische Geheime Rat, Ludwig Reding, mit seiner Gattin Anna Maria von Roll 1678 eine Loretokapelle, die freilich nur in ihrem Innern die Form des heiligen Hauses wahrt.

- **Mägenwil AG:** (–)

Zwischen Lenzburg und Mellingen befindet sich in der Gemeinde Mägenwil eine Loretokapelle. Vor Jahren wurde die Loretokapelle restauriert und ihres früheren Schmuckes (Sternenhimmel etc.) beraubt, so dass heute die Kapelle keine Ähnlichkeit mehr mit dem heiligen Haus aufweist.

• **Pruntrut (Porrentruy): (–)**
Als die Stadt 1634 von den Feinden belagert wurde, gelobte der Rat den Bau einer Kapelle. Die Klosterfrauen vom Orden der Heimsuchung, die in diesen schweren Zeiten ihre Zuflucht zu Maria nahmen, sahen,wie eine Wolke sich auf den Platz niederliess, wo man 1653 mit dem Bau einer Kapelle, nach dem Vorbild des heiligen Hauses, begann.

• **Solothurn:**
Am 28. Mai 1654 konsekrierte der Bischof Jodok Knab von Lausanne die Loreto-Kapelle bei der Stadt Solothurn.

• **St. Ursanne, Jura:**
Eine Viertelstunde von der Stadt St. Ursanne (St. Ursizius) unterhalb des Bahnhofes und des Viaduktes, am Ufer des Doubs, erhebt sich eine Loreto-Kapelle.

Im Jahre 1580 ward dort ein Oratorium zu Ehren des heiligen Nikolaus errichtet, Als dieses im Jahre 1711 dem Einsturze nahe war, wurde an dessen Stelle die jetzige Loreto-Kapelle erbaut.

• **Wolfenschiessen:**
An die Pfarrkirche von Wolfenschiessen im Kanton Nidwalden wurde im Jahr 1659 eine Loretokapelle angebaut, die sich jetzt innerhalb der Kirche befindet.

• **Zug (Loretokapelle im Lüssi):**
Im Lüssi lag einst die alte Richtstätte mit dem Galgen. Daraus erklärt sich auch der Bau einer kleinen Kapelle zu Ehren der heiligen Katharina, der Patronin der «Armen Sünder», die erstmals 1522 erwähnt wird. Die Kapelle wurde gegen Ende des 17. Jahrhunderts renoviert, indessen schon 1703 abgetragen. Kaplan Peter Mathäus Herster regte damals den Bau einer Loretokapelle an. Der Besitzer des Lüssihofes, Johann Jordan Schell, erbaute in der Folge 1704 mit Hilfe von Nachbarn die heute stehende Kapelle, die indessen in Abweichung von andern Nachbildungen des heiligen Hauses als Vorbau eineSt. Katharinenkapelle erhielt, Das Gnadenbild von Loreto (Kopie) wurde – ehe sie herkam – eine Nacht über auf den Altar der Gnadenkapelle in Einsiedeln gestellt und von Abt Maurus von Roll gesegnet. In die Kapelle wurde am 25. März 1705 weihte Nuntius Bichhi die Kapelle zu Ehren Marias und der heiligen Katharina. Fürstabt Plazidus Zurlauben von Muri stiftete 1725 den St. Katharinenaltar,
(Quelle: Rudolf Henggeler, Helvetia Sancta, Einsiedeln, 1968)

Seinen Engeln hat Er befohlen

Über zwei weitere Übertragungen durch Engel

Der Vollständigkeit halber seien an dieser Stelle an zwei weitere Übertragungen erinnert, die – wie in Loreto – durch Engel erfolgte. Es handelt sich um das Gnadenbild «Unsere Liebe Frau vom guten Rat», das in Genazzano verehrt wird, und um die Marienwallfahrtskirche zu Sossau bei Straubing.
Der nachstehende Beitrag stammt aus der Feder von H.H. Kaplan Melzer. Wir danken für die Erlaubnis zur Veröffentlichung.

Das Wunder von Genazzano

Genazzano liegt in den Sabinerbergen, ungefähr 40 km östlich von Rom. Die aus römischer Zeit stammende Stadt liegt mit ihren eng aneinander gebauten Häusern und winkeligen Gassen auf einer Anhöhe. Das Stadtbild wird beherrscht vom mächtig aufragenden Schloss Colonna. Um die Stadt liegen Weinberge und fruchtbare Felder. In der Nähe erheben sich bewaldete Berge. Genazzano war die Heimat des Papstes Martin V. (früher Oddo Colonna), der die Kirche von 1417 bis 1431 regierte. In dieser Stadt war unter anderen auch Prospero Colonna, der Kapitän des deutschen Kaisers Karl V. geboren.

In der ganzen Christenheit ist Genazzano aber berühmt wegen des Bildes der Mutter vom guten Rat, das sich in der Kirche der Augustiner-Eremiten, die zugleich die Pfarrkirche der Stadt ist, befindet und dort heute noch in hohen Ehren gehalten wird.

Das Gnadenbild «Maria vom guten Rat» in Genazzano gehört zu den ältesten, ehrwürdigsten und wunderreichsten Gnadenbildern der aller-

Das Bild unserer Lieben Frau vom guten Rat in Genazzano – durch die Engel wunderbar übertragen am 25. April 1467

seligsten Jungfrau. Die Anrufung Mariä unter dem Titel «Mutter des guten Rates» (Mater boni consilii) ist uralt. Bereits im 4. Jahrhundert liess der heilige Papst Markus in Genazzano auf den Ruinen eines heidnischen Venustempels der Gottesmutter ein Heiligtum errichten. Er wollte, dass die heiligste Jungfrau dort als Mutter des Guten Rates angerufen werde. Durch die Verehrung der Muttergottes sollten die Reste des heidnischen Götzendienstes ausgerottet werden.

Der heilige Papst Markus wurde im Jahre 336 erwählt. Er regierte die Kirche nur neun Monate. Sein Fest wird am 7. Oktober, dem heutigen Tag des Rosenkranzfestes, gefeiert.

Maria, Mutter des «Verkünders des grossen Ratschlusses»

Die Anrufung Mariens als «Mutter des guten Rates» ist sehr tiefsinnig. Es war der ewige Ratschluss Gottes, der gefallenen Menschheit die Güter des ewigen Heiles durch Maria wiederum zu schenken. Das war der «gute» oder heilsbringende Ratschluss Gottes. Der menschgewordene Gottessohn ist die Verwirklichung des Ratschlusses der Heiligsten Dreifaltigkeit zu unserem Heil. Er wurde bereits vom Propheten Isaias vorausverkündet als «Künder des grossen Ratschlusses» (Is. 9,6), wie wir dies alljährlich im Introitus der dritten Weihnachtsmesse hören. Durch Seine Menschwerdung, Sein Leiden und Sterben und durch Seine wunderbare Auferstehung und Himmelfahrt hat Jesus den ewigen Ratschluss Gottes zu unserem Heile ausgeführt. Er selbst ist die Verwirklichung desselben. Maria ist die Mutter des von Gott in unsere Welt gesandten Heilandes. Vielleicht dürfen wir noch tiefer gehen: Die Anrufung Mariens als «Mutter des göttlichen Ratschlusses» bedeutet wohl auch: Den Plan, die sündige Menschheit zu erlösen, fasste Gott gewissermassen im Blick auf Maria, den schönsten, vollkommensten und heiligsten Menschen. Manche Kirchenväter lehren, dass Maria, genauerhin die Seele Mariä, vor der übrigen sichtbaren und unsichtbaren Schöpfung von Gott erschaffen ward. * Auch bei A. K. Emmerich ist die Präexistenz der Seele der heiligsten Jungfrau Maria ausgesagt. **

So können wir Maria die Mutter des grossen Ratschlusses der Heiligsten Dreifaltigkeit zur Erlösung des Menschengeschlechtes nennen, und weiters als die Mutter des «Künders des grossen Ratschlusses», nämlich des göttlichen Erlösers Jesus Christus, verehren, und sie selbst als unsere mütterliche Ratgeberin anrufen.

Das vom heiligen Papst Markus in Genazzano erbaute Kirchlein verfiel im Lauf der Jahrhunderte, doch die von ihm eingeführte Andacht zu Maria vom guten Rat vererbte sich dort durch die Jahrhunderte fort.

Die selige Petruccia von Genazzano

Seit dem Jahre 1278 waren die Augustiner in Genazzano. Ihr Kloster

---

* So der heilige Albertus Magnus (super Missus etc. 182) und Hugo a.S. Caro (in ps. 23). Vgl. auch den heiligen Bernhardin von Siena (sermo 51 de virg., art. 2, cap. 4) und Salazarius S.J. (in cap. 8, prov. num. 275).

** siehe das «Leben der heiligen Jungfrau Maria», Christiana-Verlag, Stein am Rhein, S. 87

befand sich damals noch ausserhalb der Stadt. Im Jahre 1356 übertrug ihnen der Herr von Genazzano, Pietro di Giordano Colonna, die Seelsorge an der dortigen Stadtpfarrkirche. Diese befand sich dort, wo heute die Wallfahrtskirche steht. Ungefähr 100 Jahre später begannen die Augustiner damit, die verfallene Kirche mit den Gaben des Volkes wieder aufzubauen.

Um diese Zeit lebte in Genazzano eine fromme und vermögende Witwe, die selige Petruccia. Sie war Tertiarin des Ordens der Augustiner-Eremiten. Das reiche Vermögen, das ihr nach dem Tode ihres Gemahls Giovanni da Nocera zugefallen war, stellte sie zur Gänze für den Kirchenneubau zur Verfügung. Sie war, wie es scheint, die treibende Kraft für die Inangriffnahme des grossen Werkes. Aber die Kosten des Baues waren viel höher, als man glaubte. Das Geld ging zu Ende und die Kirche blieb halbfertig stehen. Dies brachte der frommen Frau, die alles dafür geopfert hatte, grosse Verdemütigungen und manchen Spott ein. Doch ruhig gab sie immer zu Antwort: «Ich versichere euch, bevor ich sterbe, werden Maria und der heilige Augustinus die Kirche vollenden». Und der Himmel eilte der seligen Petruccia auf wunderbare Weise zu Hilfe.

Die Erscheinung des heiligen Bildes der Gottesmutter im Jahre 1467

Es war am 25. April 1467. In Genazzano wurde wie alle Jahre das Fest Unserer lieben Frau vom guten Rat aufs feierlichste begangen. Das Fest fiel auf einen Samstag. Es war um die Zeit der Vesper. Viel Volk war auf dem Platz vor der Kirche versammelt, um auf den Beginn der Vesper zu warten. Plötzlich vernahmen die Leute einen himmlischen Gesang in den Lüften. Alles blickte zur Höhe. Da sah man eine glänzend weisse Wolke, von der Strahlen nach allen Richtungen ausgingen. Die Wolke schwebte langsam nieder. Mit Staunen sah das Volk, wie sich die Wolke zu den unvollendeten Mauern der Kapelle des heiligen Blasius niederliess. Diese dem Einsturz nahe Kapelle war es, welche die fromme Petruccia als erste wiederherstellen wollte, dann sollte die übrige Kirche an die Reihe kommen.

Als sich die Wolke an der Mauer niederliess, ertönten plötzlich, von keiner Menschenhand geläutet, die Glocken des Turmes, und sofort stimmten die übrigen Glocken der Stadt ein. Das Volk lauschte dem wunderbaren Klang der Glocken. Da geschah ein neues Wunder: Die Strahlen der lichten Wolke erloschen, sie löste sich auf und verschwand.

Nun zeigte sich dem erstaunten Volke ein wunderbar liebliches Bild der Gottesmutter mit dem göttlichen Kind auf ihrem Arm. Da ertönte vom Munde aller – wir können uns das bei dem Temperament der südländischen Bevölkerung leicht vorstellen – der Ruf «es lebe Maria, es lebe unsere Mutter vom guten Rat».

Beim Klang der Glocken kehrten viele vom Volk, die sich nach dem vormittägigen Festgottesdienst bereits wieder auf dem Heimweg befanden, zurück. Die Geistlichkeit eilte herbei. Alle sahen voll Staunen, wie das Bild der Gottesmutter freischwebend, ohne jegliche Stütze, an der Mauer in der Luft hing. Die ganze Nacht auf den folgenden Sonntag verbrachten viele vom Volk vor dem Bildnis in Gebet und im Lobpreis Gottes.

Schnell verbreitete sich weit und breit die Nachricht von dem wunderbaren Erscheinen des Bildnisses der Gottesmutter in Genazzano . Viele Wallfahrer kamen aus nah und fern. Es geschahen viele grosse und unerhörte Wunder. Die Opfergaben gingen so reichlich ein, dass die Kirche weitergebaut werden konnte, und dass man beim Bau des Heiligtums nicht mit Marmor zu sparen brauchte. Die Kirche wurde vollendet und neben ihr entstand ein Kloster der Augustiner. Die selige Petruccia wurde nach ihrem Tode in der Muttergotteskapelle als Stifterin beigesetzt.

Die Herkunft des heiligen Bildes aus Albanien

Das Gnadenbild von Genazzano befand sich ursprünglich in einer kleinen Kirche, die der Verkündigung Mariens geweiht war, in der Vorstadt von Skutari, der Hauptstadt von Albanien. Dort genoss das Bild der Gottesmutter eine besondere Verehrung, weil es, wie die Überlieferung berichtete, 200 Jahre früher aus dem Orient gekommen war. Es soll vorher in Jerusalem verehrt worden sein.

Nach der Überlieferung also wäre das heilige Bild im Jahr 1267, das sind 24 Jahre vor der Übertragung des heiligen Nazareth-Hauses, vom Heiligen Land nach Skutari gekommen, von wo es die Engel Gottes 1467 nach Genazzano übertrugen.

Die Erinnerung an den Fortgang des heiligen Bildes von der Stadt Skutari ist im Volk von Albanien noch immer lebendig. Am Zusammenfluss der beiden Flüsse Bojana und Drina wird heute noch der Ort der Kirche gezeigt, wo sich früher das Bild der Gottesmutter befand.

Heute noch kommen nach dem Zeugnis der Augustiner-Patres von

Genazzano die Albaner dorthin, um *ihr* Bild zu verehren. In ähnlicher Weise kamen nach Jahrhunderten die Pilger Dalmatiens nach Loreto, um die heiligste Jungfrau zu besuchen und den Verlust ihres heiligen Hauses in Tersato zu beweinen. Die Albaner nennen die Gottesmutter von Genazzano die Herrin von Skutari. Im Jahre 1895 wurde die Mutter vom guten Rat auf dem III. Albanischen Provinzialkonzil zur Patronin der Albanischen Nation erhoben. Nach albanischer Überlieferung verliess das Bildnis der Gottesmutter die Stadt Skutari, als die Mohammedaner in Albanien einfielen.

Die wunderbare Übertragung von Skutari nach Genazzano

In der Wallfahrtskirche von Genazzano befinden sich zwei Fresken von Prospero Piatti. Das eine (vollendet 1883) zeigt die Ankunft des Gnadenbildes an jenem Frühlingsabend des Jahres 1467: Der adelige Herr vom Schloss Colonna ist darauf zu sehen, wie er eben mit seinem Gefolge von der Jagd zurückkehrt, das Volk ist in Festfreude. Augustinermönche in ihren schwarzen Ordenskleidern begrüssen das ankommende Gnadenbild.

Das andere Fresko (vollendet 1885) zeigt den Fortgang des Gnadenbildes aus Skutari. Zwei Pilger begleiten es über das Meer. Im Hintergrund sieht man die Stadt und abseits derselben das Mariä-Verkündigungs-Kirchlein.

In beiden Bildern ist die Überlieferung von der wunderbaren Übertragung des Bildes der Gottesmutter festgehalten. Die Überlieferung berichtet uns folgendes:

Das Bild der Mutter vom guten Rat befand sich früher, wie bereits erwähnt wurde, in dem Mariä-Verkündigungs-Kirchlein ausserhalb von Skutari. Maria wollte aber nicht mehr länger in ihrem Bilde dort bleiben, weil die Bewohner von Skutari tief in Sünde und Laster gesunken waren. In dieser Stadt lebten zwei grosse Verehrer Mariens und Ihres heiligen Bildes. Ihre Namen waren Giorgio und De Sclavis. Ihnen erschien die heiligste Jungfrau im Traum und befahl ihnen, die Stadt zu verlassen. Ihr Bild werde nicht mehr länger in Skutari bleiben, sondern in ein anderes Land fortziehen, um dort jene Segnungen zu verbreiten, deren Albanien unwürdig geworden sei. Die Gottesmutter lud die beiden ein, ihrem Bilde zu folgen, wohin immer es ihnen vorangehen werde.

Voll Freude gingen die beiden am anderen Morgen, es war im Jänner

Der Gnadenaltar in Genazzano beherbergt das einzigartige Gnadenbild unserer Lieben Frau vom guten Rat.

des Jahres 1467, in die Kirche zum Bilde Mariens. Während sie vor demselben beteten, löste es sich plötzlich von der Mauer der Nische, in der es sich seit 200 Jahren befunden hatte, los. Voll Staunen sahen sie, wie sich das Bildnis in die Luft erhob und von einer hellen Wolke umgeben dahinschwebte. Sie begleiteten das Bildnis betend aus der Kirche hinaus und folgten ihm ohne Zögern.

Das Bild zog vor ihnen her, ihren Blicken stets sichtbar, wie von einem leichten Wind getragen, und sie konnten ihm ohne Anstrengung folgen. Eine silberhelle Wolke umhüllte es von rückwärts bei Tag, bei Nacht aber war sie feurig glühend, um ihnen in der Dunkelheit den Weg zu weisen. Das heilige Bild nahm seinen Weg gegen das Adriatische Meer, die beiden Pilger folgten ihm bis zur Küste.

Dort aber blieb es nicht stehen, sondern schwebte über den Wassern des Meeres weiter. Da erhoben die beiden Pilger voll Vertrauen den Blick zu ihrer himmlischen Führerin und betraten die Fluten, die unter ihren Füssen zu festem Boden wurden. Sie gingen über das Meer dem voranschwebenden Bildnis nach, bis sie zu der 20 Meilen entfernten Küste von Italien kamen. Ohne Aufenthalt begleiteten sie das heilige Bild über die Klippen und Felsen am Gestade und zogen dann mit ihm weiter durch das Land, über Berge und Anhöhen, durch Wälder und Einöden — überall das findend, was sie zu ihrem Lebensunterhalt nötig hatten. Endlich erblickten sie vor ihren Augen die Türme der Hauptstadt der Christenheit. Als sie aber vor den Toren Roms ankamen, entschwand plötzlich die lichte Wolke mit dem Bild aus ihren Augen.

Nach dem Bericht dieser Überlieferung wiederholte sich bei der Übertragung des heiligen Bildes von Albanien nach Italien das Wunder, das Gott einst beim Auszug des israelitischen Volkes aus dem Lande Ägypten gewirkt hatte: Er selbst «zog vor ihnen her, bei Tag in einer Wolkensäule, um ihnen den Weg zu zeigen, und bei Nacht in einer Feuersäule, um ihnen zu leuchten». (2 Mos. 13,21).

Und wie bei Simon Petrus dem göttlichen Heiland über den Wellen des Galiläischen Meeres entgegenging (Matth. 14,29), so trugen die Fluten des Adriatischen Meeres die Füsse der beiden Männer, die dem heiligen Bild – es immer vor Augen habend – ans andere Ufer folgten.

Gott wollte, dass diese zwei gläubigen Männer aus Skutari Zeugen der wunderbaren Übertragung des Bilde aus Albanien über das Meer und durch das Land Italien seien. Am 25. April erschien dann das heilige Bild auf wunderbare Weise in Genazzano. Ganz gewiss wird die Gottesmutter ihre beiden treuen Diener nach dem Verschwinden des Bildes vor den Mauern Roms nach Genazzano geführt haben. In ähnlicher Weise entschwand auch den heiligen drei Königen der ihnen aus dem Orient voranziehende Stern, als sie nach Jerusalem kamen, was für sie eine schwere Prüfung ihres Glaubens bedeutete. Aber umso grösser war ihre Freude, als sie sich auf die Weisung des Herodes hin auf den Weg nach Bethlehem begaben und ihnen alsbald der Stern wieder erschien (vgl. Matth. 2,10).

Schriftliche Dokumente bezeugen das Wunder:
Das Zeugnis des P. Ambrogio da Cori

Über die wunderbare Ankunft des Bildes der Gottesmutter in Genazzano gibt es drei schriftliche Zeugnisse aus der damaligen Zeit. Das erste Zeugnis schrieb Pater Ambrogio da Cori. Er war Provinzial der Augustiner-Eremiten in Rom vom Jahre 1466 bis 1468 und vom Jahr 1470 bis 1476, also zur Zeit der Erscheinung des heiligen Bildes. Das Kloster der Augustiner in Genazzano gehörte zur Provinz von Rom. Sein Zeugnis ist dreifach und lautet:

«Ein Bild der Hl. Jungfrau erschien auf wunderbare Weise auf der Mauer der Kirche». P. Ambrogio gibt kein Datum an. Er schreibt aber, dass die sel. Petruccia in der Kapelle der Gottesmutter beerdigt worden sei, und zwar in der Zeit, da er Provinzial war. Höchstwahrscheinlich fiel dies in die Zeit seines zweiten Provinzialates (1470-1476).

Die sehr schöne und kostbare Überdachung der Muttergotteskapelle liess Fürst Antonio Colonna gleich nach der Erscheinung des heiligen Bildes errichten.

P. Ambrogio bezeugt weiter: «Das wunderschöne Bildnis Mariä erschien auf der Mauer ohne menschliches Zutun.» Der Ort, wo das Bild wunderbarerweise erschien, war die äussere Mauer der damals noch unvollendeten Kapelle des heiligen Blasius. An dieser Stelle, an der Mauer des Kirchturms der Basilika, befindet es sich heute noch. Die auffallende Unsymmetrie – das Bild ist nicht in der Mitte der Mauer, sondern ziemlich weit links derselben, spricht für die Glaubwürdigkeit der Überlieferung. Es ist bekannt, wie sehr für die gesamte Renaissance-Architektur die Symmetrie eine geradezu unabdingbare Forderung war. Auch der Ort an der Mauer des Kirchturms spricht dafür. Ein unvollendet gebliebener Turm ist leichter zu verstehen als eine unvollendete Kapelle. Viele Türme berühmter gotischer Kirchen sind aus Geldmangel unvollendet geblieben.

Das heilige Bild der Muttergottes geht von Skutari fort. Zwei Bewohner der Stadt, die im Hintergrund zu sehen ist, begleiten das Bild, das von einer lichten Wolke umgeben über ihnen dahinschwebt, auf seinem Weg über das Meer nach Italien. (Fresko von Prospero Piatti in der Wallfahrtskirche von Genazzano).

P. Ambrogio berichtet schliesslich über die ereignisreichen Folgen, die das wunderbare Erscheinen des Bildes der Gottesmutter beim gläubigen Volke auslöste:

«Ganz Italien setzte sich in Bewegung, um das heilige Bildnis zu besuchen, Städte und Dörfer in Prozessionen. (Es gibt) eine sehr grosse Zahl von Wundern und Gnadenerweisen und (viele) Opfergaben. So konnten, noch zu Lebzeiten der seligen Petruccia, nicht nur der Wiederaufbau der Kirche, sondern auch der Bau eines sehr schönen Klosters vollendet werden. Als sie starb, wurde sie in der Kapelle der Gottesmutter beigesetzt». Die erwähnte Kapelle befindet sich beim Gnadenaltar. Sie ist von zwei Seiten abgeschlossen durch ein schmiedeisernes Gitter, das im Auftrag von Kardinal Girolamo Colonna 1630 angefertigt worden ist.

Die alte Inschrift über der Gnadenkapelle

Das *zweite* schriftliche Zeugnis ist auf dem Giebelfeld der steinernen Überdachung der Gnadenkapelle in Stein gemeisselt. Es lautet: DIVINITUS APPARUIT HEC IMAGO A D MCCCLXVII XXV APRILIS. Zu deutsch: «Dieses Bild erschien auf göttliche Weise im Jahre des Herrn 1467, am 25. April». Die erwähnte Überdachung ist sehr alt. Fürst Antonio Colonna liess dieses schöne und kostbare Bauwerk kurze Zeit nach dem Wunder der Erscheinung des Bildes errichten.

Die Inschrift über dem alten Portal

Ein *drittes* schriftliches Zeugnis ist ebenfalls im Giebelfeld des mittleren Hauptportals der Kirche in Stein gemeisselt.

Die Worte lauten:

MCCCCLXII SUB ANNIS I(NCARNATI) D(EI) V(ERBI) FESTO MARCI HORA VESPERI DEI GENITRICIS MARIE QUAM I(N) HUI(US) PHA(N)I SACELLO MARMOREO VENERAMINI EX ALTO FIGURA PROSPEXIT.

Ins Deutsche übersetzt: «Im Jahre 1467 nach der Menschwerdung des Wortes Gottes, am Festtag des heiligen Markus, zur Stunde der Vesper, blickte das Bildnis der Gottesgebärerin Maria, welches ihr in der marmornen Kapelle ihrer Erscheinung verehrt, aus der Höhe (kommend) herab.»

Das Portal, über dem die eben angeführten Worte in Stein gemeisselt geschrieben stehen, stammt noch aus der Kirche der sel. Petruccia. Im Jahre 1621 wurde wurde es beim Neubau der Kirche vom Steinmetz Angelo Bertrami an den heutigen Ort versetzt.

Nach diesen Zeugnissen, nach der Verehrung vieler Päpste und Heiliger für das Gnadenbild von Genazzano, und nach den unzähligen Wundern, die vor diesem heiligen Bild geschahen, ist es also vernünftig, an die Echtheit des Übertragungswunders zu glauben. Über die vielen Wunder sei nun im folgenden ausführlicher berichtet:

Maria, die wunderbare Mutter von Genazzano

Nach der Erscheinung des heiligen Bildes der Gottesmutter strömten aus ganz Italien viele Wallfahrer herbei. Es geschahen zahlreiche Wunder. In den ersten drei Monaten nach dem Wunder der Erscheinung wurden vom öffentlichen Notar in Genazzano – diesem war von den Augustinermönchen die Prüfung der Tatsachen und der Zeugen übertragen worden –, nicht weniger als 159 wunderbare Heilungen aufgenommen. Von diesen Wundern seien im einzelnen angeführt: Zehn Fieberkranke wurden plötzlich geheilt, sechs Gichtbrüchige erhielten den vollkommenen Gebrauch ihrer Glieder wieder zurück, zwanzig Blinde wurden sehend, drei Stumme erhielten die Sprache, drei Irrsinnige wurden geheilt, zwei vom Teufel Besessene wurden befreit, achtzehn Kranke, die bereits dem Tode nahe waren, wurden wieder gesund, ein Toter wurde wieder lebendig.

Die Gebetserhörungen und wunderbaren Heilungen erreichten dann eine solche unglaubliche Zahl, dass die Augustiner, die mit der Betreuung der Pilgerscharen sehr in Anspruch genommen waren, nicht mehr imstande waren, alles im einzelnen genau aufzuzeichnen. Es gibt kein Anliegen des Leibes und der Seele, worin nicht Kranke, Leidende und Bedrängte, wenn sie sich an die Gottesmutter von Genazzano gewandt haben, erhört worden sind. Mit besonderer Liebe und Huld tröstet jedoch die Muttter vom guten Rat betrübte und geänstigte Seelen, spendet Heilung in seelischen und geistigen Krankheiten, die meist schmerzlicher und tiefer verwunden als körperliche Leiden. Verwirrten und geängstigten Herzen den Frieden der Seele zu schenken, ist gewissermassen das Privileg der Mutter vom guten Rat an ihrem Gnadenort in Genazzano. Alle, die die Barmherzigkeit Mariens in ihrem Heiligtum zu Genazzano erfahren haben, sprechen von einer Freude, einem Trost, einer Ermutigung und Kräftigung, die man nicht beschreiben kann.

Wunderbaren Schutz gewährte die Gottesmutter auch der Stadt Genazzano, als in den Jahren 1832, 1857 und 1867 die Cholera in ganz Italien wütete. Während die Nachbarorte von dieser Krankheit heimgesucht wurden, blieb Genazzano davon gänzlich verschont, sicher auch auf die Fürsprache des sel. Stefano Bellesini, der als Opfer einer anstekkenden Krankheit im Dienst an den Kranken im Jahre 1840 starb. Der wunderbare Schutz Mariens für die Stadt, die ihr Bild beherbergte und verehrte, zeigte sich auch in früheren Jahrhunderten, als die Pest in Italien viele dahinraffte, während es in Genazzano keinen einzigen Pesttoten gab.

Verschiedene Titel des Gnadenbildes

Das Gnadenbild trug verschiedene Namen. Seine Bezeichnung «Maria vom Paradies» mag davon herrühren, dass das Bild eine überirdische Schönheit ausstrahlt. Es gibt Künstler, die das Gnadenbild von Genazzano als das schönste aller Marienbilder bezeichnen.

Der Name «Maria vom Platz» (S. Maria della Piazza) weist wohl auf die Erscheinung ihres Bildes am Platz vor der halbfertigen Kirche hin. Es ist ein Name, der mit dem überlieferten Bericht von der Ankunft des Bildes voll und ganz übereinstimmt.

Eine dritte Bezeichnung «Maria von Genazzano» weist auf die Stadt hin, die durch dieses Marienbildnis in aller Welt berühmt geworden ist.

Unter dem Namen «Maria vom guten Rat» ist dieses Bildnis heute überall bekannt. «Mutter des guten Rates» ist die liturgische Bezeichnung. Unter diesem Titel (Mater boni consilii) wurde das Fest eingeführt und die Anrufung der Gnadenmutter von Genazzano von Papst Leo XIII. in die lauretanische Litanei eingefügt, und zwar zwischen den Anrufungen «Du wunderbare Mutter» und «Du Mutter des Schöpfers». Letztere mag darauf hinweisen, dass Maria nicht nur in der Zeit die Mutter des göttlichen Erlösers wurde, sondern dass sie *vor aller Zeit* die Mutter des göttlichen Ratschlusses zu unserer Erlösung war*. Erstere Anrufung kann uns erinnern, dass die Gnadenmutter von Genazzano berühmt ist durch zahllose Wunder, die vor ihrem heiligen Bildnis geschahen.

Die einzigartige Schönheit des Gnadenbildes

Das Bild selbst ist 46 cm hoch und 40 cm breit. Es ist auf eine Mörtelschicht von wenigen Millimetern Dicke gemalt, also eine Fresko. Obwohl es sich nun schon über 500 Jahre in Genazzano befindet, leuchten seine Farben noch immer in wunderbarer Frische.

Die Züge der Gottesmutter sind überaus lieblich. Ihre Gesichtsfarbe ist hell, die Haare und Augenbrauen schimmern wie rötliches Gold. Die

---

* Man beachte den Text aus dem Buche der Weisheit, wie er nach dem Missale Romanum in einigen Marienmessen vorkommt, und den die Liturgie der Muttergottes selbst in den Mund legt: «Im Anfang, vor aller Zeit ward ich erschaffen...» (Ekkl. 24, 14).

Haare sind, ähnlich wie auf dem alten Gnadenbild von Loreto, nach nazarethanischer Art in der Mitte gescheitelt, die blauen Augen sind tief und gross, die Stirne ist hoch, die Nase ist wie auf allen alten Marienbildern lang und gerade, der Mund ist klein und wunderbar geformt, das Gesicht ist mehr länglich als rund.

Das Gesicht des Jesuskindes entspricht dem Seiner Mutter. Es hat keine Haare auf dem Kopf bis auf einige wenige im Nacken. Eigenartig ist, dass die Züge des Jesusknaben den Ausdruck eines Kindes und zugleich den eines Greises haben. Dadurch soll wohl die Göttlichkeit Jesu, der Gott ist vor aller Zeit, und in der Zeit für uns zum Kind wurde, zum Ausdruck kommen.

Das Christkind umfasst mit der einen Hand den Hals der Gottesmutter, mit der andern hält es sich am Ausschnitt ihres Kleides fest. Die Gottesmutter neigt sich teils dem göttlichen Kinde zu – ihr Gesicht berührt dessen Wange – , teils neigt sie sich voll Güte dem vor ihrem Bild betenden Betrachter zu.

Das Jesuskind trägt eine rote Tunika, die Gottesmutter eine grüne. Der Mantel, der Mutter und Kind umhüllt ist türkisblau. Das Haupt Mariens umgibt ein goldener Heiligenschein, der des Jesuskindes ist von roter Farbe mit einer goldfarbenen Unterbrechung. Über den Häuptern von Maria und Jesus ist ein Regenbogen zu sehen. Dieser ist das Sinnbild des Friedens. Gott liess ihn zum erstemal dem Noe nach der grossen Flut als Zeichen des Bundes erscheinen. Die sieben Farben des Regenbogens weisen auch auf die sieben Gaben des Heiligen Geistes hin, durch dessen Überschattung die heiligste Jungfrau die Mutter Jesu wurde.

Wunderbare Veränderungen am Antlitz der Gottesmutter

Das Staunenswerte an dem heiligen Bildnis ist jedoch ein gewisser wunderbarer Wechsel in den Zügen, in der Gesichtsfarbe und in den Augen der Gottesmutter, wie er sehr oft beobachtet worden ist und wie er geradezu eine ständige wunderbare Eigenschaft des Gnadenbildes zu sein scheint. Das Erscheinen des wunderbaren Wechsels in den Zügen der Gottesmutter wird immer als ein sicheres Zeichen der Erhörung angesehen.

Für diese Tatsache gibt es viele glaubwürdige Zeugnisse. Msgr. Dillon, ein grosser Verehrer des Gnadenbildes von Genazzano (er hat über dasselbe auch ein Buch geschrieben) war einst zu diesem Bilde gepilgert. Als er am Gnadenaltar die heilige Messe las, sah er auf einmal, wie die Züge der heiligsten Jungfrau freudig und glänzend erschienen und wie ihr sonst blasses Antlitz mit zartem Rosarot gefärbt war. Die Augen öffneten sich und erstrahlten. Dies dauerte die ganze Zeit der heiligen Messe an.

Franz Xaver Vasquez, der berühmte Ordensgeneral der Augustiner-Eremiten, der zur Zeit des Papstes Benedikt XIV. lebte, berichtete in einem Brief an die Väter des Ordens: «Dort in Genazzano haben wir das überaus schöne Bild gesehen, das 1467 von Engelshänden aus Albanien dorthin übertragen worden ist und dessen Schönheit die Herzen aller an sich zieht, die es betrachten. Der Ausdruck dieses Bildes ist bald freundlich, bald ernst, bald erstrahlt es in rosigen Farbtönen, je nach der Stimmung und Verfassung derer, die es besuchen».

Im August 1985 kamen wir mit unserer Pilgergruppe aus Oberösterreich auf unserer Italienwallfahrt auch nach Genazzano. Wir beteten vor dem Gnadenbild und sangen zum Abschied ein Marienlied. Bei diesem Lied fiel mir auf, dass sich die Wangen der Gottesmutter in zarten Rot färbten, wie aus Freude über das Lied, das unsere Gläubigen ihr zu Ehren sangen.

Auch auf den Kopien des Gnadenbildes der Mutter vom guten Rat, deren es auf der ganzen Welt unzählige gibt, wurden die erwähnten wunderbaren Veränderungen des Anlitzes der Gottesmutter beobachtet. Durch viele und inständige Gebete vor diesen Bildern wurden sie selbst zu Gnadenbildern. Der Schreiber dessen kann bezeugen, dass er oftmals gesehen hat, wie sich beim Gebet vor einem Abbild des Gnadenbildes Genazzano in der Innsbrucker Spitalskirche an der Maria-Theresien-Strasse die Augen der Gottesmutter einige Male hintereinander zu schliessen und zu öffnen schienen.

Durch diese oftmals beobachteten Veränderungen am Gnadenbild von Genazzano will die Gottesmutter wohl dem Beter kundtun, dass sie ihm nahe ist und dass sie ihm Gnade schenken wolle. Vielfach wurde auch beobachtet, dass die Pilger und frommen Besucher ihres heiligen Bildes in Genazzano beim Abschied Trauer und Wehmut empfinden. Kinder sind traurig und weinen, wenn sie von ihrer Mutter Abschied nehmen müssen.

Die Wehmut beim Scheiden von der Gnadenstätte ist eine Gnade. Dadurch will die heiligste Jungfrau in ihren treuen Verehrern die Sehnsucht nach dem Himmel erwecken, wo wir einst Gott, die Gottesmutter, die Engel und Heiligen auf ewig schauen dürfen.

Päpste und Heilige als Verehrer der Mutter vom guten Rat

Die Andacht zu Unserer Lieben Frau vom guten Rat wurde von der Kirche gutgeheissen. Der Tag der wunderbaren Erscheinung des Gnadenbildes wurde zu einem Fest mit eigenem Offizium erhoben und die Feier desselben für den 26. April angeordnet. In Genazzano selbst wird das Fest «der Erschienenen» am 25. April begangen.

Seit seiner Ankunft in Genazzano stand das Gnadenbild in der katholischen Kirche, bei Päpsten und Heiligen in grosser Verehrung. Der heilige Papst Pius V. – sein Name ist unzertrennlich mit dem Missale Romanum verbunden – war ein besonderer Verehrer und Gönner des Heiligtums von Genazzano.

Papst Urban VIII. machte am 21. Oktober 1630 eine Wallfahrt zum heiligen Gnadenbild, um die Abwendung der Pest, die damals in Italien wütete, von Rom zu erbitten. Er war von solcher Andacht zur Mutter vom Guten Rat erfüllt, dass er beim Abschied von der Gnadenkapelle in Tränen ausbrach.

Der selige Papst Innozenz XI., dem das christliche Abendland die Besiegung der Türken vor Wien am 12. September 1683 zu danken hat, verehrte das Gnadenbild von Genazzano sehr. Er stiftete für dasselbe zwei Kronen aus Gold und liess es am 22. November 1682 durch das Kapitel von St. Peter krönen.

Papst Benedikt XIV. – er war ein Verteidiger der Echtheit des Lauretanischen Hauses und hat unter anderem das Märtyrerkind Andreas von Rinn und Joseph von Copertino seliggesprochen – bestätigte durch ein apostolisches Schreiben vom 2. Juli 1753 den in der Wallfahrtskirche von Genazzano gegründeten frommen Verein zur Verehrung der Mutter vom guten Rat.

Papst Pius IX. unternahm am Fest Mariä Himmelfahrt 1864 mit dem Glanz eines Papstes und regierenden Staatsoberhauptes eine Wallfahrt nach Genazzano.

Papst Leo XIII. war ein besonderer Verehrer Unserer Lieben Frau vom guten Rat. Er schrieb einst unter ein Bild der Mutter vom guten Rat die Worte: «*Eine sei deine Ratgeberin!*». Nach dem Zeugnis eines Priesters sah man ihn oft und lange vor einem Bild der Mutter vom guten Rat, das Pius IX. über dem Hochaltar der Paulinischen Kapelle hatte anbringen lassen, im Gebet verweilen. Im Jahre 1903 – es war das letzte Jahr seines Pontifikates – erhob Leo XIII. die Kirche U.L. Frau von Genazzano zur Basilika minor und fügte in die Lauretanische Litanei die Anrufung ein: «Du Mutter des guten Rates – bitte für uns!».

Papst Johannes XXIII. weilte im ersten Jahre seines Pontifikates, am 25. August 1959 als Pilger im Heiligtum von Genazzano.

Auch unter den Heiligen gab es viele Verehrer der Mutter vom guten Rat: In der Kirche der Augustiner zu Madrid befand sich ein durch viele Wunder verehrungswürdiges und überaus schönes Bild U.L.Frau von Genazzano, das sich oft dem heiligen Aloisius von Gonzaga, der davor zu beten pflegte, kundtat. Der Heilige weilte als Markgrafensohn über zwei Jahre am königlichen Hof zu Madrid.

Der heilige Alphons Maria von Liguori, der grosse Kirchenlehrer und Ordensstifter, hatte stets ein schönes Bild der Mutter vom guten Rat in seinem Zimmer. Als er kurz vor seinem Tode stand, baten ihn die Klosterschwestern, denen er geistlicher Leiter war, um ein Andenken. Da schenkte er ihnen dieses Bild mit den Worten: «Euch lasse ich mein Herz!».

Der heilige Johannes Bosco weilte als Pilger im Heiligtum von Genazzano, um den Segen der Mutter vom guten Rat für seine Stiftung zu erflehen. Eine Inschrift-Tafel in der Gnadenkapelle erinnert an diesen seinen Besuch.

Der selige Pater Stefano Bellesini

Am Heiligtum von Genazzano lebte und wirkte durch vierzehn Jahre hindurch ein Heiliger: der selige P. Stefano Bellesini. Er war in Trient, der berühmten Konzilsstadt und Hauptstadt des italienischen Teiles von Tirol, am 25. November 1774 geboren. Der Tag seiner Geburt ist nicht ohne Bedeutung: Am 25. November wurde in früherer Zeit von der Kirche das Fest der Geburt Jesu Christi aus der heiligsten Jungfrau Maria begangen.

Unter dem Einfluss seines geistlichen Onkels, Pater Fulgenzio Meichlpek, der Augustiner war, trat er 1790 zu Bologna in den Orden der Augustiner-Eremiten ein und bereitete sich dann in Rom auf das Priestertum vor. In den Napoleonischen Kriegswirren wurden die Klöster seines Ordens aufgehoben. Er floh als Österreicher vor der Revolution in

Der selige Stefano Bellesini war ein seeleneifriger Priester in Gennazzano. Er hat die Verehrung zur Lieben Frau vom guten Rat sehr gefördert.

seine Heimatstadt Trient. Dort empfing er die Priesterweihe.

Der Selige errichtete und leitete in seinem elterlichen Haus zu Trient eine Schule als Gegengewicht zur damals aufklärerischen staatlichen Normalschule, wobei er arme Schüler in besonderer Weise unterstützte. Der Erfolg dieser seiner Unterrichtstätigkeit war, dass ihn die Regierung zum Generaldirektor der Schulen des Fürstentums Trient ernannte.

Nach dem Friedensschluss von 1815 wurden im Kirchenstaat die Klöster der Augustiner wiederhergestellt. So nahm nun Pater Stefano Abschied von Trient und trat wieder in das Kloster zu Bologna ein.

Pater Stefano wurde von dort in das Generalat des Ordens nach Rom berufen, wo er durch fünf Jahre hindurch als Novizenmeister wirkte.

Im Jahre 1826 wurde er zur Erneuerung der Ordensniederlassung nach Genazzano gesandt und zum dortigen Pfarrvikar ernannt. Er ging dorthin, wie er sagte, «um bei der Muttergottes vom guten Rat zu sein». Nach vierzehnjährigem segensvollen Wirken in Genazzano starb er am Lichtmesstag des Jahres 1840 am Flecktyphus. Diese Krankheit hatte er sich bei der Spendung der Sterbesakramente an die Typhuskranken geholt. Er tat so viel für die Ausbreitung der Andacht zu U.L. Frau vom guten Rat, dass man, so berichtet sein Biograph über ihn, ganze Bücher schreiben müsste, um alles zu erzählen. Papst Pius X. sprach ihn als ersten Pfarrer der Heiligengeschichte am 27. Dezember 1904 selig.

Die Kirche Unserer Lieben Frau von Genazzano

Bereits im Jahre 1356, als Pietro di Giordano Colonna, der Herr von Genazzano, die Pfarrkirche den Augustinermönchen anvertraute, wurde diese im Dokument der Übertragung «Kirche der heiligen Maria vom guten Rat» (MADONNA DEL BUON CONSIGLIO) genannt.

Die heutige Kirche wurde in den Jahren von 1621 bis 1629 erbaut und am 7. Oktober 1631, dem Fest des heiligen Papstes Markus, der die Verehrung der Mutter vom guten Rat in Genazzano begründet hat, eingeweiht. Im Jahre 1976 fanden archäologische Untersuchungen statt, aus denen sich ergab, dass die alte Kirche aus dem Jahre 1386 und die Kirche der seligen Petruccia, die 1467-1470 erbaut wurde, von der heutigen Kirche umschlossen sind.

Der älteste Bauteil der heutigen Kirche ist die Muttergotteskapelle mit ihrer marmornen Überdachung. Sie wurde gleich nach der Erscheinung des Bildes gebaut. Es bestand eine dringende Notwendigkeit für ihren Bau. Denn ohne denselben wäre das heilige Bild, das sich ja an der Aussenmauer der halbfertigen Kirche befand, den Unbilden der Witterung ausgesetzt gewesen, und ebenso die Priester, die vor diesem Bildnis den Gottesdienst hielten.

Der Gnadenaltar ist in der Kirche heute der linke Seitenaltar. Der rechte Seitenaltar ist der Kreuzaltar mit einem Fresko des Gekreuzigten aus dem 15. Jahrhundert. Beim Neubau der Kirche (1621-1629) wurde das Mauerstück, das dieses Fresko trug, in kunstvoller Arbeit ausgeschnitten und an den heutigen rechten Seitenaltar übertragen. An dieses Kreuzbild knüpft sich eine schauerliche Begebenheit. Zuvor sei aber noch folgendes vorausgeschickt:

Perugia hatte sich im Jahre 1540 wegen Erhöhung der Steuern gegen den Papst als den obersten Herrn des Kirchenstaates empört. Der Herr von Genazzano, Ascanio Colonna, hatte sich an dieser Revolte beteiligt. Deshalb war im Jahr darauf Genazzano von den päpstlichen Truppen eingenommen und durch einige Jahre besetzt gehalten worden. In dieser

Zeit nun spielte sich die Begebenheit ab, die ungefähr mit den folgenden Worten überliefert ist:

Eine Freveltat am Bildes des Gekreuzigten

Im Jahre 1557, als Papst Paul III. regierte, hatte in Genazzano ein Soldat beim Kartenspiel auf dem Platz (vor der Kirche) sein ganzes Vermögen verloren. Unter entsetzlichen Fluchworten trat er in die Kirche, die der heiligsten Jungfrau geweiht und den Augustinern anvertraut war, hinein. Mit einem Schwert fügte er dem gekreuzigten Heiland über dem Altar Wunden auf der Stirn, am Leibe und an den Füssen bei. Den Gotteslästerer und Entehrer des heiligen Kreuzbildes ereilte ein furchtbarers Geschick: Auf der Stelle wurde er von seinen Mitsoldaten totgeschlagen und sein Leichnam dann noch in Stücke geschnitten. Das Schwert des Frevlers verbog und verdrehte sich so, dass dies kein Meister ohne grosse Schwierigkeiten so rasch und so genau hätte fertigbringen können.

Im Jahre 1640 wollte der Patriarch Colonna versuchen, das verkrümmte Schwert wieder geradebiegen zu lassen. Es gelang einem Schmiedemeister mit Hilfe von Feuer und Hammerschlägen, dem Schwert die ursprüngliche gerade Form wiederzugeben. Doch gleich danach verbog es sich wieder vor den Augen aller Zuschauer zur früheren Form.

Das Schwert wurde zur Erinnerung an diese Begebenheit bis heute aufbewahrt. Man kann es in einer Nische neben dem Kreuzaltar sehen. An dem Kreuzbild selbst sind noch die Spuren jener Freveltat zu erkennen, dort, wo an einigen Stellen die Farbe fehlt.

Durch einen Nebenausgang in der Nähe des Kreuzaltars kommt man in einen hinter der Kirche gelegenen Raum, wo man sich Andenken kaufen kann. Drei Gänge hinter der Kirche sind als Museum eingerichtet. Am Ende eines Ganges befindet sich eine uralte kleine Glocke aus dem Jahre 1424. Nach der Überlieferung hat diese Glocke als erste von selbst zu läuten begonnen, als am 25. April 1467 zur Zeit der Vesper das Bild der Gottesmutter auf wunderbare Weise erschien.

In der grossen Sakristei befindet sich ein Altar. Das wunderbare Kreuzbildnis über demselben schuf im Jahre 1779 der Tiroler Künstler Josef Schöpf aus Telfs im Oberinntal. Vom gleichen Meister stammt auch das Gewölbefresko der Sakristei.

Im Gang bei der Sakristei sieht man eine grosse Statue des heiligen Nikolaus von Tolentino. Er war aus dem Orden der Augustiner-Eremiten und ein grosser Verehrer der Gottesmutter. Er durfte mit eigenen Augen das Wunder der Übertragung des heiligen lauretanischen Hauses schauen. Gegenüber der Sakristei liegt die Kapelle des seligen Pater Stefano Bellesini. Dort pflegte er Beichte zu hören.

Eine Treppe führt in den oberen Stock, wo sich ein weiterer Teil des Museums befindet. Dort sind auch die beiden kleinen Zimmer des seligen Stefano Bellesini zu sehen: das eine Zimmer, in dem er als Pfarrer arbeitete, und das andere, in dem er starb.

Quellen:

– Maria vom guten Rat von Genazzano. Ein Trost für alle leidenden schwergeprüften Seelen, Freiburg (Schweiz), Canisius-Druckerei, 1902.
(Die geschichtlichen Angaben sind dem quellenmässig bearbeiteten Werk von Msgr. G. J. Diller entnommen).
– Wallfahrtsort Mutter vom guten Rat; herausgegeben von den Augustinern in Genazzano.

Sossau – das bayrische Loreto

Die Gegend von Straubing war seit alten Zeiten schon besiedelt. Die Donau fliesst hier wegen des geringen Gefälles in weiten Windungen durch die Ebene des Gäubodens dahin. Am linken Ufer der Donau liegt – zwei oder drei Kilometer von Straubing entfernt – der Ort Sossau mit einer berühmten Marienwallfahrtskirche, die eine höchst eigenartige und wunderbare Geschichte hat.

Der Bau der acilianischen Kirche

Gegen Ende des ersten nachchristlichen Jahrhunderts war der römische Offizier Acilius Glabrio Befehlshaber der römischen Besatzungstruppen im Gebiet des heutigen Straubing. Damals predigte dort der heilige Bischof Lucius, den der heilige Timotheus, Schüler des heiligen Völkerapostels Paulus, bekehrt und getauft hatte*. Acilius, der den christlichen Glauben angenommen hatte, erlaubte den christlichen Soldaten in seinem Heer den Bau einer Kirche. Er selbst hat wohl viel von seinem Vermögen zum Bau dieses Gotteshauses beigetragen. Denn nach ihm wurde die Kirche die «acilianische» genannt. Aufgrund der von ihm erteilten Erlaubnis zum Kirchenbau fiel Acilius beim römischen Kaiser Domitian in Ungnade. Er liess ihn als Feind der Götter in die Verbannung schicken und dann im Jahre 96 mit dem Schwert hinrichten. So starb er als Märtyrer für Christus.**

In den unruhigen Zeiten des 8. bis 10. Jahrhunderts blieb die acilianische Kirche, die bei dem heutigen Antenring in der Pfarre Perkham errichtet worden ist, in auffallender Weise verschont, während Kirchen, Klöster, Burgen und Ortschaften im weiten Umkreis von den eindringenden wilden Völkern, besonders den Ungarn, verwüstet wurden.

---

* Dieser heilige Lucius, der später als Märtyrer starb, ist nicht gleichzusetzen mit dem heiligen Lucius, der im 5./6. Jahrhundert als erster Bischof von Chur das Martyrium durch Steinigung erlitt und welcher der Hauptpatron dieser Diözese ist. Der Name Lucius war in frühchristlicher Zeit sehr häufig. Nach H. Bader «Alle Heiligen und Seligen der röm.-kath. Kirche» gibt es nicht weniger als 31 Märtyrer dieses Namens.

** Acilius Glabrio ist eine historische Persönlichkeit. Er entstammte einem altrömischen Patriziergeschlecht und war im Jahr 91 Konsul.

Das Gewölbefresko in der Kirche von Sossau stellt die wunderbare Übertragung der acilianischen Kirche dar. In der oberen Darstellung tragenEngel die Kirche über das Land zur Donau hin; in der unteren Darstellung rudern die Engel die Kirche in einem Schiff über die Donau. Bei beiden Darstellungen thront die Muttergottes mit dem Jesuskind auf dem Gotteshaus.

Das Übertragungswunder vom Jahre 1177

Im 12. Jahrhundert mussten die deutschen Kaiser vielfach nach Italien ziehen, um sich ihre Herrschaft dort zu sichern, und wie die anderen deutschen Fürsten waren auch die bayrischen Herzöge zur Heerfolge verpflichtet. Durch deren Abwesenheit begünstigt, trieben in der damals noch bewaldeten Gegend von Antenring Räuberbanden ihr Unwesen. Auch die Pilger zum Muttergottesheiligtum wurden von den Wegelagerern überfallen. Darum ging die Muttergottes aus dieser unsicheren Gegend fort, um in einer friedlichen Au an der Donau, in Sossau, Wohnung zu nehmen. Die Engel trugen die acilianische Kirche mit dem Glöcklein im Turm nordwärts, der Donau zu. Dreimal machten sie Rast: Das erstemal an einem Platz auf den Fluren von Alburg, der heute noch «Frauenfleck» genannt wird, das zweitemal in Frauenbrünnl (westlich von Straubing), und das drittenmal am Donauufer bei Kagers. Hier luden die Engel die heilige Last in das «Frauenschiff» zur Fahrt über die Donau. In Sossau, jenseits der Donau, setzten sie das Kirchlein zur Mitternachtsstunde nieder. Niemand hatte die Ankunft bemerkt, bis am folgenden Morgen das Frauenglöcklein, von unsichtbarer Hand bewegt, das erste Mal zum Gebet läutete.*

Das Wunder von Sossau wurde schnell bekannt. Viele Gläubige kamen hierher, um die Muttergottes zu verehren und von ihr Hilfe in den verschiedenen Anliegen und Nöten zu erlangen.

Über das geschilderte historische Ereignis gibt es manche Urkunden, in denen die wunderbare Übertragung der aciliansichen Kirche über die Donau «navigatio Mariae» (=Schiffahrt Mariens) genannt wird. Es scheint auch, dass das alte Marienlied «Es kommt ein Schiff gefahren, das trägt gar süsse Last» ursprünglich dieses Ereignis zum Inhalt hatte.

Es wurden dann später, besonders ab der Reformationszeit, Stimmen gegen dieses Wunder laut. Gegen diese schrieb der gelehrte Jesuit P. Johannes Saller († 1630) eine Abhandlung «Defensio historiae Sossaviensis» (Verteidigung der Geschichte von Sossau).**

Aus der Geschichte der Marienkirche zu Sossau

Das Übertragungswunder geschah im Jahre 1177. Im folgenden Jahr 1178 wurde das Kirchlein nach Restaurierungsarbeiten, die der Abt des Praemonstratenserklosters Windberg veranlasste, am 15. April zu Ehren unserer lieben Frau von Bischof Konrad II. von Regensburg geweiht.

Die einfachen Mauern der acilianischen Kirche mitsamt dem Turm sind bis heute fast unverändert erhalten. In den Jahren 1350/52 liess Abt Friedrich II. den gotischen Chor anbauen und das Langhaus erhöhen. Etwas mehr als 100 Jahre später wurde unter Abt Jakob ein spätgotischer Hochaltar und ein Sakramentshäuschen errichtet. Die Felder der getäfelten Kassettendecke wurden mit Bildern der heiligen Apostel und anderer Heiliger geschmückt, die Wände mit Darstellungen aus dem Leben Jesu. Im 18. Jahrhundert erhielt die Marienkirche ihre herrliche spätbarocke

* Das «Frauenglöcklein» existiert heute noch. Nachdem es durch viele Jahrhundert im Turm der Marienkirche von Sossau gehangen hatte und geläutet wurde, musste es im 2. Weltkrieg abgeliefert werden. Es kam nach Ende des Krieges wieder zurück und wurde nunmehr seitlich im Priesterchor der Kirche aufgehängt. Das «Frauenglöcklein» ist die älteste Glocke in der ganzen Gegend dort.

** Die Abhandlung findet sich in dem Werk «Beyträge zur Geschichte und Litteratur» von J. Chr. v. Aretin (1805), Bd. 1, S. 636-656.

Johannes Saller SJ, geboren 1563 in Tutzing (Bayern), in die Gesellschaft Jesu eingetreten 1581, † 24.3.1630 in München, war ein besonderer Verehrer der Muttergottes von Sossau.

Hochaltar der Wallfahrtskirche von Sossau: In plastischer Ausführung wird gezeigt, wie Engel das «Frauenschiff» über die Donau rudern. Früher trugen drei Engel die über dem Schiff schwebende Kirche. Im Jahr 1900 wurde diese entfernt und an ihre Stelle kam die Gnadenstatue, die bis dahin im Langhaus der Kirche aufgestellt war.

Ausschmückung, vor allem durch den Bildhauer Johann Gottfried Frisch aus Bogen und den Maler Joseph Anton Merz aus Straubing. Der Hochaltar, im Jubiläumsjahr 1777 errichtet, zeigt in plastischer Ausführung das Wunder der Übertragung: Engel rudern das Frauenschiff über die Donau, darüber drei die Kirche tragende Engel. Links und rechts vom Altar wurden die grossen Figuren des heiligen Bischofs Lucius und des römischen Offiziers Acilius aufgestellt.

Die Wallfahrtskirche von Sossau wurde von den Päpsten mit vielen Privilegien und Ablässen ausgestattet. Seit alter Zeit schon gab es eine Loretobruderschaft und eine Bruderschaft «Maria vom Trost»; seit 1737 besteht der «Marianische Liebesbund», der heute den Namen «Marianischer Frauenbund von Sossau» trägt und dem über 3 500 Frauen und Mädchen aus Sossau, Straubing und der Umgebung angehören.

Im Jahre 1900 wurde die Kirche über dem am Hochaltar plastisch dargestellten Schiff entfernt und die Gnadenstatue vom Langhaus auf den Hochaltar versetzt. Vermutlich spielte bei dieser Massnahme die Ablehnung des Übertragungswunders des lauretanischen Hauses von Seiten des aufkommenden Modernismus eine Rolle. Im gleichen Jahr 1900 wurde beim grossen internationalen katholischen Gelehrtenkongress die Geschichtlichkeit des Wunders von Loreto geleugnet.

Verschiedene Untersuchungen des Wunders

Da gegen das Wunder der Übertragung der Marienkirche von Sossau immer wieder Bedenken geäussert wurden, liess die weltliche Obrigkeit amtliche Untersuchungen darüber anstellen. Die bekannteste dieser Untersuchungen fand im Jahre 1736 statt: Kurfürst Karl Albrecht liess im August dieses Jahres in Gegenwart des kurfürstlichen Hofes, des Abtes Bernhard von Windberg und vieler Priester an den Mauern des Langhauses und des Turmes hinabgraben. Als man kein Fundament vorfand (die Mauern hörten in einer Tiefe von circa 70 cm ohne jede Fundierung auf) rief der Kurfürst aus: « Das haben wir noch niemals gewusst, dass wir in unserem Land ein Loreto besitzen. Es könnte ja die geringste Bauernscheune ohne Grund so lange nicht stehen.» Diese amtliche Untersuchung wurde vom herzoglichen Kupferstecher J.A. Zimmermann in einem Kupferstich festgehalten. Wenngleich die Gegenseite behauptet, dass der Boden in der dortigen Gegend eine mehr als 2 Meter dicke feste Lehmschichte aufweist, die besondere Fundamentierungsarbeiten überflüssig machen, so ist es dennoch merkwürdig, dass die Mauern einer Kirche, und vor allem die eines Turmes, ohne jedes Fundament im Boden stehen, und dies schon so lange Zeit.

Die wunderbare Übertragung der acilianischen Kirche von Antenring nach Sossau ist nicht nur auf zwei Deckenfresken und zwei grossen Ölgemälden im Langhaus, sondern auch auf vielen Votivtafeln und Kupferstichen festgehalten. Die Muttergottes von Sossau wurde, wie es scheint, von den Flössern und Schiffern auf Donau und Inn als besondere Schutzpatronin angerufen. Obwohl es diesen Beruf heute, zumindest in der alten Weise nicht mehr gibt, so haben sich doch noch die Zunftstangen der Flösser und Schiffer erhalten, so z.B. in der Pfarre Oberlangkampfen im Unterinntal, in der Nähe von Kufstein; auf diesen Zunftstangen sieht man oben die Darstellung eines mit einer Kirche beladenen Schiffes.

Die Bedeutung des Wunders von Sossau für Loreto

Es scheint, dass die göttliche Allmacht und Vorsehung das Wunder von Sossau im Hinblick auf das spätere Wunder der Übertragung des heiligen Hauses der Menschwerdung wirkte, um die Volksangehörigen deutscher Zunge und deren Obrigkeiten auf Loreto vorzubereiten und dorthin zu führen.

In der Tat zogen dann gerade aus dem deutschsprachigen Raum überaus viele Wallfahrer über die Alpen nach Loreto. Die Pilger dorthin waren aber nicht nur schlichte Gläubige aus dem Volk, sondern es zogen auch hochgestellte Persönlichkeiten nach Loreto, um das Haus der Muttergottes zu besuchen, ihre Hilfe zu erbitten oder ein Gelübde einzulösen. Von den römisch-deutschen Kaisern, die in Loreto waren, seien genannt: Karl IV., der Gründer der Universität in Prag, der ersten auf deutschem Boden; Friedrich III., der als letzter deutscher König vom Papst gekrönt wurde; und Karl V., der ein Reich besass, in dem die Sonne nicht unterging. Kaiser Ferdinand II. unternahm im Jahre 1596, als er noch Erzherzog war und die Regierung von Innerösterreich übernahm, eine Wallfahrt nach Rom und Loreto. Im heiligen Haus der Muttergottes von Loreto machte er das Gelöbnis, in Österreich, das damals zu mehr als 95% der neuen protestantischen Lehre anhing, den katholischen Glauben wieder einzuführen.

Es gibt noch einen weiteren, nicht unwichtigen Zusammenhang zwischen Sossau und Loreto: Die althergebrachte Darstellung des Wunders von Sossau in Form eines von Engeln geruderten und mit einer Kirche beladenen Schiffes hat ohne Zweifel auch die bildhafte Darstellung des Übertragungswunders von Loreto beeinflusst. In dieser Hinsicht nun hat Sossau eine überaus zeitgemässe Bedeutung für Loreto hinsichtlich der Entkräftung der Argumente der modernen Leugner der wunderbaren Übertragung des heiligen Hauses. Letztere weisen immer wieder auf alte Holzschnitte hin, auf denen das lauretanische Haus von einem Schiff getragen wird. Diese Darstellungen nehmen sie dann als Beweis für ihre Hypothese, dass die Kreuzfahrer das heilige Haus in Nazareth abgebrochen, die Steine auf Schiffe geladen, nach Italien gebracht und nahe der Adriaküste wieder zu dem bekannten Haus von Loreto aufgebaut hätten. Und keiner von den Vertretern dieser höchst unwahrscheinlichen Hypothese hat sich offensichtlich noch einen Gedanken darüber gemacht, warum auf den oben erwähnten Darstellungen immer ein ganzes, unversehrtes Haus gezeigt wird, und nicht, wie es doch als entsprechender empfunden werden müsste, eine Ladung von losen Mauersteinen. Wenn wir um das Wunder von Sossau wissen, dann haben wir eine sehr naheliegende Erklärung für die Darstellungsweisen, die die Gegner des Wunders von Loreto als Beweise anführen: Die erwähnten alten Holzschnitte zeigen durchwegs das Wunder von Sossau. Es können aber Darstellungen des Loretowunders sein, bei denen sich der Künstler in der Darstellung von den vielfach verbreiteten Bildern des Wunders von Sossau leiten liess.

Gutachten eines Bauingenieurs zur Fundierung der Kirche in Maria Sossau, dem «bayrischen Loreto»:

Sehr interessant und aufschlussreich ist das Gutachten eines Fachmannes nach einem Besuch der Wallfahrtskirche Maria Sossau vom 6. September 1993:

«Als Bauingenieur mit 39-jähriger Berufserfahrung möchte ich folgendes bemerken:

Lehm/Ton-Erdmaterial ist setzungsempfindlich und verträgt bei nur 70 cm Einbindungstiefe eine Bodenpressung von ca. 1,0 - 1,5 kg/cm². Zum Vergleich:

Sand:	*1,0 - 1,5 kg/cm²*
Lehm/Ton:	*1,5 - 2,0 kg/cm²*
Kies:	*2,0 - 4,0 kg/cm²*
Fels:	*15 - 30 kg/cm²*

Nach meiner einfachen Berechnung ergibt sich in Sossau aber eine Bodenpressung von mindestens 4 - 6 kg/cm²!

Bei Flussrändern und Auen (Soss-Au!) gibt es viel Schwemm-Material, oft muss bei grösseren Bauten gepfählt werden. Die Wallfahrtskirche in Sossau müsste schon längst zerfallen sein (Temperaturunterschiede am Mauerfuss; Nässe, Frost, Risse etc.), denn die Frosttiefe von mindestens 80 - 100 cm ist in Sossau nicht gewährleistet (hier nur 70 cm). Jede Garage von nur 2,5 m Höhe hat ein Bankett von mindestens 80 cm Höhe. Die Wallfahrtskirche in Sossau ist ein permanentes (fortwährendes) Wunder Gottes!»

B.G., Bauingenieur HTL in M. (Schweiz)

Quellen:

Sauren Joseph, das heilige Haus zu Loreto, Verlag Benziger Einsiedeln, 1883.
Wallfahrtskirche Sossau. Schnell & Steiner, Kunstführer Nr. 853 (Aufl. 1986).
J. Wodka, Kirche in Österreich (1959).

Verschiedene Pläne und Skizzen:

I – Grundriss des heiligen Hauses von Loreto

(ergänzte und verbesserte Zeichnung nach alten Vorlagen)

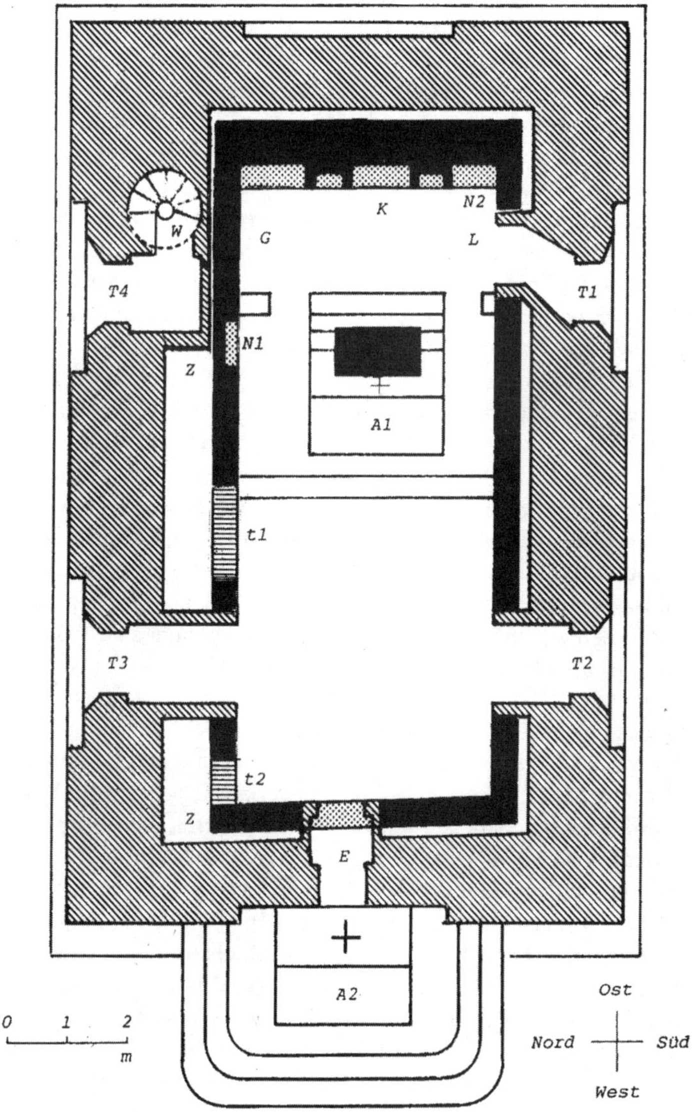

Die dunklen Flächen zeigen die Mauern des heiligen Hauses, die schräg schraffierten Flächen zeigen die Mauer, die das heilige Haus umschliesst und welche die kostbare Marmorumkleidung trägt. Beim Bau dieser Mauer (1531-1534) wurden Teile der alten Recanati-Mauer miteingeschlossen. Zwischen dieser Mauer und den Mauern des heiligen Hauses wurde ein durchgehender Zwischenraum (Z) gelassen. Drei Türen führen in das heilige Haus (T1, T2, T3). Sie wurden beim Bau der Marmorumkleidung neu gebaut. Die vierte Türe (T4) führt über deine Wendeltreppe (W) über das Gewölbe empor. Die ursprünglichen Türen (t1, t2) wurden beim Bau der neuen Türen zugemauert. Erstere führte einst in Nazareth vom Innern des heiligen Hauses in die Felsengrotte, letztere in eine Felsenkammer, nach der Überlieferung das Grab des heiligen Joseph.

Im heiligen Haus befindet sich nur ein einziges Fenster, das sogenannte Engelsfenster (E) an der Westseite. Über demselben hängt an der Innenseite das Apostelkreuz. Die westliche Mauer ist, wie man in der Zeichnung sieht, nicht ganz im rechten Winkel zur Nord- und Südmauer gebaut. An der Aussenseite, unmittelbar unter dem Engelsfenster, ist der Verkündigungsaltar (A2), in neuerer Zeit wurde er vom heiligen Haus weggerückt. Im heiligen Haus befindet sich der Altar des heiligen Petrus (dunkles Rechteck), der mit dem heiligen Haus aus Nazareth gekommen ist. Er wird vom jetzigen Altar des heiligen Hauses umschlossen und ist durch ein Gitter sichtbar. In der Wandnische links vom Altar (N1) befinden sich zwei kostbare antike Schüsseln, ein goldener Stern von der früheren Holzdecke und eine Abschrift des Briefes des Bischofs von Coimbra, der einen Stein des heiligen Hauses zurückgeben musste, um seine Gesundheit wieder zu erlangen. Links vom Altar führt eine enge Tür in einen geheimnisvollen Raum. Hier vollzog sich nach der Überlieferung das Geheimnis der Menschwerdung. Nach A. K. Emmerich befand sich links in diesem Raum die Gebetsstätte der Gottesmutter (G), gegenüber ihre Lagerstätte (L). In der Nische beim Ausgang (N2) kann man heute noch das Schüsselchen des Jesuskindes sehen. Die östliche Mauer, an der sich der heilige Kamin (K) befindet, ist viel dicker als die anderen Mauern. Sie stammt aus mittelalterlicher Zeit. Der Herd der Muttergottes befand sich vermutlich dort, wo er heute verehrt wird: nämlich an der östlichen Mauer. Er hatte einen Rauchabzug bis über das Dach hinauf, was in den damaligen orientalischen Häusern eine Seltenheit war. Auf den ältesten Darstellungen des heiligen Hauses sieht man den Kamin stets am äussersten östlichen Ende des Dachfirstes aufgesetzt. Später, als die Feuerstelle nicht mehr benützt wurde, kamen zwei kleine Glocken hinein. Sie wurden früher täglich bei der allabendlichen Zeremonie der Schliessung des heiligen Hauses geläutet, und auch dann, wenn Ungewitter drohte. – Aussen um das heilige Haus führt eine Marmorstufe, in die von den Füssen der vielen Millionen Pilger, die auf ihr betend mit den Knien um das heilige Haus rutschten, zwei Rillen eingegraben worden sind.

II – Kirche der Franziskaner in Nazareth

Die Skizze zeigt den Grundriss der Kirche der Franziskaner in Nazareth, die 1730 erbaut und 1955 abgerissen wurden, um einem grösseren Neubau Platz zu schaffen. Eine breite Treppe führte von der Kirche zur Engelskapelle hinab, die an der Stelle stand, wo sich bis 1291 das heilige Haus befunden hatte. Die Kirche der Franziskaner nahm nur ungefähr 1/3 des Flächenausmasses der früheren Kirche der Kreuzfahrer ein, die Engelskapelle nur 1/3 des Flächenausmasses des heiligen Hauses.
Die Kirche von 1730 war in Hast und Eile ausgeführt worden, weil die türkische Obrigkeit für den Bau nur eine kurze Zeitspanne bewilligt hatte. Bei den archäologischen Grabungen von 1955 zeigte es sich, dass die Fundamente des heiligen Hauses nicht mehr vorhanden waren; sie waren dem Neubau von 1730 zum Opfer gefallen. (vgl. «L'Osservatore Romano» vom 22.12.1955, S. 3)

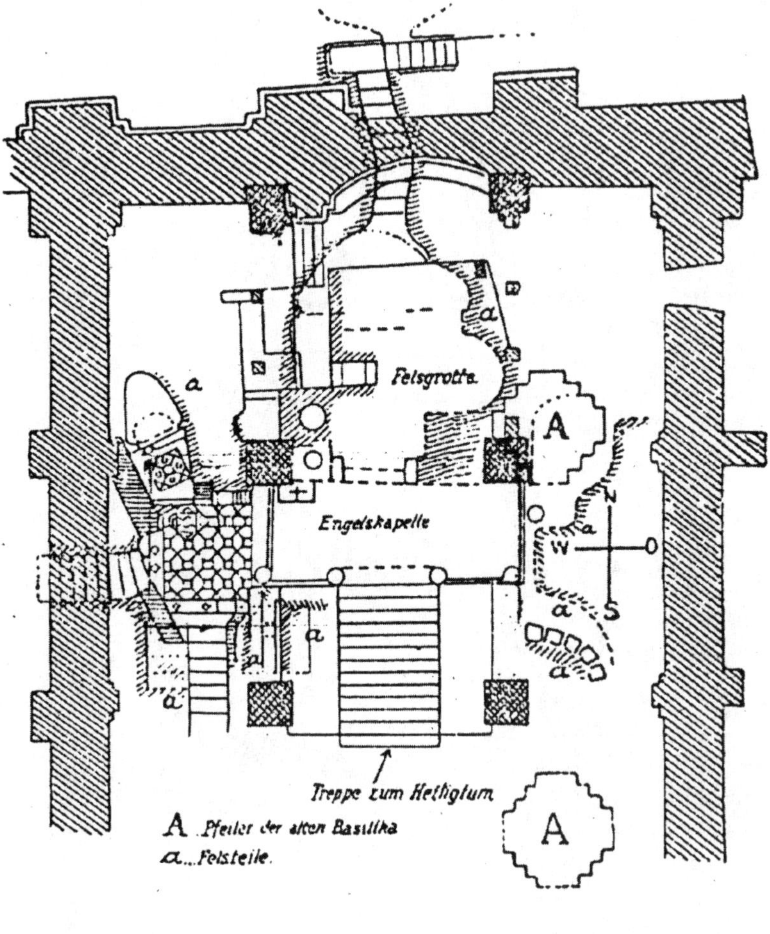

III – Unterkirche der heutigen Basilika von Nazareth
(mit Verkündigungsgrotte)

Das Haus der Hl. Familie war an den Fels gebaut und ein Raum bestand aus einer Grotte. Diese Grotte ist heute noch in Nazareth zu sehen. Sie wird dort «Verkündigungsgrotte» genannt.

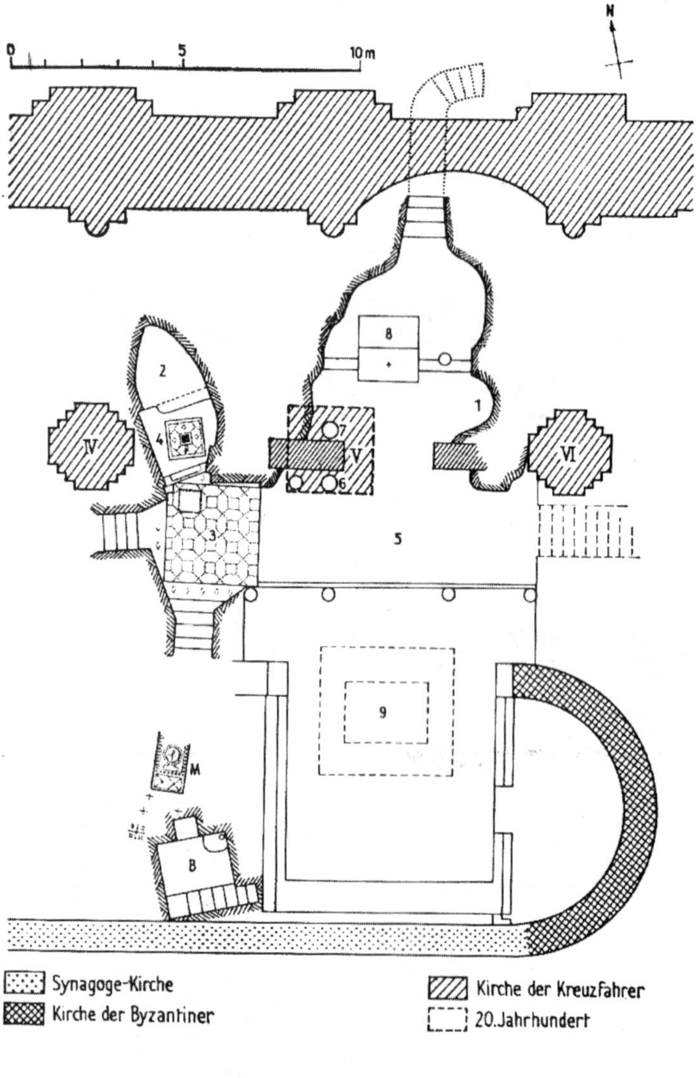

IV – Nazareth

Auf diesem Plan sieht man den ursprünglichen Standort des heiligen Hauses in der Basilika in Nazareth, bevor Engel das Haus aus Nazareth wegtrugen.

In diese Planskizze von den archäologischen Ausgrabungen in Nazareth (vor dem Jahre 1926) wurde massstabgetreu der Grundriss der heiligen Mauern von Loreto hineinkopiert. Beim Grundriss des heiligen Hauses wurden zur besseren Veranschaulichung die drei später angelegten Türen verschlossen und die drei ursprünglichen Türen geöffnet: Die erste und grössere an der Nordmauer liegt in genauer Entsprechung zum alten Eingang in die Grotte, die kleinere in genauer Entsprechung zum Eingang in das Grab des heiligen Joseph, die dritte führte an der Westseite ins Freie. Nach den archäologischen Ausgrabungen (siehe Skizze!) führte an der Westseite eine Stiege zum heiligen Haus hinab.
Dort muss sich die Eingangstüre befunden haben. Heute noch kann man in Loreto die Spuren derselben links unter dem Engelsfenster erkennen (siehe Bild Seite 20!). Man beachte auch, wie sich der Mosaikboden haargenau in die heiligen Mauern einfügt. (Die westliche Mauer ist nicht im rechten Winkel zu den beiden Längsmauern gebaut).

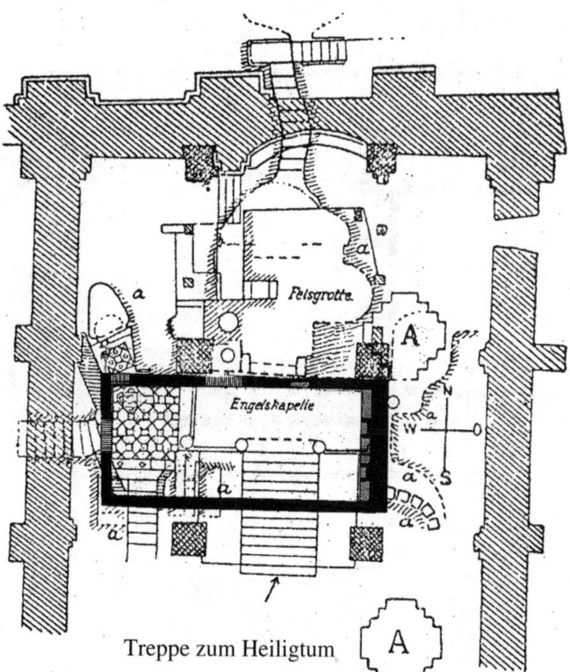

A: Pfeiler der alten Basilika
a: Felsteile

V – Basilika von Nazareth (Verkündigungsgrotte)

Heutiger Gesamtplan mit Verkündigungsgrotte

Die in den Jahren 1960-1969 errichtete Verkündigungsbasilika erhebt sich wieder auf den Grundlinien der Kreuzfahrerbasilika, ausser an der Westseite, wo die Front um ca. 5 Meter zurückgezogen wurde. Eine mächtige Kuppel überwölbt den von der Tradition verehrten Ort der Menschwerdung des Wortes Gottes. Der Haupteingang zur Unterkirche ist an der Westfassade. In der Unterkirche, die auf dem Niveau der einstigen byzantinischen Kirche liegt, befinden sich die Verkündigungsgrotte und die Säulen der ehemaligen Engelskapelle.

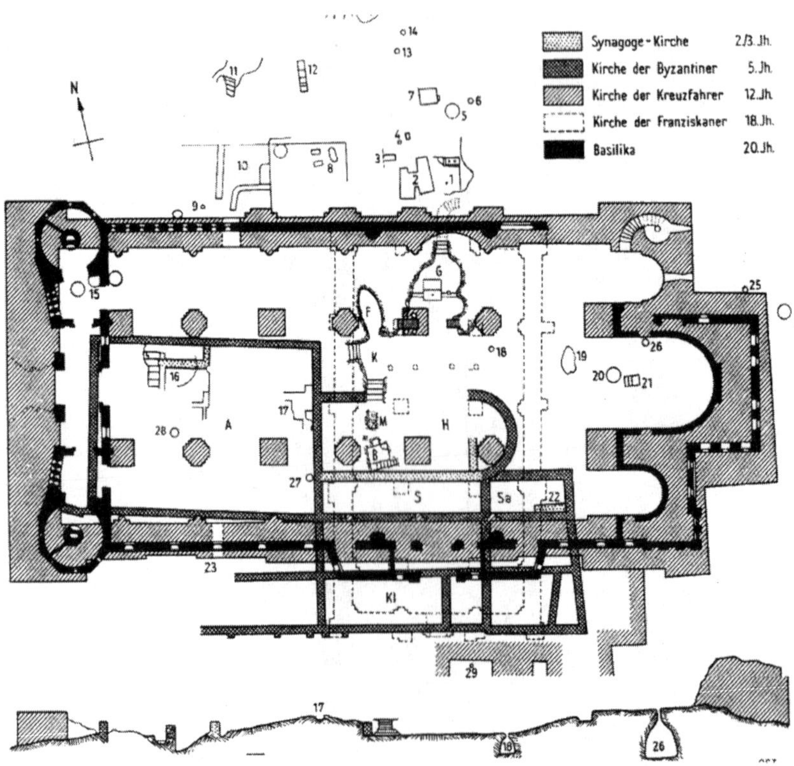

Bibliographie

Aus den reichen Quellen finden wir ältere Bücher, die fast einmütig an der Übertragung festhalten. Neuere Geschichtsbücher, besonders auch Reiseführer nach dem Jahre 1961, betrachten die Engelsübertragung als ungesichert, als Legende. Wir haben diese Bücher mit einem Asterix (*) gekennzeichnet.

– Anton Ender, Prof.: «Die Geschichte der Katholischen Kirche», Einsiedeln, 1900 *(Mit Imprimatur von Bischof Johannes Fidelis, Bischof von Chur)* Der Verfasser bestätigt die Übertragung durch Engel.
– Beat Rohner OSB: «Maria und Joseph, das Leben der allerseligsten Jungfrau und ihres glorreichen Bräutigams», Einsiedeln, 1903
Der Verfasser, Pater Beat Rohner, war Pfarrer in Einsiedeln. Das Vorwort schrieb der Fürsterzbischof von Salzburg, Dr. Eder.
– Joseph Sauren: «Das hl. Haus zu Loreto und die Lauretanischen Gnadenorte in deutschen Landen; historisch bearbeitet von Joseph Sauren, Rector am St. Marien-Hospital in Köln», Einsiedeln, New York, Cincinnati und St. Louis, 1883
– Prof. Dr. Remigius Bäumer, Prof. Dr. Leo Scheffczyk: «Marienlexikon»*, St. Ottilien, 1992
– Bruder Franziskus: «Das Heilige Haus in Loreto», Innsbruck, 1938
– Guiseppe Santarelli: «Loreto*», englische Ausgabe, veröffentlicht von ital-cards, Bologna
– Kenneth MacGowan: «The House of Loreto», Loreto, 1976
– Giuseppe Santarelli: «Loreto Arte», Ancona, 1988
– Giuseppe Santarelli: «Loreto , Geschichte und Kunst», Bologna, 1983
– Giuseppe Santarelli: «La Traslazione della Santa Casa di Loreto, Tradizione e Ipotesi*», Loreto, 1984
– Floriano Grimaldi: «Die lauretanische Tradition*», Hrsg. Congregazione Universale della Santa Casa, Loreto, 1978
– Arsenio d' Ascoli, OFMCap.: «La Santa Casa», Hrsg. Congregazione Universale della Santa Casa, Loreto, ca. 1960
– Orazio Torsellini SJ.: «Lauretanae Historiae libri quinque»*, Romae, 1597 (Venetiis, 1715)
– Gottfried Melzer, Hrsg. der Zeitschrift Loreto-Bote, 15 Ausgaben, Bad Hall in Oberösterreich

Theresia-Verlag CH-6430 Schwyz

Verlag für hagiographische Literatur

Gerd Klaus Kaltenbrunner, Alois F. Kratochvil
TACUI
Johannes von Nepomuk – Brückenheiliger und Märtyrer des Beichtgeheimnisses
Taschenbuch, 80 Seiten, illustriert, DM/sFr. 7,--, 1. Auflage, 1993 – Am 20. März 1393 wurde der böhmische Generalvikar Dr. Johannes von Nepomuk zu Tode gefoltert und in die Moldau geworfen. TACUI – Lateinisch für «Ich habe geschwiegen». Grausamste Qualen erlitt der Kanonikus und Doktor Johannes von Nepomuk. Warum wurde Johannes von Nepomuk zu Tode gefoltert und nicht ein anderer? Warum gilt er als Heiliger des Beichtsiegels? War er wirklich der Beichtvater der Gemahlin des Königs?
20. März 1393, abends: Der zu Tode gefolterte Leib des Johannes von Nepomuk wird von königlichen Dienern von der Karlsbrücke (Prag) in die Moldau gestürzt. Einige Wochen später: Der Leichnam wird – von fünf Lichtern umgeben – auf der Moldau schwimmend entdeckt. Das gläubige Volk hat seit jeher das aus fünf Buchstaben bestehende lateinsiche Wort TACUI in diesen Lichtern gesehen: «Ich habe geschwiegen».
Gerd-Klaus Kaltenbrunner packt ein heisses Eisen an: heute, wo der Priester mehr und mehr im Kreuzfeuer der Meinungen steht, wird der tiefere Sinn des Beichtgeheimnisses aufgezeigt. Kaltenbrunner; «Gemeinschaft, Kultur und Religion bedürfen des fruchtbaren Bodens der Verschwiegenheit».

Gerd Klaus Kaltenbrunner
Die Seherin von Dülmen und ihr Dichter-Chronist – *Clemens Brentano, Anna Katharina Emmerich, und die Folgen einer seltsamen Seelen-Symbiose*
Taschenbuch, 80 Seiten, DM/sFr. 7,--, 1. Auflage, 1992 – Der Autor entfaltet das Bild des Dichters Brentano und der Seherin Anna K. Emmerich. Auf jeder Seite führt uns der Verfasser tiefer in das Geheimnis der Stigmatisierten Sühneseele ein. Clemens Brentano, ihr getreuer «Pilger», findet in den mystischen Erlebnissen der Dülmener Nonne seine ersehnte innere Ruhe. Zu seinem 150. Todestag (1992) liegt hier ein Zeugnis vor, das Licht in das Dunkel wirft: Clemens Brentano war gewiss ein grandioser Dichter und Romantiker, aber er war nicht minder der treue Biograph, Chronist der Seherin Anna Katharina Emmerich, von ihr «Pilger» genannt. Léon Bloy schrieb: «Ich habe vorzeiten versucht, Dante zu lesen. Die Langeweile war unaussprechlich und hat mich förmlich zu Boden gedrückt. Selbst die berühmtesten Gesänge der "Göttlichen Komödie" können, neben die bescheidenen Gesichte der Anna Katharina Emmerich gehalten, kaum mehr als Mitleid erwecken.»

Gebete und Novene zur heiligen Philomena
Broschüre, 64 Seiten, reich illustriert, z.T. farbig, DM 2,90 / sFr. 2.50, 5. Auflage 1993: 31. bis 40. Tausend. – Die vorliegende Broschüre bildete den eigentlichen Auftakt zur Philomena-Verehrung im deutschen Sprachraum. Von diesem praktischen Gebetbüchlein

erschienen Übersetzungen in Englische, Französisch , Tamilisch, Kroatisch .
Auf wenigen Seiten sind alle wichtigen Themen aufgegriffen: Der Bericht über die Auffindung der Reliquien im Jahre 1802, Offenbarung Philomenas an Sr. Maria Luisa di Gesù, verschiedene Gebete, Novene des Philomena-Herolds Don Francesco di Lucia, Litanei etc.

Paulus Deusdedit
Wir halten Einkehr mit Philomena
Taschenbuch, 100 Seiten, illustriert, DM/sFr. 7,--, 1. Auflage, 1993 – Aus Exerzitienvorträgen ist die vorliegende Schrift entstanden. Im Vordergrund steht das Wirken des Heiligen Geistes, das auch in der Seele Philomenas für ihren heroischen Bekennermut verantwortlich war.
Die sieben Gaben des Heiligen Geistes sind uns zu wenig bekannt. In der vorliegenden Schrift geht der Verfasser auf diesen Umstand ein und erklärt die sieben Gaben anhand des Beispieles der heiligen Philomena.
Im Anhang findet sich eine Heilig-Geist-Novene.

Sullivan, Walter
Wunder über Wunder
Taschenbuch, 224 Seiten, DM/sFr. 9,--, 3. neubearbeitete und erweiterte Auflage, 1993
Nachdem von der Kleinschrift «Wunder über Wunder» 10000 Exemplare verkauft wurden, wurde die Arbeit einer erweiterten Auflage in Angriff genommen. Von den ursprünglich 59 Seiten sind es mittlerweilen 224 geworden. Es handelt sich um ein Philomena-Betrachtungsbuch. Wichtige Zusätze sind die Betrachtungen zu den einzelnen Rosenkranzgeheimnissen, sowie Gebete zur heiligen Philomena. Die heilige Philomena ist Patronin des Lebendigen Rosenkranzes. Zahlreiche Abbildungen zeigen uns, dass die Philomena-Verehrung wieder im Kommen ist.

Gerd Josef Weisensee
Rio oder Rom?
Broschüre, 48 Seiten, DM/sFr. 3,--, 1. Auflage, 1992 – Um was ging es in Rio de Janeiro wirklich? Um das Ozonloch, den Treibhaus-Effekt, Zwangs-Sterilisierungen, einen Bruch mit der bisherigen Wissenschaft, um die neue Weltreligion oder um Steuern für die kommende Weltregierung?
Der Vatikan hat schwere Bedenken gegen bestimmte Zielsetzungen des Erdgipfels von Rio geäussert. Rom verurteilte in seinem Positionspapier zum Rio-Gipfel die Vorschläge zur Bevölkerungskontrolle als Ersatz «für Gerechtigkeit und Entwicklung in den Entwicklungsländern».
Machen Sie sich ein Bild über die Ereignisse in Rio! Lesen Sie von den möglichen Konsequenzen, die «Rio» für uns haben kann.

Marie-Therese Isenegger, S.A.R.
33 Verheissungen Jesu für die Sühnekommunion-Novene.
Broschüre, 64 Seiten, DM/sFr. 2,90, 1. Auflage, 1992 – Das Land Ungarn hält uns reiche Segnungen bereit. Mehrere kirchlich gutgeheissene Offenbarungen sind bereits an die

Öffentlichkeit gelangt.
In der neuen Broschüre werden die drei wichtigen Privatoffenbarungen von Ungarn (in neuester Zeit) dargelegt: Siegreiche Königin der Welt / Opfer der Liebe / Die Liebesflamme. Mit der vorliegenden Broschüre gewinnt der Leser auf wenigen Seiten einen grossartigen Überblick. 64 Seiten, farbiger Umschlag, A6, broschiert, Umschlag kaschiert

Pfr. Jakob Scherer, Henriette Imhof (Kompilation)

Beispiele reissen hin (Klecks)

Broschüre, 48 Seiten, DM/sFr. 3,60, 1. Auflage, 1992 – Wer hätte nicht schon gerne Beispiele berühmter Persönlichkeiten gelesen? Henriette Imhof besorgte die Kompilation für das Heftchen.
Berühmte Männer wie Napoleon, heilige Männer wie Alphons von Liguori, Abenteurer wie Livingstone etc. Die Broschüre eignet sich bestens für den Schriftenstand, für das Gästezimmer, für den Warteraum.
Grundlage der Beispiele sind die Werke von Pfr. Scherer, der vor einigen Dezennien als Seelsorger in der Schweiz wirkte.

Geweihtes Philomena-Öl

Almosen: sFr. 3.50 / DM 4,-- / öS 30,--
Das geweihte Öl aus dem Heiligtum in Mugnano blickt auf eine lange Vergangenheit zurück. Im Altarraum des Philomena-Schreins (Seitenkapelle im Heiligtum) steht eine grosse Öllampe in Form eines Ankers. An beiden Ankerspitzen stehen Öffnungen, welche als Öllämpchen dienen.
Aufgrund eines Wunders führte man den Brauch des Philomena-Öles ein. In den ersten Tagen nach der Überführung der Reliquien ereignete sich in Mugnano ein Wunder mit dem Öl, das man in einer Lampe im Heiligtum zu Ehren der heiligen Philomena brennen liess. Sogleich erkannte man, dass die Heilige durch dieses Öl reiche Gnaden vermitteln will. Seither brennt eine grosse Öllammpe Tag und Nacht im Heiligtum.
Auch in Ars wurde das Philomena-Öl berühmt, denn der heilige Pfarrer von Ars liess in der Philomena-Kapelle zu Ars Öl vor der Philomena-Reliquie brennen und verteilte dieses Öl an Kranke. Auffallende Gebetserhörungen fanden statt.
Gläubige Menschen brauchen das Öl für Krankheiten, für die Salbung der fünf Sinne und für andere Verwendungszwecke. Bereits viele Wunder haben sich ereignet.
Das Öl wird nicht verkauft, aber gegen ein Almosen abgegeben. Der Einfachheit halber wird das Almosen festgesetzt. Für kranke Menschen ein wahres Geschenk. Jedem kleinen Fläschchen liegt eine Beschreibung bei.
Das erwähnte Philomena-Öl stammt aus Vachendorf und wurde mit Philomena-Öl aus dem Heiligtum in Mugnano und mit dem bekannten Muttergottes-Öl aus Kairo vermengt.

Zeitschrift: «Loreto-Bote»

Erscheint viermal jährlich, sFr. / DM 13,-- / öS 100,--
Mit vielen interessanten Berichten, die uns das Wunder der Übertragung des heiligen Hauses vor Augen führen. Im Anhang finden sich aktuelle und brisante Texte zum Weltgeschehen.